CARRIZO

Historia de una familia hispana en Nuevo México

CARRIZO

Historia de una familia hispana en Nuevo México

Víctor A. Abeyta

Reservados todos los derechos. Ninguna parte de esta obra, incluida la ilustración de la cubierta, puede ser total o parcialmente reproducida, almacenada o distribuida en manera alguna ni por ningún medio sin la autorización previa y por escrito del editor.

Copyright © Victor A. Albeyta, 2011

Diseño de la portada Manuel Lara
Maquetación: Manuel Lara

PR-Ediciones
www.pr-ediciones.com
ISBN: 978-84-939467-2-2

PARA MIS QUERIDOS PADRES

"Es La Fe la garantía de lo que se espera,
"la prueba de las cosas que no se ven."

Verso de Hebreos 11-1, Nuevo Testamento

Para mi Hermano José Porfirio, que falleció en un accidente de alpinismo en Nueva Inglaterra, Estados Unidos, en Febrero del 1998.

Fue mi mentor y mi mejor amigo

Para me querida esposa, Susan, cuyo apoyo y ánimo me dieron el empuje para darle luz a esta traducción.

También para mi amigo argentino, Norberto Montero, por aceptar el reto de editar la obra. Se lo agradezco de corazón.

Para todos aquellos amigos que me animaron a darle luz a esta obra en español. Un brindis de agradecimiento.

Índice

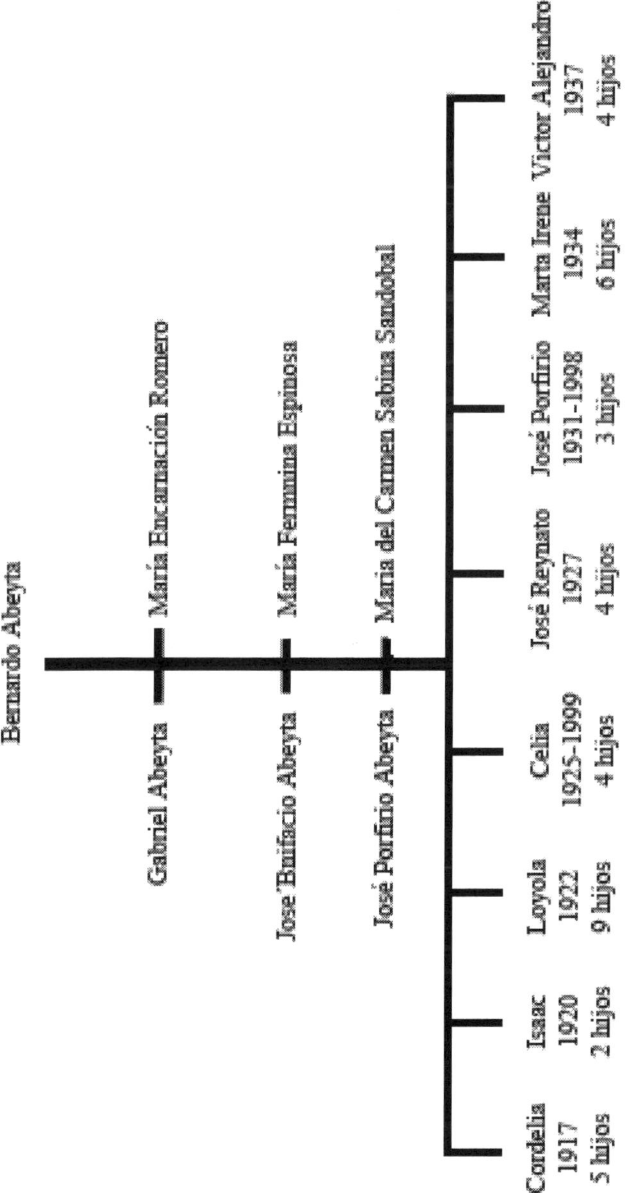

Fuente: Registros de nacimiento, bautismo y casamiento de Gabriel Abeyta y José Bonifiacio, padre e hijo: Archivos Iglesia Nuestra Señora de Guadalupe: Taos, Nuevo México; Registros de nacimiento de los hijos y nietos de José Porfirio Abeyta y María Carmen Sabina Sandoval

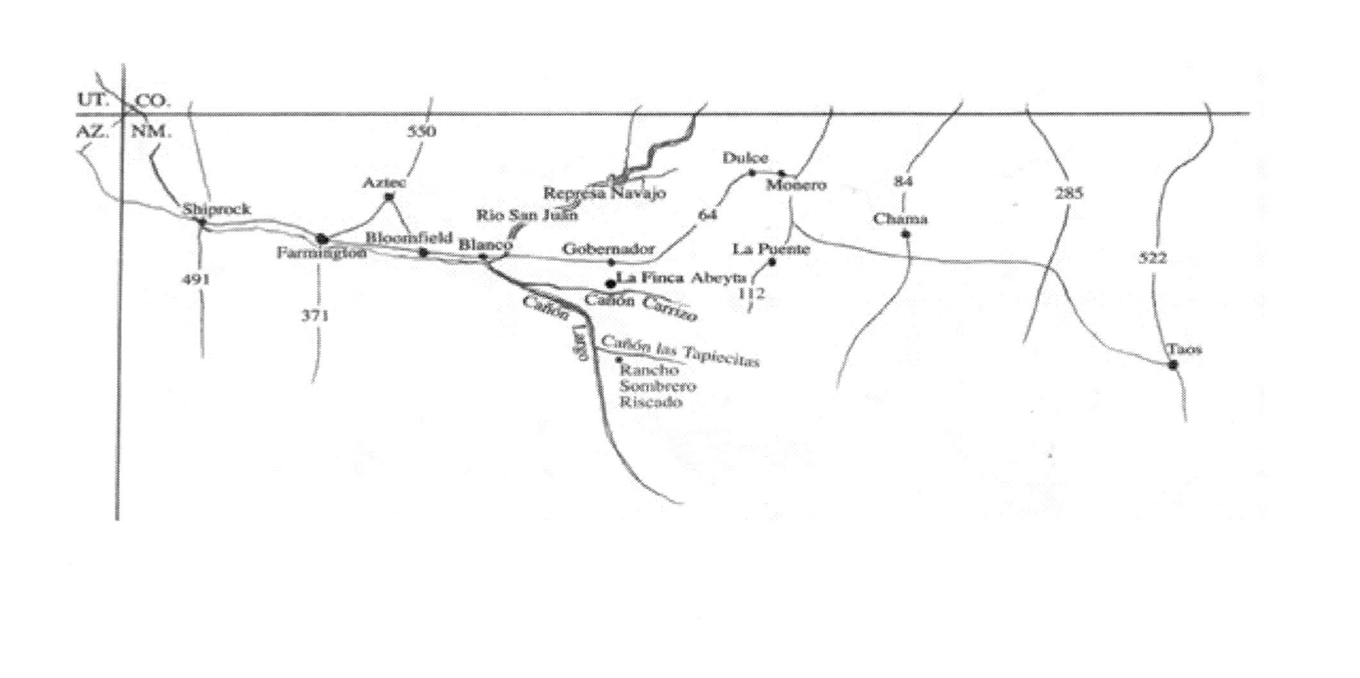
UT.
CO.
AZ.
NM.
550
Aztec
Shiprock
Farmington
Bloomfield
Blanco
Rio San Juan
Represa Navajo
Gobernador
La Finca Abeyta
Cañon Carrizo
Cañon Largo
Cañon las Tapiecitas
Rancho Sombrero Riscado
64
Dulce
Monero
La Puente
112
84
Chama
285
522
Taos
491
371

Introducción

El título de esta obra toma su nombre de la región donde mis padres tomaron tierras a principios de la década de 1920. La granja está situada en el Cañón del Carrizo, aproximadamente 80 kilómetros al nordeste del valle del Río San Juan, condado de Río Arriba, estado de Nuevo México. El cañón tomó su nombre de una planta nativa denominada "Carrizo" la cual es del genero bambú y que crece en abundancia el los aguajes de los arroyos y otros sitios de agua permanente.

Al elegir este título pago homenaje a la memoria de mis padres, ya que fue aquí donde iniciaron sus vidas como hombre y mujer, donde se lanzaron sobre su odisea que cubriría más de 70 años. Fue este lugar, áspero e imperdonable, que los pone sobre el camino hacia su destino. En fin, fue el verdadero inicio de sus vidas como pareja. Su historia se inicia justamente durante las primeras dos décadas del siglo veinte, en un lugar que gracias a ellos se fue convirtiendo a través de los años en una zona predominantemente poblado por familias de habla Española.

Esta obra es un relato a discreción, basada en mis conversaciones y experiencias con mis padres a lo largo de muchos años. En este sentido la representación gráfica sobre sus vidas es parte biografía y parte memorial. También es historia. Lo que he escrito es mío en el sentido que proviene de mi perspectiva sobre sus vidas. Solo hice uso del Internet para verificar fechas de tratados, leyes y otra información histórica, la cual requiere precisión, y fuera del alcance de mi memoria. A pesar que esta obra refleja hechos tal vez históricos, no es histórica en el sentido técnico. Más bien, mi empeño fue de recrear de mis recuerdos, y conversaciones con mis padres y hermanos, las vidas de dos individuos de herencia Ibérica que con amor y ejemplo dejaron una marca indeleble sobre nuestras vidas. En breve, me impuse el desafío de dar fe a su jornada, dando partida tanto de sus placeres como sus dolores.

Como familia nosotros los hijos utilizamos a mis padres como ejemplo para guiar nuestras vidas. Fueron dos personas de visión, fortaleza y fuerza de carácter notable, rasgos dignos de emular. Siempre los consideramos diferente de otras familias, cualquier sea su origen. Esto en el sentido no de orgullo y pretensión falsa sino en el de la identificación espiritual, basada en amor y cariño sin límite. Me pregunto: "¿Eran diferentes?". Tal vez la repuesta está en su profunda fe el uno al otro y en el reconocimiento sobre la importancia de la educación en un mundo repleto de desafíos insuperables sin una buena preparación. Tal vez también, su visión pragmática, acoplada a su herencia de ese espíritu incansable heredado de sus antepasados, fue lo que los puso aparte de sus compatriotas. Sin embargo, si así fuera, otras familias de su generación y fundidas del mismo molde hubieran tomado el camino hacia el estudio y mejoramiento intelectual. Y algunas familias si lo lograron. Tal vez el mestizaje, parte de su herencia, y tan aptamente calificada por José Vasconcelos, el gran escritor mexicano, en su obra, "La Raza Cósmica" contribuyó. Algo, algo los separó de los demás. Pero seguramente su sed por conocimientos disponibles solo por medio del estudio y la educación - y el coraje y convicción para desafiar el statu quo – fueron ingredientes clave en la definición de sus vidas. No obstante, su afán por lo intelectual nunca tomó precedente sobre su fe en Dios, una fe tan profunda que le dio vida a sus sueños. Esta fe, apoyada por inteligencia y deseo de educar a sus hijos, le dio ímpetu a sus vidas, no importaba el sacrificio. Su fe fue su lucero, su farol que marcó sus vidas a lo largo de los años. A la mejor, aquí resta aquello que los separó de los demás.

Con amor, animo, entendimiento y sacrificio, mis padres hicieron su contribución más profunda con la garantía de que sus hijos si tendrían la oportunidad de adquirir todo el estudio posible. Eran una pareja joven, llenos de esperanza de un futuro seguro, luchando contra obstáculos formidables para realizar el sueño de una vida mejor para ellos y para sus hijos. Es contra este telón que doy inicio a su historia.

Una nota importante para el lector. Con el fin de darle autenticidad al diálogo, hice uso de muchas palabras y frases en el español vernáculo. Especialmente en las conversaciones y diálogos entre mis padres. Esto con el fin de mantener fielmente el idioma tal como lo utilizaban los primeros pobladores y por ende, mis padres, un lenguaje tradicional pasado de padres a hijos. Así fue como nosotros aprendimos el español. El estudio formal en el idioma terminó con mis padres. Ejemplos de este lenguaje son; "Cabresto" en vez de Cabestro, y "pá" en vez de para. Y así muchas otras. Lo importante es que el lector no las tome como falta de ortografía sino como parte del lenguaje vernáculo.

Dos palabras de mayor importancia en el tiempo de mis padres, y hago uso libre de ambas, fueron "Don" y "Doña", palabras titulares , y tal vez de origen Real , utilizadas principalmente por los niños cuando se dirigían o hablaban de los mayores. Esta costumbre fue de mayor importancia durante mis años formativos y los niños eran instruidos cuidadosamente en su uso. Primero y tal vez más importante, estas palabras, expresaban el respeto cívico hacia los mayores. Ningún niño propiamente educado podía dirigirse a un mayor informalmente como se acostumbra en Ingles. Cualquier conversación con una persona mayor forzosamente y por protocolo tenía que incluir primero el "Don" o "Doña". También era imprescindible incluir la palabra formal "Usted" en vez de la informal "Tu". Todavía se me haces extraño oír a los niños tutear a los mayores. Se me hace como una falta de respeto, aunque el idioma moderno ha progresado, eliminado mucho a través de su evolución.

José Porfirio Abeyta y Carmen Sabina Sandoval
Fotografía de boda, 1915

José Porfirio Abeyta Y María Carmen Sabina Sandoval

José Porfirio Abeyta y María Carmen Sabina Sandoval nacieron en el territorio de Nuevo México en 1889 y 1897, respectivamente. Sus vidas abarcaron el siglo veinte. Se casaron en Tierra Amarilla, Nuevo México, el 27 de Septiembre de 1915. María Carmen tenía apenas 19 años y Porfirio 26. Como de costumbre en muchas familias Hispanas de la época, los recién casados primero tomaron residencia con los padres de José Porfirio. Esto por carecer los medios de adquirir casa propia. Este arreglo duró varios años, y mis tres hermanos mayores nacieron en La Puente, donde mis abuelos paternos tenían su residencia.

A principios de los años del 1920, mudaron su residencia a la finca en el Cañón del Carrizo, un lugar seco y áspero donde todo beneficio se tenía que arrancar de la tierra por medio de trabajo constante. A una distancia de más 80 kilómetros del pueblo más cercano, y por ende de la civilización, crearon a sus ocho hijos. Mis abuelos paternos y Amado Abeyta, hermano de mi padre, también se trasplantaron al "Carrizo" donde cada una había conseguido terreno bajo la Ley de Afincamiento del 1863 (Homestead Act). Fueron los primeros pobladores en hacer un intento serio de ganarse la vida en ese cañón, un área magnífica por sus vistas pero inhóspita por sus limitadas lluvias. Sin embargo, la naturaleza cooperó con abundantes lluvias durante los primeros años. Esta les permitió levantar buenas cosechas de frijol y maíz. Con los años se fue formando una comunidad de inmigrantes, procedentes de Tierra Amarilla, La Puente, Rosa y otros pueblos del norte de Nuevo México y el sur de Colorado, formando pues, una comunidad nueva. Estas personas eran verdaderamente inmigrantes en un país de inmigrantes.

Mis abuelos paternos murieron en "Carrizo". Sus restos descansan, lado a lado en tierra santa, cedida a la Iglesia Católica Romana por una familia vecina y donde la comunidad edificó su capilla. A pesar de que los hijos se refieran a la finca como "El Jaramillo", nombre dado a un trecho de terreno tomado por una familia por ese nombre, pero la cual no pudo probar la tierra tal como lo requiere la ley de afincamiento. Abandonaron la finca después de perder su rebaño de ovejas en 1918, dejando su nombre sobre la zona para siempre. Mi padre tomó el terreno abandonado por Jaramillo, construyendo su primera casa a unos metros del aguaje natural donde Jaramillo había construido en años pasados. Cuando nosotros los hijos hablábamos del local donde estaba la casa principal nos referimos a la finca como "El Jaramillo". Sin embargo, mis padres siempre se refirieron a la finca como "Carrizo".

Durante el período abarcado entre 1930 y 1955, mi padre hizo parte de su vida alrededor de la finca el "Carrizo", y el rancho ajeno de las Tapiecitas. En 1937, mi padre había aceptado puesto como capataz de ese rancho en el cañón de las Tapiecitas, a unos 20 kilómetros del su finca. Cuando vendió en 1940, siguió viajando al Carrizo, donde había conseguido un permiso del gobierno federal, a unos kilómetros de "El Jaramillo", para pastar unas 40 cabezas de ganado vacuno, y a la vez, poder seguir como capataz de las Tapiecitas. A veces se quedaba más de dos semanas, y recuerdo con emoción los días que regresaba después de una prolongada ausencia. Creo con profunda convicción que a pesar de sus muchas dificultades y a veces decepciones, nunca se sintieron derrotados. Ejemplos de su fortaleza me sobran, pero tal vez el más ilustrativo resta en su determinación y tenacidad en cara a la adversidad. Enfermedades, muertes y tristeza, cada cual causó grandes estragos sobre sus vidas, pero nunca perdieron su fe sobre el camino elegido. Y, sobre todo, jamás perdieron su fe en Dios.

Políticamente, mis padres se registraron con el partido Republicano. Se habían hecho miembros de ese como decía mi padre principalmente porque era el partido de Lincoln, y en el momento de su registro – probablemente poco antes de 1920 – el partido era representativo, sobre todo, de valores de equidad social. Al transcurso del tiempo no cambiaron partidos pero consientes de cambios dentro del partido con los cuales no compartían, empezaron a votar al partido Demócrata. Pues este partido había llegado a representar los valores más allegados a su consciencia. Un punto importante para anotar es que mis padres nunca trataron de mezclar la política y la religión. Este punto de vista es sumamente ilustrativo en una pareja con carencia de estudio formal. Mi mama estudió hasta el grado séptimo en la Academia de Lourdes en Santa Fe, Nuevo México, y mi padre hasta el tercer grado en la Academia Rito, en Rito, Nuevo México. El resto de su educación fue informal, la mayoría adquirida por medio de la prensa, radio y televisión. Y nunca entraban en debates sobre la política y religión fuera de su propia casa.

Mis padres nunca dejaron de llevarnos en "peregrinaciones" al "Carrizo" con el fin de visitar el sepulcro de mis abuelos y su vez, reconectar con la tierra. Esto a pesar de ya no ser dueños de la finca. La casa construida por mi padre era el lucero que nos atraía a ese lugar, seco y áspero, año tras año. Para mi estas visitas sirvieron para consolidar mi relación con la tierra que me nutrió. Yo considere el amor y dedicación de mis padres como un ejemplo conmovedor de cuanta fuerza, tenacidad y fe se necesita para sobrevivir en esas condiciones. Considero que en gran parte estas excursiones me dieron la base para reconocer y apreciar mi cultura y lengua por el resto de mi vida.

Olvidado y aislado por la civilización, el sepulcro de los abuelos queda marcado con una placa de bronce, definida por mi hermano, Isaac. La inscripción dice:

"Puesto en marcha por España en 1942 fue ese espíritu inquieto el cual para 1540 había explorado estas fronteras desoladas. Aquí en testimonio silencio a ese espíritu inquieto descansan:

José Bonifacio Abeyta Y Fermina Espinosa"

La placa mantiene su vigilancia solitaria sobre el sitio donde descansan.

Soy el menor de los hijos, nacido en la finca el 18 de Septiembre del 1937. Tres años después de mi nacimiento mi padre cambio la familia permanentemente a la comunidad agrícola de Blanco, sobre el valle del Río San Juan. Allí, próximo a escuela e iglesia, y confiados de un futuro mejor para sus hijos, depositaron su futuro. En Blanco pasarían el resto de sus vidas. A pesar que vivirían más de dos tercios de su vida en Blanco, nunca perdieron ese eslabón que los unía al Carrizo. Mi mamá falleció el 2 de Julio del 1990 a la edad de 93 años. Mi padre la siguió meses después, el 13 de Enero de 1991 a la edad de 101. Faltaron solo unos meses para cumplir 75 años de casados.

Elijo comenzar su historia en 1899, con mi padre…

El Pastorcito

El niño tenía casi los 10 años. Este año era su primer verano a solas con el pequeño rebaño de ovejas a su cuidado. Su padre, "Papá" José y su hermano mayor, Gabriel, habían tomado camino hacia Tierra Amarilla esta mañana, dejándolo al cuidado de unas 200 ovejas viejas, pues era la costumbre de los ovejeros de separar los rebaños, primero llevando las más débiles a los nuevos pastos de primavera. Casi todas habían parido un mes antes y ahora más que nunca necesitaban buenos pastos para nutrir a sus crías, ya llenos de energía, retozando en grupos sobre el "chamizal", piedras y troncos de pinos secos. Primo Juan, el pastor de pie llegaría en una semana o dos con el resto del rebaño de unas 1,000 ovejas. Mientras, José Porfirio estaría a solas, hazaña nada diminutiva para un niño tan joven. Pero esta era la manera de los primeros pobladores. Darles responsabilidad a los niños temprano en sus vidas, y los con promesa eran indoctrinados al mundo adulto en cuanto mostraban rasgos de madurez y responsabilidad bien desarrollada. Ahora Porfirio, como se le conocería por el resto de su vida, se puso sobre una pequeña colina, ojeando el terreno revelado desde su sitio. Era un pequeño valle, formado por una depresión natural. En su trecho más ancho mediría unos dos kilómetros.

"Papá" José había adquirido el terreno en 1870 bajo la Ley de Afincamiento de Estados Unidos del 1863 (Homestead Act), la cual cedía 160 acres (64 hectáreas) a familias interesadas en crear un sitio propio. Según la ley, el único requisito para recibir título libre era que la familia debía construir edificios permanentes y probar la tierra por un período de cinco años. Al completarse ese término, y si la familia todavía estaba sobre el terreno, el gobierno otorgaba título. La región elegida por mi abuelo para su finca es una zona hermosa. Está situada sobre la mesa del "Cabresto", una región de mesetas planas, y cañadas profundas, cuyas laderas pedregosas están cubiertas de bosques de piñón, cedro, y pino amarillo (Ponderoso) en las zonas de más altura. Mezclados entre estos sobre las cabeceras de las cañadas crecía el pinabete, o como le decíamos nosotros, Pino Real. (Fue vigas de pino real que mi padre utilizó para sostener el techo de la casa nueva de mi mama.) Para completar el panorama, las áreas libres de bosque estaban cubiertas por pasto nativo, chamizo azul y unos arbustos de chico salado. Entre estos, crecían una gran variedad de plantas silvestres florecientes, dándole una imagen bucólica y hermosa a la cañada. Algunas mariposas volaban su vuelo errático, y abejas añadían su zumbido a la restante paz y tranquilidad.

—¡Qué vista más hermosa!—pensó para sí Porfirio desde su punto estratégico.

Hoy día, lo que era la finca de mi abuelo está incorporado como floresta federal (Carson National Forest), terreno Federal. Sin embargo, y hasta los años antes de la nueva Ley de Afincamiento los rancheros Hispanos solían hacer uso libre de las tierras sin interferencia extranjera. Ovejeros de la época participaban en un arreglo semi-comunal sobre terrenos de Merced, cedidos por la corona Española, y la cual les permitía utilizar tierras para pastar sus rebaños. Después de la zona que ahora es el estado de Nuevo México, paso a propiedad de Estados Unidos, muchos individuos iniciaron sus solicitudes por terrenos, con el fin de utilizarlos como centro de operación, especialmente como 64 hectáreas no bastaba para pastar ganado, siempre con la intención de seguir haciendo uso de la tierra libres como de costumbre. Ahora, sin embargo, era necesario obtener permisos del gobierno federal para poder continuar pastar sus rebaños sobre lo que ahora era terreno federal. Esto causó estragos para muchos, los cuales simplemente abandonaron la zona. Papá José, sin embargo, pudo adquirir el derecho para pastar su rebaño sobre un área de más de mil hectáreas de terreno, pero ahora era necesario cumplir con un nuevo sistema, bastante diferente al sistema con origen en las Mercedes cedidas por el Rey de España. Ahora había que pagar, y también sujetarse a la supervisión de un guarda bosques. Pero, con tal de seguir su profesión, muchos, entre ellos mi abuelo, cumplieron con la ley.

La tierra escogida por mi abuelo en esa zona era buena pero carente de aguajes permanentes, sumamente importante para poder sostener sus rebaños. Con el fin de corregir esta deficiencia, mi abuelo y sus hijos mayores se dieron la tarea de crear dos lagunas, ambas con la capacidad de captar bastante agua de lluvia, así captando suficiente para la temporada. Por varios meses, y antes de introducir su rebaño, habían laborado arduamente bajo el sol de verano excavando con sus caballos y excavadora (ó fresno como le decían a la excavadora para dos caballos), así moviendo cientos de metros cúbicos de tierra hasta abarcar el pie de dos pequeñas cañadas con buena "corrida" de lluvia, creando sus lagunas. Expertos en la construcción de lagunas, ambas contaban con salida de reboso por ambos lados, característica necesaria para evitar su destrucción en épocas de fuertes lluvias. Mi abuelo había construido corrales y una pequeña casa, o "choza", como le denominaban los pobladores a una edificación rústica. También llevó varios implementos agrícolas. Era su intención trabajar la tierra, aprovechando años de bastante lluvia. En esos años, los pobladores tomaban toda oportunidad de sembrar maíz o fríjol ("frijol" en el lenguaje común) dada la ocasión. Por lo general, en esos años todavía llovía lo suficiente como para sostener agricultura de temporal. Con este paso también cumplía con los requisitos de la ley de afincamiento. Aunque la zona por si era semi-árida, era más adecuada para la ganadería, pero era necesario cultivar para cumplir con la ley, y mi abuelo no era capaz de perder la oportunidad de levantar cosecha si la naturaleza lo permitiera. Sin embargo, el verdadero fin era pastar su ganado ya que era la comodidad que producía su principal entrada financiera. Y las ovejas (ó "borregas" en el lenguaje común) daban dos productos al año. Los corderos a principios de verano y lana en otoño.

Las ovejas viejas las habían traído casi 70 kilómetros desde Tierra Amarilla, y todavía estaban cansadas de la trayectoria. Como dije antes, era la costumbre de los rancheros de primero mover su "borregas" viejas, así dándoles la oportunidad de aprovechar el buen pasto antes de introducir el rebaño principal. Se movían lentamente, pero pastando con hambre. La zona había recibido bastante nieve el invierno pasado, con buena lluvia en primavera, dejando un pastizal abundante. Como cumplimiento, había bastante "chico" salado, un arbusto suculento nativo a la zona alta, que si la tierra es buena crece a la altura de un hombre a caballo. Sus hojas, redondas y alargadas son levemente saladas, formando un menú favorito para las ovejas. La "madera" del "chico" es dura y quebradiza, con un color gris-amarillo y con un contenido aceitoso que lo hace quemar rápidamente. A pesar que el palo está protegido con espinas, tal es el gusto por las hojas que las ovejas encuentran manera de esquivarlas. Sin embargo, hay que vigilar las ovejas. Una sobre dosis de "chico" puede ser fatal para ellas ya que al consumir grandes cantidades les hace crear un gas que les infla el sistema gastrointestinal al punto de impedir el funcionamiento normal de los pulmones, causando la muerte por asfixia. Pero ahora no había peligro. El "chical" era alto y las ovejas no podían alcanzar lo suficiente como para inflarse. Con respecto al chamizo, un arbusto "chaparro" con hoja pequeña y de color azul/gris, lo rechazaban las ovejas. El único animal que lo come con gusto son las cabras. Como punto de interés para el lector, al encender un "chamizo" azul, el humo es acre y por ende muy bueno para ahuyentar mosquitos y otros insectos voladores. Pero ahora las ovejas estaban a salvo. Caminaban lentamente entre el "chico" y el "chamizo" azul, buscando el pasto tierno y yerbas verdes que cubrían el suelo. Hermosos pinos Ponderosa y fornidos árboles de piñón eran dispersos por la cañada, situada entre dos repisas formadas por piedra arenisca que corren por varios kilómetros hasta desaparecer en el costado de la meseta. Aquí y allí se veían algunos cedros nativos mezclados entre los pinos.

Los primeros piñoneros de la primavera volaban entre los árboles de piñón, buscando piñones de la época pasada, pero más importante ahora era encontrar algún nido de otra especie que pudiese contener huevos. Durante su vuelo, los pájaros, llamaban el uno al otro con su canto distintivo. Estos hermosos pájaros, de color azul y negro y con pico grueso y fuerte, se le llaman "piñonero" por ser el piñón su comida favorita. Sin embargo, son amantes de comerse los huevos de otras especies, y si encuentran un nido descuidado o mal protegido por una especie inferior de tamaño, se los devoran. Es una batalla constante entre los sinsontes y otros pájaros. Algunos cuervos negros, también ávidos a los huevos, sobre volaban la zona, contribuyendo sus llamada dura y seca a la de los demás. Una pareja de urracas, también en busca de huevos, contribuía su voz de vez en cuando. Porfirio observó todo esto en esos momentos que estuvo inmóvil sobre su colina.

—¡Qué vista!", —volvió a exclamar para sí.

Mi abuelo le había dicho:

—Hijo, ya estás de la edá en la que puedes quedarte sólo a cargo de algunas de nuestras borregas. Te hemos dejado comida para dos semanas o hasta que llegue el Primo Juan (el "pastor de pie") con el resto del rebaño. Él no tarda.

Mi abuelo se refería al pastor como "primo" a pesar de no existir parentesco. Esta manera de dirigirse a un empleado de confianza era costumbre entre los hispanos, así elevando a una persona humilde a un nivel más personal. Ahora su padre simplemente le dijo:

—Como los hombres.

Y sin más ni menos él y Gabriel tomaron camino hacia Tierra Amarilla, cada cual montado en su caballo favorito. Esta frase, "como los hombres" le daba mucha importancia a cualquier muchacho, pues era indicativo de la confianza brindada por un mayor. Porfirio se infló, lleno de orgullo al ser el depositario de la confianza de su padre, especialmente a su edad. Porfirio había viajado al "Cabresto" desde los cinco años de manera que conocía la región. Aparte, tenía ya muy buen conocimiento de las "borregas", su especie favorita después de los caballos. Además, tenía a sus tres perros pastores, los cuales no se separaban del rebaño, y sus dos perros loberos, con los cuales podía contar para su protección personal si fuese necesario. Esto perros eran grandes, casi un metro a los hombros, de raza Ibérica, traídos al nuevo mundo por los primeros pobladores. Su pelo era largo y grueso, de color gris con negro. Su fin era proteger los rebaños contra coyotes y sobre todo, lobos.

Porfirio reconoció el rebaño a su cargo con orgullo. En su pensar de niño, se sintió como hombre. Echó mano a su bolsillo y sacó su harmónica. Él le llamaba "su musiquita de boca", la cual había sido regalo de su hermano el pasado invierno. Con mucha práctica había aprendido a tocar parte de un vals que había oído en Tierra Amarilla. Llamó a los perros ovejeros para estar seguro sobre su alerta contra algún coyote ú otro predador. Sin embargo, estos perros no necesitaban recordatorio alguno ya que cuidar el rebaño era su único empeño. Porfirio llevó la harmónica a boca, se estiró contra un tronco y empezó a tocar. Pero sus pensamientos flotaban hacia un futuro lejano y lo que querría hacer cuando llegara a ser hombre.

—¡Quiero tener un rancho con muchas borregas y hermosos caballos! —exclamó a voz alta.

Los dos perros loberos, descansaban a sus pies, sin cuidado cuando un conejo silvestre, con un salto, sale corriendo, cruzando su paso. Cualquier otro perro hubiese salido detrás del conejo, pero no estos. Solo le dieron una ojeada de desdeño, relajados en su postura de descanso, con todo su ser enfocado en la vigilancia del rebaño. Descansaban sus grandes cabezas sobre su patas, jadeando con sus lenguas largas y color de rosa. De esa postura estaban preparados para entrar en acción contra cualquier coyote o lobo amenazante. Conejos formaban parte importante de su dieta pero ahora no era tiempo para cazar. Más tarde, cuando el rebaño estuviera en los corrales irían a cazar. Porfirio sabía que los perros sabían cómo alimentarse de la abundancia del terreno sin el tener esa tarea.

Porfirio contempla su dominio. Nubes oscuras de primavera tardía rondaban el cielo como figuras fantasmas. Pero pensó con expresión de conocimiento: —No va a llover—. Miró hacia arriba, observando varios "zopilotes" haciendo sus vuelo característico, rondando a una distancia cañada abajo. "Un animal muerto", pensó: "Pero no puede ser una borrega. Acabamos de llegar y no han tenido tiempo de bajar tan lejos". Ojea el sol en su trayectoria lenta hacia el poniente, calculando la hora como las seis de la tarde. Las ovejas habían caminado un trecho de unas dos kilómetros en su búsqueda de pasto nuevo y era tiempo de empezar el lento arreo hacía los corrales. Las ovejas pueden caminar largas distancias en busca de pasto, aun con la abundancia del valle. —Ni tienen llena—, se maravilla Porfirio con una sonrisa sobre sus labios, al verlas moverse paso a paso tirando mordiscos rápidos de lado a lado y sin levanta la cabeza.

—¡Parece que nunca están satisfechas!.

Porfirio giró la cabeza de lado a lado, buscando el sonido del cencerro de bronce que llevaba colgado del cuello la oveja matriarca. A esta le llamaban la "madrina". Grande y agresiva, era la oveja dominante del rebaño. Era ella quien marcaba el paso y la dirección del rebaño y las otras le seguían. Alcanzó oír el sonido musical del cencerro, aunque a distancia. ¡Cómo le gustaba ese sonido! Ahora si se escuchaba claramente.

—Tiene que haber sido cambio de dirección de la madrina—

pensó Porfirio. Con un silbido y una seña de mano ordenó a los perros ovejeros empezar el arreo hacia los corrales.

Sin embargo, los perros sabían que primero era necesario afrontarse con la "madrina" ya que era ella quien marcaba el paso. Con paciencia inculcada por su raza, los perros se aproximaron, dándole la seña con gruñidos lentos pero sin ladrar. Estaban entrenados a no actuar con agresión excesiva para no alarmarla y por consiguiente causar el pánico dentro del rebaño. Pero ahora la "madrina" mantuvo una postura agresiva. Elevó la cabeza y se sobre puso, con ojos sospechosos y fijados sobre los perros. Para reforzar su postura, bufaba y golpeaba una pata contra el piso, como diciendo: —Aquí mando yo—. Pero todo esto era una partida que jugaban todos los días. Era una lucha de voluntades, y la "madrina" no iba ceder ni un centímetro hasta el último momento. Los perros se acercaron lentamente, forzándola a romper su postura. Por fin se dio por vencida y tomó camino rápidamente hacia el rebaño y los corrales en la distancia, el cencerro dando su tocar musical con cada paso. Las otras levantaron la cabeza y la siguieron.

Los mejoramientos edificados por mi abuelo estaban situados entre un montecito de árboles de piñón, los cuales daban buena protección contra la naturaleza, pero especialmente contra coyotes hambrientos, siempre en busca de una víctima fácil. Sin embargo, cualquier coyote primero tendría que pasar por encima de los dos perros loberos. Luchar contra lobos era su razón de ser, tal como su raza lo había hecho en los Pirineos Vascos desde tiempo inmemorial, y un coyote era nada para estos perros. Los antepasados de Porfirio habían traído esta raza de perros cuando pusicron pie por primera vez sobre el nuevo mundo 200 años antes. Los dos ibéricos por lo general se mantenían aparte de los ovejeros pero como se habían creado juntos, los toleraban con paciencia cuando se aproximaban a tratar de jugar, algo que los otros hacían a veces en momentos de ocio. Los perros pastores no conocían otra vida aparte la de cuidar el rebaño. Estaban dispuestos de dar la vida en su tarea. Al hacer el llamado para iniciar el arreo, Porfirio pensó para sí:

—Algún día....

—Algún día—volvió a repetir para sí, dándole salida libre a sus pensamientos de ensueño: —Seré dueño de un gran rebaño de borregas, muchas vacas y, más importante, buenos caballos—. En ese momento, como en respuesta a su pensamiento, salió a una vega, y a unos 200 metros, una tropa de caballos mesteños. Ver mesteños tan cerca era raro ya que eran ariscos y trataban de evitar contacto con el ser humano. Desde su introducción por los conquistadores Españoles en los años después de 1500, los caballos se habían multiplicado rápidamente y sin obstáculo alguno. Para principios de 1900, existían cientos de miles de estos animales, dispersos por las vastas extensiones del suroeste de Estados Unidos.

El garañón a cargo del pequeño harem de yeguas y potrillos todavía mamantes, era un hermoso "champurrao". (El caballo "champurrado" es color afresado, con pelo blanco mezclado, dándole ese color tan codiciado por los creadores de caballos). Ahora, el caballo, con cuidado y precaución sacó a sus cargas a la vega donde empezaron a pastar. Él se puso como centinela, con la cabeza elevada y ojos fijos sobre sus alrededores. Para un niño de 10 años, era un visión incomparable:

—¡Es verdá! —exclamó Porfirio, su voz en un susurro:—Si existe el champurrao! —. Con el corazón en la boca y estupefacto por lo que ve, se queda inmóvil, como si se hubiera convertido en piedra de granito. Porfirio había oído a su papá y hermanos hablar de un caballo "champurrao" que supuestamente andaba por esta región, pero nunca lo habían visto. "Seguramente es leyenda", había dicho su padre. Recupera su voz y se le escapa de la boca, —¡Es verdá! Y algún día tendré un caballo como tú! —. En ese momento el garañón le oye, dándose cuenta de su presencia. Con un bufido que resuena contra los pinos, tuerce la nuca, mueve la cabeza de lado a lado en el desafío del animal libre, e introduce rápidamente su harem al monte. —¡Qué hermoso caballo! —, pensó Porfirio mientras los observa introducirse en el monte. El pastorcito gira, y toma paso detrás de sus ovejas, ahora enfocado en su tarea, mientras dándole fuerza a su harmónica con su vals, pero siempre con sus pensamientos enfocados sobre lo que acababa de ver.

Muchos años después en las proximidades del Cañón del Carrizo se daría la casualidad y encontraría otro "champurrao". Ese encuentro se convertiría en una situación erizada con dificultades, accidentes y por último, un fin trágico.

José Porfirio- 1925

José Porfirio – El Hombre

La ascendencia de mi padre en tierras americanas se remonta hasta antes de 1780, cuando según la leyenda de la región, dos hermanos de origen vasco llegaron a lo que ahora es Nuevo México norte. Eran "adelantados", hombres con estudio y de buenas familias, encargados de llevar pobladores a la nueva España, por cuenta de la corona española. Pasamos al próximo siglo a los pueblos hispanos del norte de Nuevo México, donde estos individuos y sus familias habían echado raíces. Según los registros de las iglesias, dos hermanos de la siguiente generación, Bernardo y Gabriel Abeyta, dan inicio a la larga ascendencia de nuestra familia. Según esos mismos registros, Gabriel Abeyta, nacido más o menos en 1791, es el abuelo de mi padre. Un pariente lejano ya fallecido, Albert Abeyta, residente en Vallejo, California, asumió la tarea de reconstruir la ascendencia de la familia.

Albert determinó, después de una ardua búsqueda en los archivos de las iglesias en el condado de Río Arriba, que los hermanos Abeyta habían echado raíces en Santa Cruz de la Cañada, un poblado ahora olvidado, cerca de lo que hoy es el pueblo de Chimayó, Nuevo México. Documentación histórica comprueba que Bernardo Abeyta construyó una capilla "Santuario" en las cercanías de dicho poblado, entre 1814 y 1816. Según la leyenda, Don Bernardo decidió construir el Santuario porque una noche, después de una ceremonia con los penitentes de la Hermandad de nuestro Padre Jesús el Nazareno, observó una luz que brillaba en el costado de una pequeña colina, cerca de dónde caminaba a solas con sus pensamientos. Acercándose al sitio, empezó a hurgar con las manos, buscando el origen de esa luz. Descubrió un crucifijo y lo levantó a la luz de la luna para distinguirlo. Había descubierto un objeto que después nombrarían el "Crucifijo de Nuestro Señor de Esquípulas." Cuenta el legendario relato que Don Bernardo tomó el crucifijo y lo limpió con sus manos para quitarle la tierra. Milagrosamente, sus manos artríticas empezaron a sentir alivio y flexibilidad. Alarmado, Don Bernardo regresó el crucifijo a sus sitio, marcó el lugar, lo tapó con tierra, y se encaminó rápidamente hacía al pueblo para notificar al cura de su descubrimiento. Al recibir la noticia, éste y varias personas del pueblo regresaron al sitio. Localizaron el crucifijo y lo llevaron a la iglesia, donde el religioso lo depositó en el altar dentro del sagrario. Pero a la mañana siguiente, cuando entró a la iglesia, descubrió la ausencia del crucifijo. Una búsqueda organizada por los habitantes del pueblo lo encontró de nuevo en su sitio original sobre la colina. Esta escena se repitió varias veces, encontrando cada vez al crucifijo, siempre en su sitio original. Don Bernardo interpretó este fenómeno como una señal de que debería construir un santuario en dicho sitio. Y así lo hizo.

El Santuario de Chimayó está próximo al pueblo que le da su nombre. La leyenda, o tal vez el mito, dice que el Santuario está sobre tierra sagrado, y que cualquier persona que sufra de artritis solo tendrá que frotarse las manos con esa tierra para sentir alivio permanente. Lo cierto es que la Iglesia Católica permite a los fieles llevarse pequeñas cantidades de tierra tomadas de una cavidad detrás del altar. Como testimonio del poder de la fe, varios bastones y muletas descansan contra una pared, dejados ahí por personas sanadas por esa tierra. El estado de Nuevo México colocó una placa histórica en el sitio, reconociendo a Bernardo como arquitecto del Santuario.

José Porfirio nació de José Bonifacio Abeyta y Fermina Espinosa el día 15 de Septiembre de 1889, en Ranchos de Taos, Territorio de Nuevo México. Su padre era "borrequero," con un rebaño de más de mil ovejas. La familia había practicado ese oficio traído más de cien años antes desde España por sus antepasados vascos. "Papá" José era un hombre de estatura media, con ojos azules y pelo castaño claro ondulado. "Mamá" Mina, en contraste, era chaparra, morena y con rasgos del indígena Americano. Mi padre heredó su tez morena y sus ojos castaños de su madre y el pelo ondulado de su padre. En nuestras conversaciones, muchos años después, mi mamá nos contaría de la magnífica pareja que formaban nuestros abuelos paternos. Siempre que salían a luz sus nombres, se le encendían los ojos a mamá. Decía; —Cada uno tenía el don de un espíritu dulce y tranquilo con el cual se ganaban a toda persona que los conociera; y se querían mucho—. Con seguridad, mi mamá les profesaba un amor especial y profundo.

Mi padre pasó su juventud entre los campos de borregas, aprendiendo el oficio tal como había sido transmitido de padres a hijos por generaciones. Aparentemente, el estudio y la escuela no eran de alta prioridad para mi abuelo, y usualmente sólo al mayor de la familia se le condecía ese privilegio. Sin embargo, se habían dado cuenta que Porfirio era inteligente y por lo tanto lo enviaron a la prestigiosa Academia del Rito, cerca de Tierra Amarilla. Ahí estudió por tres años, entre los once y catorce años. Se sintió afortunado, ya que aprendió a leer y a escribir en español. Ese fue su único estudio formal, pasando el resto de su juventud en mejorar sus conocimientos de ranchero.

El inglés básico lo aprendió de adulto, logrando dominarlo bastante bien, pero siempre con su acento español. Porfirio se sentía satisfecho con el estudio recibido ya que lo que él quería era ser granjero, aunque a veces parecía incómodo, como si le faltara algo. En esos momentos pensaba que a la mejor, un poco más de estudio le hubiese venido bien. Sin duda y por falta del mismo, años más tarde le hubiese costado menos esfuerzo aprender a leer y escribir en inglés. Sin embargo, su empeño en aprenderlo, le sirvió bastante bien ya que un tiempo después aceptaría un puesto como capataz del rancho del señor Paul Williams, un norteamericano (o gringo, como los hispanos se referían al anglosajón) que no hablaba una palabra del español. Mantuvo ese puesto en el rancho "Cocked Hat Nine", o Sombrero Riscado sobre el Nueve, desde 1937 hasta 1955. De todas formas, conforme fue madurando, empezó a pensar más y más sobre su futuro y en cómo lograría concretar sus sueños: salir de Tierra Amarilla y lanzarse a la vida por su cuenta.

Porfirio maduró como hombre siempre inspirado por los principios del pionero, tal como lo habían hecho generaciones de hispanos que le precedieron. En su corazón era hombre de la tierra y sabía que el camino elegido no sería fácil. Pero, como dijo varias veces durante algunas de nuestras conversaciones, le hubiese gustado una opción más prolongada en el estudio que ese pequeño vistazo por la ventanilla recibido, para así poder juzgar por sí mismo como hubiese sido otra vida fuera de la finca y la ganadería. Sin embargo, su padre había tenido hijos para que lo ayudaran con el ganado y los estudios eran "para los hijos de los ricos." Tal vez si mi abuelo hubiese sentido el imperativo de instruir más a sus hijos, la vida de mi padre hubiera tomado otro camino. En una ocasión mi mamá comentó, no sin una nota de amargura, que mi abuelo no le había dado la oportunidad de estudiar. No obstante, él supo aceptar su destino, decidiendo desde temprano que su vida estaría ligada al campo. Su sino había sido resuelto por la situación económica familiar, su cultura, la influencia de su padre y de sus hermanos. El tomar otro camino hubiese sido como negar al los suyos. Y una vez tomada su decisión, nunca miró hacia atrás. Era hombre del aire y campo libre y por ahora, nada podía cambiarlo. Pero mi mamá conocía a mi padre mejor que yo y pensaba que tal vez, de haber tenido la oportunidad, sí hubiese toma ese otro camino. El hacho es que su vocación de granjero se formó temprano y, haciendo buen uso de lo aprendido, se lanzó hacia el futuro para explotar las oportunidades que se le presentaron.

Su devoción a Dios y a la Iglesia también se formó temprano. Tal vez sus temporadas a solas con las borregas lo llevaron a ver la religión como un eslabón necesario para completar su vida. El hecho es que se formó como un hombre de Fe profunda, siempre basada en los principios de la Iglesia Católica Romana.

En 1915, mis padres decidieron solicitar terreno bajo la Ley de Afincamiento. Sin embargo, como recién casados no tuvieron la oportunidad de concretarlo hasta 1917. Mi padre sabía que esa vía era la única disponible para conseguir tierra propia. Para esa fecha, y con los cambios impuestos por un nuevo gobierno considerado ajeno, mi abuelo había perdido casi todos los permisos de pastar para sus ovejas. Con esa perdida, no tuvo más salida que vender su rebaño y reunir sus bienes en una casa en La Puente, pueblo que queda a pocos kilómetros de Tierra Amarilla, Nuevo México. Sólo pudo conservar algunas borregas, cuatro caballos de montar y su querida pareja de alazanes para su calesa. Con suerte, mi abuelo había logrado alquilar terreno en la vecindad, y con trabajo y sacrificio pudo adquirir unas veinticinco cabezas vacunas y más de cien lanares. Pronto tendrían que buscar terreno para pastar su ganado y la única posibilidad sería encontrar un lugar donde empezar de nuevo. El Cañón del Carrizo era uno de los pocos lugares donde podían pensar en renovar sus vidas. Sabían que todavía existía terreno en abundancia en esa zona. Pero como siempre, lo menos deseable se va dejando para lo último; y esa zona era árida y sin aguas permanentes que le dieran sustrato. Sólo los "ojos" o manantiales, en algunos sitios, pero no los suficientes como para criar ganado. Sería necesario construir lagunas para captar ese indispensable elemento durante las épocas de lluvia.

A fines de 1917, mi padre y mi abuelo Abeyta dieron su primer paso hacía el Carrizo, llevando una parte de su ganado vacuno a la nueva finca. Lamentablemente, el invierno de ese año entró con fuertes nevadas y severos fríos, a tal extremo que perdieron todas las vacas. Mi padre contaba siempre que no teniendo alimento que darles, se congelaban en sus sitios. Mi padre y mi abuelo se lo pasaban tratando por lo menos de salvar los cueros, antes que los coyotes y otros predadores los dañaran. Dichos cueros, cuyo valor era de apenas unos centavos cada uno, fue todo lo que pudieron salvar de su inversión. Este fenómeno se repetiría en el invierno de 1931/1932, cuando una tormenta aún más devastadora resultaría desastrosa para mis padres y sus vecinos del Carrizo.

Resulta que en 1917, también Estados Unidos había entrado en la guerra europea, y muchos de los hombres jóvenes del norte de Nuevo México fueron llamados a la conscripción. Mi padre, como sus compatriotas, fue citado para el examen físico pero una herida sufrida de joven en un ojo, causó que lo rechazaran. Según él, ofreció comprobar que no le afectaba pero no le dieron esa opción. De modo que logró regresar al pueblo y a su familia, para continuar su lucha por ganarse la vida.

La primera guerra mundial causó cambios y estragos profundos en las familias de esa parte del país. Muchos de los pueblos más remotos del norte de Nuevo México se habían mantenido aislados, olvidados por la rápida expansión cultural angloamericana que los rodeaba. Entre tanto, aquellos jóvenes que tuvieron la suerte de escapar con vida de esa terrible guerra, regresaron habiendo visto cosas del mundo que ni pensaban que pudiesen existir. Lo irónico era que la mayoría de estos muchachos, por su aislamiento, aún sin tener conexión alguna con el afuera les tocó servir a su patria, prestando servicios con honor y algunos hasta heroicamente. Después de ser expuestos al mundo exterior de sus aldeas, muchos rehusaron regresar a su tierra, emigrando a California y otros estados industrializados, en busca de una vida mejor; ahora podían proyectar las posibilidades de salir adelante yéndose de sus pueblos demasiado limitados. A fin y al cabo, la gran mayoría de las tierras arables se encontraban ocupadas. Sólo unos pocos consideraron a esos terrenos áridos que estaban disponibles bajo la Ley de Afincamiento, merecedores de atención y esfuerzo. Y aquellos que optaron por esas tierras se beneficiaron de diferentes maneras.

Uno de los más beneficiados fue Don José Pablo Candelaria. Duro, astuto y bueno para los negocios, reconoció temprano el valor de los minerales naturales del subsuelo, sobre todo del gas natural y del petróleo, sepultados bajo esas tierras yermas. Oriundo del Valle de San Juan donde su padre tenía negocios, Candelaria primero se afincó en Blanco, lugar fuera siempre su centro de operación, para después conseguir terreno en el cañón del Carrizo, a unos 15 kilómetros al sur de la finca de mi padre. Poco después de su afincamiento aquí, Candelaria empezó a comprar los terrenos abandonados por aquellos pobladores que no podían pagar los impuestos. Estos terrenos se remataban en Tierra Amarilla, la sede del condado de Río Arriba.

Por lo general, los terrenos se vendían sólo por el valor del impuesto adeudado y así Candelaria compraba barato. No conozco cual fue el origen del dinero para conseguir tantas parcelas de terreno, pero imagino que provenía de una herencia de su padre y, probablemente, financiación de algún banco. De esa manera, Candelaria hizo su fortuna. Sin embargo, nunca abandonó su vocación de ganadero. Con todo su afán por el dinero, fue fiel amigo de mi padre hasta su muerte de cáncer a la edad de 62 años. El lazo principal que los unió fue el compadrazgo. Mis padres fueron los padrinos de bautismo de uno de los hijos de Candelaria y Eulogia Chávez, su segunda esposa.

En 1950, el gobierno federal abrió la parte noreste del estado de Nuevo México a las empresas petroleras, con el fin de explotar el petróleo y sobre todo el gas natural que es el recurso más abundante. La familia Candelaria participó, conservando sus anteriores bienes, y en pocos años acumularon una fortuna como consecuencia de los derechos recibidos por la comercialización de esos recursos. Afortunadamente, la viuda de Candelaria, con el apoyo de sus cinco hijos, siguió los pasos del esposo y padre, haciendo buen y prudente uso de la fortuna dejada por el patriarca.

Algunas otras familias continuaron con sus fincas, Notable entre ellas fue la de José Cristóbal Gómez y los suyos. Consiguieron mantener sus fincas y, con el tiempo, lograron expandir sus propiedades y su ganado vacuno considerablemente, Hoy día, los hijos de Don Cristóbal, operan una corporación ganadera que abarca terrenos en el norte de Nuevo México y el sur de Colorado. Otros, como los Martínez, Jáquez, López, Flores y Lobato, prosperaron a diferentes niveles. La mayoría de estas familias tuvieron la buena suerte de poder conservar sus propiedades originales. Sin embargo, ninguna de ellas puso el énfasis en la importancia de la educación avanzada de sus hijos.

A pesar que mi padre tuvo éxito como ranchero, no era una persona de negocios; cosas intangibles como petróleo y gas natural no resonaban en su mente. Y esto se hico menos difícil ya que carecía de los recursos económicos necesarios como para comprar terrenos que tuviesen los derechos minerales intactos. De manera que para él, el futuro estaba en la tierra, el ganado sobre ella y nunca se apartó mucho de esa manera de pensar. Además, y sobre todo, era hombre de campo libre y abierto. El máximo de sus hazañas como hombre de negocios, fue la compra de tres parcelas de 64 hectáreas cada una, para completar una "sección" (Medida de 640 acres equivalente a poco más de 2,5 kilómetros cuadrados) de terreno. Las compró en remate, tal como hacía Candelaria. Su meta era conseguir suficiente terreno como para pastar su ganado. Lamentablemente, los derechos de minerales se habían vendido por separado. Sin embargo, cuando llegó el tiempo para organizar sus prioridades, decidió que la educación de sus hijos estaba primera. La venta de su finca fue el último paso que dieron mis padres para asegurar el sueño de educar a sus hijos; y nunca dudaron de su decisión ni miraron hacia atrás. Cuando se trataba de educar a sus hijos, mis padres no tenían reserva alguna. Ellos sabían que el provenir de la familia estaba en la educación.

La devoción y la fe en Dios de mi padre fue notable y formó parte esencial de su autoconocimiento. Su fe no se podía medir por la cantidad de veces que participaba en los sacramentos de la confesión, recibía la comunión o asistía a misa. Para él, la fe y creer en Dios eran conceptos muy personales y no era necesaria una expresión pública de dichos atributos, para conseguir la salvación eterna. Decía sus oraciones a diario y aconsejaba a sus hijos que siguieran su ejemplo. Rezar el rosario era rutina para mi padre y un ritual que seguiría toda su vida. Siempre lo traía consigo y en sus últimos días lo llevaba envuelto en sus manos.

La Fe y la religión jugaron un papel importante en las vidas de mis padres. A pesar temas altamente personales, esperaban que sus hijos siguieran sus pasos sin pregunta alguna. Las hijas aceptaron el papel el al Iglesia sin pregunta, pero mis hermanos, sobre todo Isaac, el mayor de los varones, no fueron tan receptivos. Poco después de cumplir los veinte años y ya soldado voluntario en la segunda guerra mundial, Isaac empezaría a revelar a nuestro padre sus dudas sobre la existencia de un Ser Supremo y la doctrina de la Iglesia. Sin embargo, no expresó su desacuerdo completamente hasta muchos años después. Cuando lo hizo, a mi mamá no le afecto demasiado. A pesar de ser profundamente religiosa, era más pragmática en sus ideas cuando se trataba de dudar de la religión. Para ella una cosa era dudar y otra abandonar la Iglesia por otra. Para ella, lo de Isaac era una expresión de propia voluntad, d libre albedrio. Mi padre, al contrario, aprobaba menos tales expresiones. El creía que nosotros, seres mortales, no podíamos juzgar aquello que estaba más allá de nuestra compresión.

A pesar de estar enterado de la falta de Fe de su hijo, mi padre nunca trató esto abiertamente con él hasta que apareció el tema. Por ejemplo, mi padre sabía que el matrimonio de su hijo fue por lo civil y no por la Iglesia. Sin embargo, nunca había abordado el tema con él. Habían sostenido muchas conversaciones filosóficas a través de los años pero siempre dejando ese asunto de la religión personal afuera. No obstante, durante una visita a Blanco en los años 70, surgió la cuestión y por primera vez se dio una discusión abierta y franca. Sucedió un día que mi padre le preguntó a mi hermano por qué no había asistido a misa el domingo. En una larga y emocionante conversación con nuestro padre, que ya tenía más de ochenta años, Isaac trató de explicar sus razones para haber perdido la Fe en la religión y en la existencia de un Ser Supremo. Finalmente mi padre aceptó lo de mi hermano por el amor y respeto que tenía con su hijo, ya capaz de decidir por sí mismo. No obstante, nuestro padre le dijo a Isaac;

—Mira hijo, lo que dices es parte de tu vida, tu alma, pero no es lo mismo que tener Fe.

Cuando llegó el momento de la despedida de mi hermano, le dijo;

—Sé que tienes que ser fiel a tus ideas y lo acepto porque es parte de tu ser, así como yo acepto mi Fe en la existencia de Dios por sí sola —.Y continuó:— tal vez no nos volvamos a ver, vives tan lejos, pero pienso que lo debes saber; yo acepto que uno, primero, antes que nada, debe ser fiel a sí mismo; sin embargo, también quiero que sepas que tu forma de pensar me entristece.

Isaac aún recuerda ese momento como el más conmovedor que hubiesen compartido padre e hijo; y se sintió devastado por el estado emocional de su padre. Según mi hermano, aquél diálogo difícilmente hubiese sido posible años antes. Pero mi padre, ya tal vez dándose cuenta de su propia mortalidad, probablemente quiso compartir algo que llevó en el corazón durante muchos años y que tuvo que salir a la luz del día.

No creo que su afiliación política haya jugado un papel importante en la formación de mi padre como hombre. No obstante, es interesante observar que él y mi mamá se registraron en el Partido Republicano, aunque en sus últimos años votarían al Partido Demócrata. El porqué se registraron como republicanos posiblemente reside en el hecho de que ese partido, hasta por lo menos los años 30, había representado los valores sociales más apegados a su propia filosofía. Sobre todo porque fue el partido del presidente Lincoln, un hombre admirado profundamente por mi padre. Lo importante para ellos es que siempre tomaron sus decisiones basadas en el candidato y no en el partido, lo cual los inclinaba al Partido Demócrata. Un punto de interés para el lector es que ahora el partido Demócrata predomina entre los hispanos de la región.

A pesar que nunca cambiarían su afiliación, mis padres decidieron que votarían al Partido Demócrata. Por ejemplo, en las elecciones de 1932, apoyaron fuertemente al candidato Franklin Delano Roosevelt. Para ellos, era la única persona capaz de sacar al país de la gran depresión que lo azotaba. Otro ejemplo de su postura política se me presentó un día cuando conversábamos sobre la inminente invasión en 1989 de Panamá, durante la administración del presidente George H. W. Bush. Mi padre comentó;

—Ese hombre, Noriega, es mala gente, pero no creo que deberíamos mandar tropas para sacarlo. Que lo saque su gente.

Sobre todo, con su estudio limitado, reconoció las implicancias de una invasión con todo su impacto social y moral, y para él, sin motivo político para apoyarla. Él se mantenía al tanto de asuntos políticos por medio de la prensa. Es importante observar que mis padres nunca mezclaron lo político con su religión. Encuentro este punto de vista muy bien fundamentado, teniendo en cuenta su escaso estudio formal. El resto de su aprendizaje fue informal, adquirido por la prensa, la radio y la televisión.

En este escenario de religión y política presento a Manuel Trujillo, cuñado de mi mamá. Lo menciono porque creo que este hombre, entre todos, ejerció bastante influencia sobre mi padre. Unidos por el lazo del compadrazgo, Trujillo habría apoyado a mi padre cualquiera fuera su afiliación política. Trujillo fue un hombre sumamente astuto para los negocios y con sus contactos demócratas en Tierra Amarilla (la sede del condado y donde estaban los registros de propiedades), siempre sabía cuándo y qué propiedades se rematarían por falta de pago de impuestos. De esa manera pudo conseguir bastante terreno para su propio beneficio. Es importante aclarar que por medio del compadrazgo, los hispanos de la región se mantenían relativamente unidos. En todo caso, aun cuando una persona fuera del partido opuesto, siempre hacían honor a su compromiso político. En este sentido creo que mi padre consiguió los terrenos más allá de su finca original con el apoyo de su compadre Manuel. Todavía conservo un certificado de redención (documento que constituye todo un título de propiedad a favor de quien paga el impuesto adeudado) por una parcela que salió a remate, de 160 acres, comprada por mi padre en 1935 por unos 49,75 dólares estadounidenses.

Otro ejemplo clave en su relación con Trujillo, fue cuando este le dio una mano a mi padre, apoyándolo con el ganado "semilla", para que empezara su propio rebaño y se lanzara como ranchero a principios de los años 20. El mecanismo utilizado para esto tomaba forma de un convenio entre dos personas y se denominaba "Al Partido." El acuerdo funcionaba de la siguiente manera; El donante prestaba, por ejemplo, treinta cabezas, vacas maduras y preñadas (aunque también podía ser borregas o caballos), y el receptor se obligaba a rendir al dueño la mitad de las crías a fin de año, quedándose él con la otra mitad. El arreglo usualmente era por un período de cinco años. El compromiso no sólo era entregar la mitad de lo producido todos los años, sino también incluía la obligación de devolver los treinta animales originales. Si alguno de éstos llegaba a morir durante ese período por falta de atención, el receptor estaba obligado a reemplazarlo con una de sus crías. Este convenio no requería contrato escrito, sino que se cerraba en un apretón de manos como compromiso mutuo. Era un mecanismo excelente que funciona muy bien, especialmente para al donante. Muchos rancheros lograron acumular rebaños es esta manera, entre ellos mi padre. Para el donante era un acuerdo sin riesgo ya que otro se encargaba del alimento y cuidado de su ganado, con una ganancia muy conveniente al terminar el compromiso contratado.

Mis recuerdos de Trujillo son que era un hombre fornido, panzón, de estatura media, de carácter jovial y orgulloso de su dominio sobre los temas sumamente importantes para él, la política y la religión. Aparentemente bien leído, era un político excepcionalmente bien conectado entre sus correligionarios del partido. Por lo que me acuerdo, de la relación entre mi padre y su compadre Manuel, creo que fue su principal consejero en cuanto a la compra de terrenos. Por ejemplo, recuerdo oír comentar a mi padre que consideraba a su compadre Manuel como un hombre "inteligente, serio, bien leído, y sobre todo, muy bien conectado." Mi mamá, sin embargo, tenía otra versión algo cómica de su cuñado. Para ella, Trujillo era un "gordito bufón y mentiroso que con su amable sonrisa y personalidad afable, podía encantar al cualquiera." Esto lo decía con una sonrisa, revelando el cálido afecto que le profesaba de verdad.

Personalmente, recuerdo que de niño escuchaba con fascinación cuando Trujillo exponía sobre uno de sus temas favoritos; la gallina Ancona Negra. Según él, la Ancona Negra era "la diosa de las gallinas," superior a cualquier otra raza ponedora. Me fascinaba porque sus palabras resonaban completamente verídicas. Se acomodaba sobre una silla, se reclinaba hacia atrás, y con una sonrisa sobre su cara redonda y jovial, a la vez emitía una serie de carcajadas, con sus característico "Je, je, je, mientras hablaba. Con los brazos cruzados sobre su amplia panza, exponía, de vez en cuando apuntando con el dedo para enfatizar un asunto, mientras su cuerpo entero se movía como se fuese de gelatina. En una ocasión le pregunté a mi mamá si no podíamos conseguir gallinas Anconas para nosotros. Ella respondió con una sonrisa; —Oh, yo no le hago mucho caso a lo que dice mi compadre Manuel. Es muy ponderativo.

En aquel momento, quizá en mi mente de niño, no alcancé a comprender que ella tomaba las ideas y teorías de su cuñado con una dosis de escepticismo. Pero, para darle crédito a Trujillo, muchos años más tarde me enteré que la gallina Ancona Negra si existe. ¡Lo que no pude comprobar fue la teoría sobre su extraordinaria capacidad como ponedora!

He comentado que a mi padre no le gustaba involucrarse en asuntos políticos y mucho menos, afiliarse a organizaciones fuera de su partido. La evidencia de esto apareció cuando el notorio Reyes López Tijerina, un predicador evangélico ambulante oriundo del estado de Texas, vino al norte de Nuevo México a principios de la década de los 60, con el fin de reactivar el interés del pueblo hispano por la pérdida de enormes cantidades de terreno que se produjo después de la firma del Tratado de Guadalupe Hidalgo, el documento entre México y Estados Unidos posterior a la guerra en 1845 a 1848. Este documento, supuestamente, ordenaba la cesión acordada de tierras de un país a otro. Sin embargo, según López Tijerina, el gobierno de Estados Unidos había estafado a los pobladores hispanos. Decía haber estudiado el tratado y las decisiones de las cortes, y que allí estaban, en blanco y negro, los derechos de dichos pobladores. Sin embargo, personas informadas y desinteresadas, incluyendo profesores de las Universidades, no encontraron fundamentos en los reclamos de López. Pero las personas humildes, especialmente en el condado de Río Arriba, si le creían. Y muchos se afiliaron a su movimiento.

A principios de su llegada al Norte de Nuevo México, López Tijerina fijó su residencia el cañón del Gobernador, en la finca de mi primo, Maximiliano Trujillo, hijo mayor del fallecido Manuel Trujillo. Allí se rodeó de varios "fieles." Los residentes de Blanco, no sin una fuerte dosis de ironía, se referían a ellos como "Los Apóstoles," porque usaban mantos como los de la época de Cristo y porque casi siempre andaban a pie. Lo más probable fue que mi primo creyese en las teorías de López y por eso lo hospedó en su finca. Sin embargo, es un tema que nunca traté con mi primo. Desde aquél momento, López empezó a ganar seguidores, convencido que podía forzar al gobierno del Estados Unidos a abrogar su interpretación del tratado, regresando las tierras, ó, por lo menos, pagando millones de dólares en reparaciones. Con el fin de llevar a cabo sus planes, fundó "La Alianza Federal de Mercedes" organización cuyo propósito supuestamente era representar los derechos e intereses de sus socios. Queda claro que aquellos seguidores suyos pagaban cuotas mensuales a la "Alianza" pero las cantidades nunca salieron a la luz.

Un slogan favorito de López era "Un Dólar por cada Gringo." Esto porque según él, las tierras perdidas estaban ahora en su mayoría en manos de los Gringos. Recuerdo haber oído aquel dicho en boca de algunos estudiantes hispanos durante mis estudios en la Universidad de Nuevo México entre 1965 y 1968. López era un predicador muy eficaz, con una personalidad carismática, y era capaz, en un español pulido, de elevar una reunión a niveles frenéticos con sus exhortaciones negativas. Mi padre se negó desde un principio a unirse a "La Alianza," diciendo que López era un bribón solo interesado en el dinero de los crédulos. Sin embargo, López insistió, utilizando la prensa como instrumento. Finalmente, todo culminó con el infame ataque a mano armada el día 5 de Junio de 1967, al Palacio de Gobierno del condado en Tierra Amarilla. Después de un tiroteo, La Policía Estatal logró repeler a los "rebeldes". Como de película si no hubiese sido que del asalto resultaron un muerto y varios heridos. Lo irónico fue que la mayoría de los miembros de la policía eran hispanos, algunos del mismo pueblo que varios de los rebeldes. Según algunos relatos, López, siempre al frente de sus "tropas", trató de convencer a muchos de abandonar su uniforme y aliarse con "la causa." Los archivos de la prensa de Tierra Amarilla y del "Albuquerque Journal," seguramente contienen el relato completo sobre lo sucedido aquel día. Finalmente, el gobierno cedió un poco, ordenando un estudio por la Corte Federal de Reclamos sobre Tierras Privadas. El resultado solo confirmó los derechos de aquellas personal que tenían títulos expedidos por los tribunales de Estados Unidos. En esto mi padre resultó vindicado. Para él, primero, era imposible que el Congreso cambiase la ley para despojar de sus propiedades a miles ,entre ellos, de grandes corporaciones, solo para satisfacer a unos "cuantos pobres desgraciados de habla española.".

Mi padre observó el desarrollo de aquellos hechos, diciendo aún con más escepticismo;

—Lo que se perdió se perdió. ¿Cómo pueden creer que el gobierno vaya a regresar esas tierras?

También preguntaba retóricamente;

—¿Cómo puede la gente creer esas mentiras? Lo hacen pá engañar a la gente y quitarles el dinero.

Para entender la postura de mi padre, hay que saber que era una persona de espíritu apacible y de carácter introspectivo. A veces hasta era fatalista, tal como cuando giraba la cabeza de lado a lado, diciendo;

—Lo que pasó, pasó porque Dios así lo determinó. Sobre todo, era muy escéptico ante individuos que "pretendían ser mensajeros de buenas noticias.

Y era difícil embaucarlo con historias de dinero fácil.

Sin embargo, con esto no quiero dar la impresión de que era una persona sin autoridad. Solo con una mirada o con un sonido producido por su lengua sobre el paladar, nos controlaba. Ese sonido sin duda alguna nos decía;

—pórtense bien o aténganse a las consecuencias.

Sabíamos, sin embargo, que las consecuencias era sólo una reprimenda; sin golpes, pero sus palabras llevaban el tono de autoridad que ninguno de nosotros dudaba. Nunca airado levantó la mano contra su familia. Estas observaciones, en suma, nos dan una idea del carácter de mi padre. En fin, no era una persona complicada. Ese honor le pertenecía a mi mamá.

¿Y Reyes López Tijerina? Tal vez el incidente que selló su destino fue el asalto al Palacio de Gobierno en Tierra Amarilla. Para fines de la década de los 60, el movimiento había muerto por falta de partidarios. Poco tiempo después fue enjuiciado por el Estado y después de ser juzgado por el tribunal, lo sentenciaron a dos años de cárcel en la Penitenciaría Federal en La Tuna, Texas. Unos años después el gobierno lo encarcela de nuevo, otra vez por un período de dos años. Según información obtenida recientemente, López reside en El Paso, Texas, aparentemente habiendo renunciado por fin a su sueño de recuperar las tierras perdidas. Esta misma fuente indica que López entregó sus papeles a la Universidad de Nuevo México en 1999[1].

---

[1] Wikipedia – Nabokov, Peter, 1969 "Tijerina and the Courthouse Raid." Albuquerque: University of New Mexico Press. ISBN 0826301436.

Un vaquero adiestra sus conocimientos

Porfirio aprendió tempranamente en su vida el arte de domar caballos. Participando con sus hermanos mayores y sus amigos de los pueblos de La Puente y Tierra Amarilla, los jóvenes pasaban horas con los potros recién capturados. Uno de sus pasatiempos favoritos era acorralar un potro mesteño, colocarle la jáquima: rudimentario cabezal de soga sobre la cabeza, y una montura simple sobre el lomo, para montar a la brava. El objetivo era mantenerse sobre el caballo hasta domarlo. Casi siempre, el caballo ganaba la primera vuelta, pero entre los participantes, Porfirio y su primo Mauricio Espinosa, se contaban entre los mejores. Decía mi padre, con una sonrisa:

—¡Yiii, que bueno era mi primo Mauricio! ¡No había potro que lo tumbara! ¡Y para lazar era el mejor!

Con estos conocimientos, estos dos tenían fama entre sus amigos. Simultáneamente, los jóvenes adiestraban el uso del "cabresto" después de horas y horas de práctica, puliendo sus conocimientos como lazadores. Los protagonistas para la práctica de este deporte eran los potros acorralados. El lazo favorito era tirar el "cabresto" mientras corría el potro, capturándolo por las "manos": sus patas delanteras. Con un tirón lo tumbaban al piso. Mi padre logró elevar este último movimiento casi a una forma de arte; y lo practicaba con éxito.

Con estas aptitudes muy ejercitadas, Porfirio estaba preparado para una vida de ganadero al llegar a su madurez. A la edad de 20 años ya era un verdadero vaquero y un domador formidable. Estos conocimientos le servirían como base durante sus años en la finca del Carrizo. Con la gran abundancia de caballos mesteños que había en la zona, él capturaba potros seleccionándolos de entre dos y tres años de edad con el fin de domarlos para después venderlos.

Geográficamente, el paisaje en el noreste de Nuevo México es llano, a una altitud de aproximadamente dos mil metros sobre el mar. A través de millones de años, los llanos fueron erosionados para formar una vasta red de cañones profundos. Cada cañón se formó con quebradas, cañadas hondas y repisas, o "bancos", como les decían a tales áreas los pobladores. Estos "bancos" se formaron cuando la erosión cortó la pierda, revelando tierra barrosa, la cual se erosionó hasta llegar a otra capa de piedra. Esto se repitió hasta llegar al llano. Estos "bancos" están poblados por chamizo, y en algunos lugares por un denso monte de cedro y piñón. Los caballos mesteños usaban estos bancos para ocultarse, y con abundante pasto, vivían bastante bien. La zona es árida, sin embargo, hay algunas quebradas que tienen manantiales, o como les nombraban los pobladores, "ojos", los cuales daban algo de agua pero nunca lo suficiente como para alimentar grandes caballadas. Frente a esta escasez de agua los mesteños forzosamente tenían que salir a los arroyos y a otras aguadas, donde los lugareños a veces lograban cada tanto atrapar algunos caballos. Sin embargo, para la captura segura y sin maltratar sus propios animales, lo mejor era construir trampas, o corrales, ocultos en los "bancos" que frecuentaban los animales.

Para encerrar a los mesteños, primero hacían cercas con materiales naturales con el fin de forzarlos disimuladamente en una dirección determinada. Dejaban dichas cercas sin otra construcción hasta que los animales se acostumbraban. El siguiente paso era levantar los corrales, otra vez camuflados, haciendo uso de troncos secos y otros implementos del lugar. Los disponían a la entrada de una quebrada con paredes altas, imposibles de escalar. Cerraban las cercas y al encontrar a los caballos en el llano, los arreaban hacía el corral escondido. Mi padre decía que todos esos pasos costaban mucho trabajo pero eran críticos y, si no se seguían bien, los caballos se escapaban. Una vez con la tropilla dentro de la quebrada elegida, les cerraban la entrada. De entre los cautivos, elegían los mejores potros dejando libre al resto. Sin embargo, al único que no liberaban era al garañón a cargo de su harén. Estos animales, una vez acorralados, no se dejaban encerrar una segunda vez. Así que los separaban, los castraban y después los domaban. Con la ayuda de uno de sus primos, Porfirio domaba cada potro de tres años en dos semanas. Después, los alimentaba durante el invierno para venderlos ya mansos en la primavera. Para ellos, la venta de mesteños domados constituía una entrada importante de dinero.

Entre sus conocimientos sobre los animales, Porfirio aprendió que para domar un caballo, primero hay que ganar su confianza. Aplicando esta técnica, jamás tuvo la obligación de amansar un caballo por la fuerza; o sea, con golpes y latigazos como lo hacían muchos domadores. Mi padre creía en el poder de la persuasión y con esa modalidad trataba a los caballos sin que empezaran con sus clásicos "reparos". A este movimiento natural de casi todos los animales brutos, los hispanos lo llamaban "reparar". Sin embargo, para llegar a ponerle mano a un animal bruto, primero había que lazarlo y después sujetarlo contra un poste clavado en el centro del corral. Era de ese punto que mi padre iniciaba su técnica para domar. Mi padre decía que era muy importante domar un caballo sin romperle el espíritu. Y en la mayoría de sus potros los domaba de esa manera. Él decía que un caballo con su espíritu intacto rendía mucho más que los domados a golpes. Mi padre les hablaba en voz baja, mientras los acariciaba. Rápidamente se tranquilizaban. Decía:

—Si el animal te tiene miedo nunca pondrá toda su atención a su trabajo. Estará siempre con una parte de su concentración hacia ti, esperando el próximo golpe.

Una vez lograda la confianza del potro, mi padre lo acostumbraba al uso de la montura y después lo montaba, acompañado por un amigo que lo sujetaba, montado a su lado en un caballo manso. De allí lo sacaban al llano. A esta técnica le llamaban "potrear". El objetivo era acostumbrar al potro novato en los movimientos necesarios. Poco a poco, éste aceptaba ser dominado y aprendía movimientos más complejos rápidamente. Por ejemplo, galopar de lado a lado adiestraba al domado en controlar sus movimientos. Con más tiempo, aprendía a hacer giros a la derecha, a la izquierda y a retroceder sólo con la presión de la rienda sobre la nuca o un tirón de frenos hacía atrás. Este proceso evitaba el maltrato de un animal bruto que no tenía experiencia. En poco tiempo, el domador podía salir a solas con su caballo, repitiendo los mandos básicos hasta que éste llegara a aceptar los complejos. Después de horas repitiendo este tipo de prácticas, el caballo estaba listo para ser vendido.

Los caballos eran los animales favoritos de mi padre y nunca hizo uso de la espuela española, un instrumento cruel, con rodajas grandes y puntiagudas. Un espuelazo fuerte sacaba sangre. En su lugar, mi padre usaba un par de espuelas sin punta que no lastimaban la piel y solo reforzaban el toque del talón del jinete. Para mi padre, los caballos eran seres inteligentes, con una gran capacidad en manos de una persona sabia. Era un regalo emocionante verlo trabajar con un potro novato. Sin embargo, los caballos eran para la labor y, si era necesario, los utilizaba duramente.

Para ser un vaquero verdadero, había que ser no solo un maestro en el arte de domar, sino también en saber cómo atender las necesidades de alimento y de cuidado de los animales. Y Porfirio logró desarrollar totalmente su vocación. Sin perder nunca el amor por ellos y prodigando cariñosa atención a sus borregas, vacas y caballos.

Por el resto de su vida, mi padre seria fiel a su profesión de ganadero. Como buen vasco, conservaba un sentimiento especial para con sus ovejas. Comentaba:

—Las borregas tienen la ventaja que dan dos productos al año. Los borreguitos en la primavera y la lana en otoño.

Estoy convencido que su afición por las borregas se formó durante sus años en la finca de su padre, donde pasaba semanas a solas con el rebaño. Sin duda, fue estar expuesto a estos animales que le permitieron ponerle poca importancia al trabajo implícito en el cuidado sus borregas. Recuerdo de niño en Blanco cuando sus borregas empezaban a parir a principios del mes de Marzo. En esa parte de Nuevo México, el mes de Marzo todavía hace bastante frío, y un borreguito nacido de noche se puede congelar. Para mi padre esto era un reto. El sabia el riesgo de dejar los carneros con las ovejas temprano el en otoño; sin embargo, en consideraba el nacer de sus borreguitos un mes antes le daban la ventaja de 10 kilos de peso al venderlos en Octubre. Como no teniendo la posibilidad por falta de dinero para construir buenos establos, mi padre construyó jacales rudimentarios, los cuales no daban la protección necesaria durante noches muy frías. Su táctica era de vigilar sus borregas, y si alguna daba luz de noche, el estaba listo para intervenir si fuese necesario. Casi no dormía. Se la pasaba en los corrales, y cuando encontraba uno o dos borreguitos recién nacidos con dificultad por el frío, los llevaba a la cocina y los colocaba detrás del fogón. Conservo la imagen de mi padre, con una sonrisa sobre sus labios, mientras esperaba que mi mamá le abriera la puerta. A veces con uno o varios en sus brazos, le decía a mi mama:

—Ayúdame, están entumidos con el frío.

Aunque mi mamá no salía a los corrales, tampoco dormía mucho en esas épocas, pues siempre estaba lista con toallas calientes y leche tibia. Era raro que algún borreguito no sobreviviera. En algunos casos, la borrega rechazaba su recién nacido. Este fenómeno solía suceder con algunas borregas que parían por primera vez. Al encontrar uno rechazado, mi padre tomaba el cuero de otro muerto y con éste cubría al vivo. Como casi todos los animales reconocen a sus crías por el olor, le ponía el borreguito así envuelto a la madre que había perdido el suyo. En casi todos los casos el borreguito era aceptado como propio. A aquellos que se quedaban sin madres porque éstas morían, los alimentábamos con leche de vaca. Siempre teníamos una o dos vacas lecheras y siempre había varios borreguitos "pencos" guachos o huérfanos, a los que era mi trabajo alimentar todos los días. Los borregos de mi padre siempre eran de los más grandes el día de la venta en Aztéc, el pueblo donde se remataban.

A pesar de su amor por los animales, mi padre siempre priorizó las necesidades de la familia. Por ejemplo, cuando alguno de sus hijos nos visitaba desde Alburquerque, donde estaba estudiando en la universidad, era su costumbre sacrificar un borrego gordo para que mis hermanos se pudiesen llevar carne fresca sin tener que comprarla. Por lo menos una vez al año, faenaba un novillo de 400 kilos para repartir entre aquellos hijos que todavía quedaban estudiando en la universidad y sus familias.

La cría de cualquier ganado conlleva la responsabilidad de velar por sus necesidades, tanto alimenticias como de seguridad. Por varios años mi padre y otros vecinos con borregas, se vieron afectados por perros silvestres que entraban a los ranchos y mataban a diestra y siniestra. Los perros andaban en manadas de cuatro o cinco y atacaban por lo general de noche. De vez en cuando, algún perro hambriento atacaba de día. Mi padre y sus vecinos llevaron sus quejas a la administración del condado, pero allí nunca tomaron medidas para eliminar a los perros.

Habiendo perdido casi la mitad de su rebaño, mi padre tomó la situación en sus manos. Con su rifle Winchester 30-30, empezó a tender emboscadas a los perros. Un excelente tirador, cuando apunta su mira, no falla. Uno por uno, los fue eliminando. A los que no encontraba al alcance de su rifle, los rastreaba hasta sus madrigueras, donde les armaba trampas. Su campaña duró varios meses, pero al final los eliminó todos.

A pesar de que mi padre tenía razón cuando decía que las borregas daban dos productos al año, no tomaba en cuenta lo difícil de la esquila. Toda persona que ha esquilado sabe que es un trabajo sumamente difícil. Cuando ya no pudo hacerlo por su edad, contrató a una familia de navajos que siempre llegaban al valle en busca de trabajo. Como el navajo también es borreguero, todos ellos conocían la labor de la esquila. Sin embargo, poco a poco, ni los navajos querían hacer ese trabajo. Entonces logró convencer a sus vecinos de traer a una empresa dedicada a la esquila, siempre y cuando juntaran suficientes animales en un mismo lugar. Esto funcionó por algunos años, pero finalmente, conforme los vecinos iban abandonando la cría de borregas, los esquiladores fueron dejando de venir. Siempre fiel a sus borregas, las mantuvo en la granja hasta que se vio obligado a venderlas. Fue un día difícil para él cuando se fueron. Jamás vencido, en sus últimos años sustituyó las borregas por diez vacas, las que permanecieron en la granja hasta después de la muerte de mi padre, en enero de 1991, a la edad de 101 años.

Carmen

María Carmen Sabina Sandoval (Carmen), nació el 29 de Agosto de 1897, en La Puente, un pequeño pueblo a pocos kilómetros de Tierra Amarilla, Territorio de Nuevo México. El río Chama, que nace en la cordillera San Juan a unos 20 kilómetros al norte, suministra agua para los pueblos dispersos a lo largo de sus riberas. Es un valle fértil, ideal para la agricultura y la ganadería.

Los padres de Carmen fueron José Ramón Sandoval y Julianita Suazo. Su padre fue ganadero con un gran rebaño de borregas. Carmen, fue llamada por su familia con el diminutivo afectuoso de "Carmelita". A pesar de no ser hija única, era la favorita de su padre. José Ramón había enviudado y después contrajo matrimonio con Julianita. Carmen y su hermano Ramón, nacieron de esta unión y se sumaron a otro hijo y cuatro hijas más que su padre ya traía al nuevo matrimonio. Todos los niños, con excepción de Ana María, eran de espíritu tranquilo.

El tío Ramón tenía una fotografía de mis abuelos paternos en su casa y cuando yo la contemplaba en nuestras visitas, siempre me hacía acordar la fiel descripción que daba mi mamá. Por sus frecuentes referencias, supe que mi abuelo Sandoval era de tez blanca, pelo claro y ojos verdes. Cuando sonreía, los ojos se le encendían en la cara. Pero cuando se enojaba, esos mismos ojos se convertían en espadas. Según mi mamá, mi abuelo luchaba con su mal genio, pero a veces se le iba de las manos. En esos instantes, todo el mundo temblaba. Decía mi mamá:

—Parecía que le salían chispas de aquellos ojos verdes. Todos nosotros le teníamos mucho miedo cuando se enojaba, menos mi hermana Ana María. Ella no le temía ni al diablo.

Mi abuelo era de estatura media, pero con un físico atlético. Era muy guapo, decía mi mamá. Mi abuela Julianita era bajita y delgada, con pelo oscuro y ojos castaños. Lamentablemente tenía un brazo parcialmente atrofiado. Sin embargo, esto no le impedía llevar a cabo su quehacer en la casa. Pero su hijastra Ana María se refería a ella como "la manca", un apodo que afortunadamente no usó nunca directamente con mi abuela. Mi mamá heredó de su padre la tez blanca y algunas pecas dispersas sobre el puente de la nariz, y de su madre, la estatura y el cuerpo delgado. Sus ojos eran una mezcla de verde y castaño. Su altura era de apenas un metro cincuenta y cinco. También heredó un poco el mal genio de su padre, aunque nunca actuó con violencia contra ninguno de la familia. Su carácter fuerte, más bien la impulsaba a defender sus ideas con coraje y convicción.

Apasionado y orgulloso, mi abuelo José Ramón mimaba a su preciosa hija y mi mamá recordaba con frecuencia cómo podía calmar a su padre durante los estallidos de ira. Sin embargo, en algunas ocasiones cuando estaba demasiado irritado, sólo su hermana Ana María se atrevía a interponerse. Mi mamá relataba un incidente en el que su padre estaba disciplinando a su hermanito Ramón, aplicándole su cinturón de cuero curtido sin misericordia. Esto porque Ramón se había olvidado de un mandado que él le había ordenado. Cuanto más le pegaba, más lloraba aquel niño pero sin poder articular una palabra por el terror que sentía. Mientras las mujeres de la casa, entre ellas mi mamá, se acobardaban en una sala de la casa, mi abuelo seguía empeñado en disciplinar a su hijo con el cinturón. Finalmente, Ana María, incapaz de aguantar más el dolor y los llantos de su hermanito, salió e interponiendo su cuerpo entre los dos, le gritó a su padre:

—¡Papá, basta ya! ¿Qué quiere, matar al niño?

Y a éste le dijo:

—¡Ramón, por el amor de Dios, dile a papá dónde estabas!

El pequeño, al ver la intervención de su hermana, se animó lo suficiente como para susurrar:

—Estaba jugando con Román.

Mi abuelo, alarmado entonces por su ira y su descontrol, dijo:

—Bueno, era todo lo que quería saber.

Sin duda, según mi mamá, la actitud desafiante de Ana María forzó a su padre a tomar conciencia de su reacción desmedida. Mi mamá decía después que su padre jamás volvió a disciplinar a Ramón con tanta severidad. Sin duda, la intervención de su hija forzó a Sandoval a percibir que lo que había hecho era tal vez hasta un pecado.

El carácter fuerte de Ana María era legendario en la familia. Mi mamá recordaba varios incidentes en que sus acciones, como consecuencia de ese temperamento efervescente, corroboraban esta afirmación. Para ejemplificar esto, veamos lo siguiente. Por una u otra razón, Ana María odiaba a los indios Apaches que vivían en las vecindades. Un verano cuando estaba ayudando a su madrastra en el campo de borregas durante la época de la esquila, varios de ellos se acercaron a la hora de la comida. En esos años los indios ancianos tenían la costumbre de acercase a los campamentos a la hora en que las mujeres estaban sirviendo la comida a los trabajadores. Su deseo era el de ser invitados a la mesa. Pero Ana María nunca fue persona de ocultar su odio y desdén y siempre les negaba el permiso. Los pobres Apaches, sin embargo, no perdían la esperanza, sabiendo que mi abuela, de corazón blando, les daba comida toda vez que Ana María se descuidaba. O por lo menos, así lo creía mi abuela. Un día, cansada de ver repartir comida a los Apaches, Ana María le agregó "cebadilla" que es un purgante muy fuerte derivado de la raíz de una planta local, al guiso de carne de borrega que mi abuela había separado para los forzosos convidados.

Entonces, muy gentilmente, Ana María les sirvió el guiso a los Apaches allí presentes. ¡No tardaron en recibir los primeros calambres de vientre como síntomas iniciales de diarrea! Ellos le tenían un miedo mortal a la diarrea, a la que llamaban "la fiebre", porque habían visto sus efectos sobre la tribu con la llegada de bacterias aún desconocidas para los primeros pobladores. De modo que cuando los calambres y la diarrea afectaban a algún miembro se alarmaban creyendo que "la fiebre" había regresado. Así que al acusar esos primeros síntomas, para ellos, había vuelto "la fiebre". ¡Demonios! ¡Los pobres corrían desesperados en busca de cualquier matorral tras el que aliviarse! Para la severa satisfacción de Ana María, los Apaches jamás regresaron a su campamento en busca de comida.

—Qué consigan comida de la Agencia que tiene la responsabilidad de mantenerlos, no de nosotros—fue la repuesta cínica a su madrastra cuando ésta mostró simpatía por los indios y lástima por lo que les había ocurrido.

Otro incidente que involucró a Ana María dejando su huella en los recuerdos amargos de mi mamá, fue cuando ésta quiso acompañar a su padre al campamento de borregas donde su mamá estaba trabajando como cocinera. Mi abuela había pasado varias semanas esa primavera cocinando para los trabajadores en la temporada en que las borregas daban luz a sus crías. Mi abuelo había vuelto al pueblo para buscar reaprovisionamiento de comestibles para el campamento y mi mamá, que extrañaba mucho a su madre, quiso acompañarlo en su regreso para estar con ella. Con la aprobación tácita de su padre, mi mamá no se separó de su lado anticipando la partida. Sin embargo, Ana María no le había dado el visto bueno a esa idea. Su padre, sensible a la situación y hasta el momento sin haber oído una sola palabra de aprobación, le dijo a su hija mayor:

—Pobrecita mijita, déjala ir a ver a su mamá.

A lo que Ana María se interpuso diciendo:

—Carmelita no va a ningún lado. La necesito aquí.

Pero como su padre no se lo había negado, la niña continuó siguiendo sus pasos, en espera del momento de treparse a la carreta. Finalmente, durante un descuido de su hermana, se puso su gorrita y su chaquetita, y se montó en el asiento delantero, a esperar ahí a su padre. Finalmente éste se subió, pero antes de poder darles rienda a los caballos, Ana María salió y de un tirón bajó a su hermanita de la carreta. En vez de arriesgar una confrontación con su hija, mi abuelo simplemente inició su viaje sin la niña, dejándola en manos de su hermana mayor, la que se la llevó llorando y pataleando, para encerrarla en una habitación.

Sin embargo, Carmen, viéndose libre de su hermana, escapó corriendo detrás de su padre, pero Ana María cortó calmadamente una vara verde, luego la persiguió y cuando la alcanzó, le proporcionó una serie de medidos golpes sobre las piernitas, produciéndole dolorosos magullones. Así la llevó de regreso a casa. Cuando recordaba ese episodio, mi mamá lo repetía con una sonrisa sobre sus labios:

—Cómo odie a mi hermana ese día—decía.

Pero después agregaba:

—Mi hermana era una buena persona en muchos aspectos y nos amaba de corazón. Pero tenía el temperamento de mi padre, era muy testaruda y nada le hacía cambiar de opinión.

Y después de unos momentos añadía:

—Pero yo también tengo mi carácter. Y Ana María lo sabía.

Finalmente, Carmen crece. Su padre la inscribe en la Academia de Loreto, un prestigioso colegio para niñas en Santa Fe. Allí estudió hasta el nivel séptimo, aprendiendo a leer y a escribir en inglés. También estudió latín, el idioma de la liturgia eclesiástica. A la edad de catorce años, regresó a La Puente. Su padre había perdido sus permisos para pastar los rebaños, viéndose obligado a vender. Consecuentemente, su fortuna se desmoronó, dejando a la familia con escasos recursos. Uno de los resultados fue que se vio forzado a retirar a su hija del colegio. Pero Carmen aceptó la decisión de su padre sin queja alguna. No había tiempo para quejarse pues la casa era grande y su madre necesitaba el apoyo de otros dos brazos. Durante el tiempo libre que le dejaban sus tareas de la casa, se dedicaba a la enseñanza básica de algunos de los niños del pueblo. Para ella, era una distracción en la rutina del hogar. Durante una de nuestras conversaciones, le pregunté si le hubiese gustado ser profesora de haber tenido la oportunidad de avanzar en sus estudios. Con una sonrisa me respondió:

—Sí, hijo mío, pero de haber llegado a eso tal vez no hubiera conocido a tu padre.

Su respuesta disipa cualquier duda que yo pudiera tener: No hubiese cambiado su vida con mi padre por nada.

Más y más, muchos de los rancheros hispanos como mi abuelo, se vieron afectados por la falta de permisos para pastar sus rebaños. Anteriormente y bajo las Mercedes de la corona española, no faltaban tierras. Pero luego, con los cambios introducidos por un nuevo régimen de gobierno y por nuevas leyes, los terrenos se vendían a inversores privatizando lugares antes abiertos a los pobladores. También el gobierno federal, habiendo asumido el control sobre enormes áreas de terreno, había empezado a aplicar la ley de Reservas Forestales de 1891 (Forest Reserve Act) que prohibía asentamientos destinando esas tierras para uso público. Sin embargo, también se eliminó su uso sin los permisos especiales que quedaban en manos de los nuevos compradores mencionados. La floresta federal "Kit Carson National Forest" (así nombrada por el explorador Norte Americano del siglo XIX), que abarca una vasta área entre el Río Grande y el Río Chama al oeste, fue una de aquellas reservas. Con la pérdida de acceso a terrenos antes abiertos, José Ramón Sandoval se encontró terminado como ganadero. La familia entonces quedó limitada a unas cuantas hectáreas en La Puente.

Más o menos entre 1917 y 1918, José Ramón perdió lo último que le quedaba. Por aquella época, todos sus hijos habían contraído matrimonio, con excepción de Ana María, dejando algunos La Puente para siempre. Encontrándose sin propiedades, mis abuelos cambiaron su residencia al pequeño pueblo minero de Monero, Nuevo México, donde Sandoval encontró trabajo. Murió en 1922, el mismo año que mis padres se mudaron definitivamente al cañón del Carrizo. Mi mamá me contó que su padre se encontraba quebrado en cuerpo y espíritu y nunca trató de empezar de nuevo. Mi abuela Julianita murió en 1925. Monero queda a unos kilómetros del todavía activo pueblo de Lumberton, sobre la carretera estatal número 64. Los restos de mis abuelos maternos descansan en el pequeño campo santo de ese pueblo ahora totalmente abandonado. Ana María nunca se casó. Murió aproximadamente en 1924, después de contraer tétanos, al pisar un clavo oxidado en el corral ganadero, cuando trataba de introducir la vaca lechera al cobertizo. Tal era la tardanza en recibir noticias que mi mamá no se enteró de la muerte de su hermana hasta después de su entierro.

De carácter, mi mamá era más abierta y mucho más franca que mi padre en casi todos los aspectos. También era más impulsiva. Sin embargo, siempre llegaban al final de cualquier discusión con mi padre, con una misma conclusión. Para ella, su papel en la vida era apoyar a su marido. Era extraño, sin embargo, para una persona que estudió lo suficiente como para aprender inglés y que lo hablaba y leía con facilidad, que ya de grande prefiriera pasar su tiempo libre con el croché y sus agujas de tejer. Recuerdo con nostalgia que en los momentos en que no estaba trabajando en la huerta o cocinando, se sentaba y tomaba una de sus canastas de lanas para continuar con un tejido comenzado. Siempre tejía algo, una prenda para uno u otro nieto. El hecho es que siempre tenía algo que le ocupaba sus manos. Mantenía sus lanas de croché y de tejer separadas, pero tenía tareas encaminadas en ambas labores. Completar uno de esos trabajos en particular, una hermosa manta para la cama, le llevó varios años. Dicha manta hoy día decora la cama de mi hermana Marta. También fue regalando a sus hijas o nietas muchas carpetitas, mantelitos y una infinidad de otras manualidades suyas.

Ella prefería este pasatiempo, según decía:

—Porque necesito algo que me ocupe las manos y con eso, la mente. No puedo estar sin hacer algo con mis manos.

Resumiendo, era un pequeño manojo de energía sin límite. Le pregunté en una conversación por qué no leía el periódico. Me respondió:

—Oh, no me gusta leerlo, lo único que trae son malas noticias. Prefiero que tu papá lo lea. A él le agrada y, de cualquier modo, siempre me cuenta lo que lee. Prefiero oírlo de sus labios.

Pensándolo hoy, reconozco esto postura como muy típico de mi mamá. También creo que sus tejidos la ayudaban a relajarse, especialmente durante la segunda contienda mundial, cuando mi hermano Isaac fue tomado prisionero de guerra de por los alemanes y permaneció en el campamento Stalag 17 por casi dos años. Durante ese período mi mamá lloraba mucho y recuerdo la angustia que yo sentía al no poder entender a la edad de cinco años, lo que le pasaba a mi hermano y el porqué del sufrimiento de mi mamá. Las únicas veces que veía relajarse a mi mamá era cuando se dedicaba a su pasatiempo de tejer con agujas o a hacer crochet. Seguramente, esto ocupaba su mente, algo que con la lectura aparentemente no conseguía.

Su frase: “Mantenerme ocupada” en mi mamá era una declaración modesta. Creo sinceramente que no desperdiciaba ni un momento. Por ejemplo, durante la primavera se encontraba en la huerta ayudando a mi padre preparar la tierra para la siembra. Cuando las plantas empezaban, la encontraba al lado de mi padre, herramientas de huerta en mano, como decían: “Escardando”. Imagino que la palabra viene de quitar cardos. Su trabajo no terminaba ahí. Una vez entrada la época de la cosecha, se hacía cargo del tremendo trabajo de preparar frutas y verduras para conserva en “frascos Mason”, unos envases de vidrio. Estos recipientes llevaban la palabra “Mason” resaltada sobre su superficie. Se ofrecían en varios tamaños, pero los favoritos de mi mamá eran los de un litro. Recuerdo verla en la cocina, con ollas hirviendo sobre la estufa de leña. Todos le echábamos mano al asunto, pelando tomates, frijoles verdes, calabazas y otras, preparándolas para su cocción al vacío en la enorme olla de presión. Colocaba los frascos de vidrio dentro de la olla, tapaba ésta y la ponía sobre el fuego. Una vez la olla alcanzaba presión la dejaba una media hora, la retiraba, la enfriaba con agua y sacaba los frascos. Repetía estos pasos una y otra vez hasta terminar. Después bajábamos los envases a la despensa, donde permanecían hasta el invierno. En un próximo capítulo referiré otro uso de estos recipientes "Mason".

Una de las verduras favoritas de mi mamá era el chile verde. ¡Cómo le gustaba! Si por ella fuese, lo hubiera agregado a todas las comidas. Pero a mi padre no le gustaba. Sin embargo, era un tema que él trataba con cuidado. Lo único que se permitía era decirle a mi mamá, cuando lo preparaba y lo ponía sobre la mesa: "Ya vienes con tu chile". Pero ella no le hacía caso. Lo que sí le gustaba a mi padre era el durazno envasado. Aunque su favorita era la tarta de manzana y mi mamá había elevado ese plato de postre a la categoría de obra de arte. Durante la época de manzana fresca, preparaba por lo menos dos tartas por semana. Mi padre cortaba un trozo enorme, lo cubría de crema fresca y se lo comía ante la mirada satisfecha de mi mamá.

Mi mamá se aplicaba con toda su energía en todo lo que acometía. Al comienzo de todos los años, mi padre seleccionaba un cerdo para "la engorda", que así le decíamos al proceso de alimentar al animal hasta alcanzar un peso de por lo menos doscientos kilos. Este animal se sacrificaba en el mes de Octubre. El próximo paso después de faenado, era quitarle el pelo y limpiar la piel. Para esta tarea, mi padre tenía un barril de doscientos litros lleno de agua y sobre fuego fuerte. Colocaban al animal sobre una mesa, lo cubrían con costales de yute y le echaban agua muy caliente. Después de unos minutos, y con cuchillos especiales, raspaban a contrapelo, removiéndolo desde la raíz y dejando la piel completamente limpia. Luego mi mamá asumía la tarea de derretir la grasa o la manteca, como le decíamos. Primero, mi padre cortaba toda la piel ,ya limpia , en tiras de unos diez centímetros de ancho por el largo del animal. Mi mamá tomaba estas tiras y las cortaba en trozos de unos cuatro centímetros. Después los introducía en una enorme olla de hierro fundido, la que descansaba sobre un fuerte fuego de leña. Con una paleta de madera, movía constantemente el contenido de la olla hasta que la grasa se derretía, dejando la piel carnosa flotando sobre la manteca caliente. Mi mamá no le quitaba un ojo de encima, pues un descuido podía resultar en que se quemara la cocción. Una vez en su temperatura ideal, mi padre retiraba el fuego a la olla y mi mamá sacaba primero los "chicharrones" con un cucharón colador. El próximo paso era pasar la manteca caliente por otro colador más fino para eliminar impurezas y finalmente envasarla en vidrio. Apartaba los frascos y los dejaba enfriar. El resultado final era una manteca blanca y limpia. Los envases se almacenaban en un sótano construido con el único fin de guardar todos esos productos en conserva. Los "chicharrones" también se almacenaban en un lugar fresco. Estos se utilizaban agregándolos a frijoles u otros platos. ¡Uno de los mejores era el sartén con "chicharrones", papas, chile verde y huevo! ¡Un manjar!

Sin embargo, el trabajo no terminaba con la separación de los "chicharrones" de la manteca. Lo que quedaba en el fondo de la olla parecía no tener utilidad. Era negro, casi pura grasa. Pero con esto mi mamá producía "jabón casero". A esos residuos les agregaba agua, lejía y después los calentaba hasta producir el jabón. Al enfriarse el producto, lo cortaba en cubos a los que guardaba. Recuerdo que eran de color amarillo claro. Su finalidad principal era el lavado de la ropa de la familia. Mi mamá decía que no había mejor jabón para blanquear la ropa. La tarea de lavar ropa la llevaba a cabo en un recipiente de zinc de unos treinta litros. Con su "lavador" de mano, o tabla de fregar, pasaba toda la ropa. Mi mamá no llegó a tener lavadora automática hasta los años cincuenta cuando vino por primera vez la electricidad al valle.

La faena del cerdo multiplicaba sus beneficios. Algo que esperábamos todo el año era la preparación de las famosas "empanaditas" que cocinaba mi mamá. Este rito, sin embargo, por lo general se reservaba para Navidad y Año Nuevo. Con carne de lomo de cerdo antes conservado, preparaba un picadillo con pasas, piñón y especies. Una vez mezclado, su próximo paso era preparar la masa. Los ingredientes de ésta eran harina, leche, azúcar, huevo y unas gotas de vainilla. Mezclaba todo y aplanaba la masa con un rodillo de madera, para luego cortarla en círculos de unos doce centímetros. En el centro de éstos ponía una cantidad de picadillo, los cerraba con un hermoso tejido hecho con los dedos e introducía las "empanaditas" en una olla con manteca hirviendo. Las freía hasta dorarse. Mamá preparaba docenas, pero siempre resultaban faltantes. Así eran de sabrosas. Combinando frutas de los frascos guardados, carne de cerdo y empanaditas, preparaba la comida tradicional de fin de año en la que todos participábamos. Y el postre que sólo preparaba para Navidad era "leche con huevo" , natillas , un platillo para el cual usaba la receta de mi abuela. Para la familia, ¡no existía mejor postre!

Guardo muchos recuerdos de las actividades de mi mamá. Sobre todo, estas memorias evocan su amor infinito y mi admiración inconmensurable por su gran capacidad de entrega hacia su marido y sus hijos. No es difícil entender que fueron el amor y la dedicación a su familia, los que le prestaron la fuerza para continuar, siempre llevando a cabo sus tareas con orgullo y espíritu indomable.

Desgraciadamente, no tenemos mucha información sobre el linaje de mi mamá. Después de contraer matrimonio con mi padre, se dedicó a su marido y a sus hijos, separándose casi por completo de sus padres y de sus hermanos. Se rumoreaba que mi abuelo Sandoval era hijo ilegítimo de una joven del pueblo y un cazador francocanadiense que había pasado varios años entre los pobladores hispanos. Cualquiera sea el caso, nunca se supo más. Cuando ella hablaba de su familia, se limitaba a bosquejos breves o para describir algún incidente. Sí recuerdo cuando de niño visitábamos a su media hermana Ramoncita y a su familia en La Puente. Tal vez era la distancia que los separaba. Sin duda mi mamá se sentía más allegada a esta hermana que a cualquier otra. Me gustaban aquellos infrecuentes viajes a La Puente , unos 150 kilómetros de Blanco, pues mi tía era muy cálida y su hija, mi prima Rosa, era especialmente simpática conmigo. Sin embargo, con el que si mantuvimos contacto hasta su muerte fue con mi tío Ramón. Él había cambiado su familia al pueblo de Aztec en los años que siguieron a la segunda guerra mundial. Este pueblo queda a sólo 20 kilómetros de Blanco.

Creo que mi mamá amaba mucho a sus hermanos. Sin embargo, no era proclive a visitar. Ella se encontraba satisfecha con su vida de ama de casa, al cuidado de sus hijos y de su marido. También las distancias de un pueblo a otro influían mucho. Las carreteras eran malas en aquellos años, no pavimentadas y especialmente durante las épocas de lluvia se ponían imposibles de transitar. Para cuando el Estado mejoró las carreteras reduciendo el viaje de un día a unas horas, ya era tarde pues mi mamá se había separado por completo de su familia en La Puente. Por ejemplo, su hermano Luis se había mudado a California más de 20 años antes y jamás había regresado. De vez en cuando, mi mamá dejaba oír sus pensamientos, diciendo que le hubiera gustado ver a su hermano. Pero nunca se animó a viajar a California y cuando finalmente vino él a Blanco, después de más de 20 años, ellos ya no tenían nada en común. Esa fue la única y la última vez que vi. a mi tío Luis. Algunos años después recibimos la noticia de su fallecimiento. Mi mamá sintió tristeza pero no quiso viajar a California para asistir al sepelio. Su excusa fue que se hubiera sentido fuera de lugar entre personas desconocidas. Aparte decía:

—Vi a mi hermano vivo, pa' qué lo quiero ver muerto.

Sin embargo, estoy seguro que existía otra razón fundamental por la cual mi mamá se negó a viajar para estar presente en el sepelio. Como ya comenté en páginas anteriores la Iglesia Católica Romana y su creencia profunda en sus mandamientos, eran el lucero espiritual de mis padres. Era la luz que guiaba y ponía orden en sus vidas. Mi mamá era especialmente devota de la Virgen María. Para ella, su devoción espiritual era verdadera y la sentía profundamente. Sin embargo, el lector verá más adelante que su fe en el ser humano era otra cosa. De manera que cualquier falta de adhesión a la doctrina de la Iglesia, por algún miembro de la familia, para ella era incomprensible. Por ejemplo, ¿cómo podía ser que una persona adoctrinada en la enseñanza de la Iglesia pudiese asumir otra creencia que no fuera basada en aquellas que habían sido sus mismas convicciones?

Durante la visita de su hermano Luis, mi mamá se enteró que mi tío se había convertido a una "secta" o religión, basada en una interpretación literal de la Biblia, la que aparentemente no incluía la liturgia tan importante para un católico fiel a los mandamientos básicos de la iglesia católica. Para ella esto era algo chocante e imperdonable. La nueva "religión" de mi tío se reveló de manera inesperada. Coincidió que al día siguiente de la llegada de los Sandoval de California, nos azotó una tormenta bastante fuerte. Los recién llegados, quizá temiendo que el viento desguazara la casa, se tiraron al piso, sus cuerpos en convulsiones y sus voces elevadas a lo alto. Mi mamá, sorprendida por su actitud, les pregunta:

—¿Pero qué hacen en el suelo, por el amor de Díos?

Mi tío le contestó:

—Nuestra religión dice que hay que postrarse cuando llega una tormenta, pidiendo perdón por nuestros pecados.

Mi mamá contestó:

—Pues cuando tengo que pedir perdón voy a la Iglesia y me confieso.

Para mi mamá, su hermano había dejado la religión verdadera y ella no aceptaba ese paso. Un funeral en una "Iglesia" desconocida para ella era inaceptable.

Ahora bien, a pesar de su devoción a la Sagrada Virgen María y a la Iglesia en general, mi mamá no era completamente ciega en su religión. Por ejemplo, siempre escuchaba los sermones del cura con una dosis de escepticismo. Esto a tal grado que a veces entraba en conflicto directo con el cura. Para ella, los curas al final de cuentas eran hombres y no completamente dignos de confianza ciega. Sin embargo, no tengo ninguna razón para sospechar que ella conociese alguna indiscreción cometida por algún cura. Mi mamá comentaba con ironía cómo algunas de las mujeres de la comunidad , entre ellas su hija mayor, constantemente trataban de impresionar al cura invitándolo a sus casas. Muchas familias invitaban al cura a sus casas, especialmente durante las fiestas y algunos domingos, para compartir la comida. Mi mamá jamás en mi vida invitó al cura a nuestra casa. En más de una ocasión, comentó que algunos curas: —Ocultaban sus malas intenciones debajo de la sotana—. Nunca supe el porqué de su desconfianza, pero sí sé que tenía ideas sobre lo que habían hecho con las indígenas algunos de los franciscanos que acompañaron a los conquistadores españoles. Esta actitud, sin embargo, aparentemente no era tan conflictiva como para obstaculizarle confesarse o tomar la comunión, algo que hacía con frecuencia.

También veía la fe de sus hijos, o en casos específicos la falta de ella, con ojos diferentes que mi padre. Esto tal vez explique cómo pudo aceptar sin comentarios la falta de fe expresada abiertamente por mi hermano Isaac, en conversaciones con mi padre. Sé que para ella la decisión de su hijo era algo muy personal. No era que no le importara pero lo hecho por él era algo altamente privado y no merecía comentarios. Cuando se trataba de sus hijos, estaba dispuesta a aceptar, si no a entender completamente, su disentimiento. En su propia forma de ser madre es posible que al ejercer bastante influencia intelectual sobre sus hijos, sintiese a su vez la necesidad de dar lugar a sus expresiones espirituales. Por ejemplo, no todos sus hijos mostraron una necesidad espiritual, especialmente al entrar éstos en su madurez. Ella supo aceptar sus decisiones sin interponer su opinión. Queda claro que esa parte de la vida espiritual de sus hijos no le afectó al mismo nivel que a mi padre.

Cavilando su razonamiento sobre las faltas de espiritualidad de algunos de sus hijos, pude llegar a la conclusión que fue precisamente esa forma de pensar la que la llevó a separar la falta de fe, de la conversión a otra creencia no católica romana. Por ejemplo, la conversión de su hermano, Luis. Para ella, cualquier persona no nacida en la fe católica romana era libre de elegir cualquier religión. Un ejemplo fue que tratara amigablemente con muchas personas pertenecientes a iglesias Protestantes. Para ella, estas decisiones se tomaban entre la persona y Dios. Pero dejar la verdadera religión por una secta era pecado. Y no temía proclamar que no aceptaba a aquellas personas que hubiesen dejado la Iglesia.

Y cuando se trataba de aplicar nuestra religión, mi mamá insistía en una total adhesión. En lo personal, yo temía con toda mi alma la cuaresma, pues durante los cuarenta días forzosamente se rezaba el rosario todas las noches. ¡Qué martirio! ¡De rodillas por una hora o más durante la devoción! ¡Luego había que ir a la iglesia todos los viernes para celebrar las estaciones de la cruz! ¡Otro sufrimiento! Todas mis quejas y excusas no servían de nada. Es más, ahora creo que sólo reforzaban su voluntad. Yo le decía: —Mamá, estoy cansado, me duelen las rodillas, tengo sueño—.Pero ella no me hacía caso. Ahora de adulto reconozco que seguramente no hay niño que tenga buenos recuerdos de tales momentos. Solo con una mirada de mi padre, rápidamente y en voz alta, todos dábamos respuesta a los Padres Nuestros y a las Ave Marías.

Mi mamá también era capaz de criticar a cualquier persona que no fuera de su agrado. En estos momentos su “temperamento Sandoval” aparecía. Pero por lo general sus críticas las hacía en privado. Ese rasgo de su personalidad empezó a manifestarse con más frecuencia durante sus últimos años. Eran, sin duda, los primeros síntomas de senilidad. Para citar un ejemplo, el siguiente incidente ocurrió cuando nuestro pariente lejano Albert Abeyta, que había llevado a cabo una búsqueda intensiva sobre la familia en los archivos de las iglesias católicas del norte de Nuevo México, llegó por primera vez a Blanco para encontrar a mi padre. Por una u otra razón, mi mamá le tomó aversión casi desde el momento que puso un pie en nuestra casa. Allí estábamos todos, incluyendo a mi hermano Isaac que de casualidad había venido a visitarnos desde su residencia en Nueva Jersey, tratando de escuchar mientras Albert explicaba la metodología de sus investigaciones. Las preguntas volaban y Albert trataba de contestar. Mientras, yo había observado a mi mamá que se había mantenido de pie, rondando por alrededor. Entraba y salía de la cocina para regresar una y otra vez al lugar donde el grupo se había congregado rodeando a Albert. Finalmente, no aguantó más, y en voz alta y clara le dijo a mi padre:

—Porfirio, por qué no les dices a tu pariente que se vaya.

Mi padre, ya casi completamente sordo y que seguramente nunca supo lo que dijo, sólo sonrió moviendo la cabeza como diciendo:

—Muy interesante.

Soltamos la risa y mi hermano Isaac se puso de pie, la tomó con mucho cariño de un brazo y la llevó a la cocina para explicarle la importancia de aquella investigación para nuestra familia. Pero mi mamá, con inusitado valor, regresó en unos momentos e interponiéndose entre nosotros y Albert que en esos momentos había elevado sus cansados pies sobre una mesita que tenía enfrente, le dijo:

—Señor, hágame el favor de retirar sus pies de encima de los muebles.

Considerablemente sorprendido, el aludido retiró sus pies. Sin embargo, se dio cuenta de la situación y aceptó el regaño con buen humor. Satisfecha de haber logrado su intención, mi mamá dejó la sala con un pasito casi majestuoso. Creo sinceramente que a esta altura no podía controlar sus impulsos, algo que sí había hecho durante toda su vida adulta.

Para situar este incidente en su propia perspectiva, debo destacar que por aquél entonces mi mamá ya sufría lapsos de memoria frecuentes, una señal segura de la enfermedad de demencia senil. Estoy seguro que si Albert nos hubiese visitado 10 años antes, este incidente no hubiese ocurrido. Para mi mamá, su reacción fue visceral, algo que no pudo reprimir. Tal vez fue un regreso a sus años en la finca dónde todo extranjero era de desconfiar, dónde siempre sus intenciones estarían bajo sospecha. Lo que sacamos en claro es que su personalidad era mucho más compleja que la de mi padre. Me pregunto: ¿Sería por ser mujer en un mundo dominado por el hombre? No obstante, lo seguro es que mi padre siempre delegaba la disciplina de sus hijos en su mujer. En fin, para concluir puedo agregar que su personalidad no interfirió nunca su vocación verdadera, la de velar por los intereses de su marido y de su prole. Así fue quien acompañó a su marido por más de setenta y cuatro años.

Antes de cerrar este capítulo, quiero añadir lo que mi mamá representó para sus hijos. Ella de cara a la adversidad, nos infundió esperanza. Al fin de cuentas, estos rasgos identifican a una persona de resolución inquebrantable, valiente y con fuerza de carácter. No temía en expresar a viva voz sus inquietudes, y no aceptaba las cosas simplemente porque sí. A pesar de que nosotros, los hijos, seguíamos a nuestro padre en las decisiones diarias, nunca desestimamos la influencia y las contribuciones de mi mamá.

Mi mamá fue ferozmente fiel a mi padre, defendiendo sus decisiones con firmeza. A su vez, fue fiel a sus hijos y sobre todo, fiel a la Virgen María y a su hijo, Jesús Cristo. Además, sabiendo lo que sabemos sobre el temperamento de su padre, su heredado carácter y su capacidad para controlarse, completan volúmenes sobre su persona. Cuando nos pasábamos del límite, sabíamos que era a ella a la que tendríamos que rendir cuentas. Imagino que decidió desde muy temprano, no perder nunca el control de sus emociones habiendo visto a su padre descontrolarse más de una vez, con resultados vergonzosos. Queda claro que mi mamá fue una fuente de amor para con su marido y sus hijos, siempre con aquél carácter indomable y su resolución de acero. También queda claro que para mi padre, su Carmen era el centro de su cariño y amor.

Recuerdo con orgullo haber observado algunos de esos momentos de ternura entre ellos. Una costumbre que siguieron casi hasta sus últimos días era el llevar a cabo prolongadas conversaciones después de retirarse a su recámara por la noche. Allí se oía la voz sonora de mi padre, relatando todos los incidentes del día. Ella escuchaba atentamente, interviniendo de vez en cuando con alguna sugerencia presentada como interrogante. Mi padre respondía generalmente con un:

—Si Carmen, creo que lo que dices es lo que debemos hacer.

Y por lo general estas conversaciones sellaban sus decisiones.

El último recuerdo que me queda hoy de mi mamá es verla ya grande, tratando de continuar con su pasatiempo. Sacaba sus canastas de lanas y empezaba a tejer. Lamentablemente, la obra de varias horas no resultaba de su agrado y la desataba. A veces decía:

—Ya no me queden ojos para ver lo que estoy haciendo; ya se me olvidó todo.

En otras ocasiones se quedaba mirando con ojos confusos; sin duda luchando con su mortalidad, incapacitada por los años para seguir adelante. Falleció el día 2 de Julio de 1990, a la edad de noventa y tres años. Mi padre la siguió seis meses después.

Un Encuentro Casual Resulta En Boda

La Novia

Carmen vio a Porfirio en un baile en La Puente, un sábado por la noche en 1914, cuando éste entró a la sala en compañía de sus hermanos. Ella estaba sentada en un costado de la pista de baile con sus hermanas y con algunas amigas. Su hermana Ana María estaba presente con un solo fin, el de no perder de vista a Carmen. Como de costumbre y siendo la mayor, ella era la responsable por su hermanita durante las salidas a sitios públicos. Y no había mejor custodia que la feroz Ana María. Carmen conocía a Porfirio de vista y al volver la mirada hacia él, su corazón se aceleró:

—¡Qué guapo!", pensó para sí—¡Con esa camisa blanca y pelo negro ondulado! ¡Ojala me saque a bailar! —Pero luego pensó: —ni se va dar cuenta de mí. Es bastante mayor que yo y hay varias muchachas muy lindas y de su edad de donde elegir.

Sin embargo, Porfirio tenía sus propias ideas, pero no tan definidas como el observador casual podría pensar. En realidad se sentía bastante nervioso e incómodo. Había acordado acompañar a sus hermanos después de una prolongada conversación sobre que le haría bien divertirse de vez en cuando; y un baile con chicas bonitas era la terapia perfecta.

Casi nunca asistía los bailes, pero este sábado se encontraba en casa después de un viaje al Carrizo, donde había ido a ver unos terrenos disponibles bajo la Ley de Afincamiento de 1862. Dicha ley autorizaba a un adulto a presentar una reclamación por 160 acres (aproximadamente 73 hectáreas) de terreno federal. El único requisito era "probar" la tierra con construcciones y uso permanente por un período de cinco años. Porfirio tenía confianza en su capacidad para cumplir con los requisitos de la ley, y quería independizarse. El terreno que tenía en mente lo habían abandonado la familia Jaramillo cuando un invierno severo les liquido todo su ganado de borregas. Los Jaramillo dejaron una choza al lado un “ojo” con agua bastante buena y un corral todavía servible. Otra ventaja del terreno era que tenía un rincón a la vuelta y sobre el cañón de las Ciruelas, un rincón de tierra aluvial con excelente potencial para cosechar maíz y otros productos de temporal. Este rincón se le nombraría el “rincón del maíz”, en el futuro. Allí, mis padres llegaron a cosechar sorgo, maíz, frijol, y calabaza.

Porfirio conocía a Carmen, pero hasta ahora la había considerado demasiado joven. Sin embargo en aquél momento, sus ojos fueron atraídos por una señorita de 17 años. Intrigado le preguntó a su hermano:

—¿Quién es esa muchacha tan bonita?

—¿Cuál? —preguntó su hermano siguiendo su vista.

—La de la blusa blanca y falda azul—contestó Porfirio.

—Es Carmelita Sandoval—le respondió su hermano:

—¿Qué no la reconoces? Está linda, ¿verdad? — le dice su hermano.

—Sí, contestó Porfirio, —está muy bonita.

Porfirio, ya decidido, se animó y la invitó a bailar. Carmen aceptó y salieron a la pista.

Bailaron varias piezas, después de la primera, bajo la mirada atenta de Ana María. La noche progresó, Porfirio se vio más y más atraído por la joven Carmelita y ella, prestando toda su atención al galán. Viéndola interesada, Porfirio empezó a revelar su planes para el futuro. No tardaron en entablar una conversación como si se hubieran conocido de toda la vida. Porfirio la miraba, buscando alguna señal de aceptación. Carmen le respondía como si estuviese leyéndole el pensamiento, revelando a la vez su sueño de poder abandonar el valle con el fin de independizarse algún día. Le habló de su años de estudio en Santa Fe, impresionando aún más a Porfirio. Al terminar el baile, quedaron de acuerdo en volver a verse la semana entrante. En poco tiempo, Porfirio se declaró como pretendiente y empezó a visitar a la familia una vez por semana.

Un año después, decidieron casarse. El próximo paso , según los usos y costumbres , tuvieron que darlo los padres de Porfirio, yendo a lo de la familia de la novia para pedirla oficialmente para su hijo. Como en toda familia hispana, el hábito de "pedir la novia" era un rito que debía seguirse cuidadosamente, ya que ninguna boda se llevaba a cabo sin antes cumplir con esto.

Un domingo cálido y soleado del mes de junio, José Bonifacio y su esposa Fermina, se presentaron solos, según se acostumbraba en la época, en casa de la familia Sandoval. Llegaron en el "boge" familiar (del inglés "buggy"), una especie de calesa, lindo carruaje de cuatro ruedas con capota del que tiraban los dos magníficos caballos alazanes favoritos de Abeyta. José Ramón Sandoval y su esposa Julianita los recibieron calurosamente, sabiendo ya el propósito de la visita:

—¡Lleguen, lleguen! ¿Cómo están? ¡Qué gusto de verlos!

Las respuestas fueron espontáneas en un cálido intercambio de saludos, ya que las parejas se conocían bastante bien, mientras los Abeyta se bajaban de la calesa y José Ramón se encargaba de sujetar a los caballos.

Si la futura novia mostraba interés en el novio, la costumbre era invitar a los visitantes a bajarse y entrar en la casa, ofreciendo asientos y refrescos. Ni siquiera cabía la posibilidad de que el novio no fuera aceptado pues esto ya era sabido primero por los dos principales interesados y luego en general, por los padres con antelación; en tal caso, esta visita ni llegaba a producirse. En el que estoy describiendo, la visita correspondía según el protocolo, pues los Sandoval sabían que Carmen quería casarse con Porfirio y ellos no tenían objeción alguna. Conocían a Porfirio como hombre serio y trabajador y pensaban que sería buen marido para su hija. Así que muy pronto las dos parejas estaban conversando animadamente, los hombres con su tema de las borregas, la falta o exceso de lluvias, mientras las mujeres se ocupaban preparando refrescos y café. Al cabo de una hora, papá José anunció el motivo de la visita, presentando formalmente la petición de su hijo: es decir, solicitaron la mano de Carmen en matrimonio. Entonces su padre la miró y le preguntó:

—¿Carmelita, esto es lo que quieres?

—Si papá. —Le contestó Carmen: —Porfirio es el hombre con el que me quiero casar.

Mi mamá describió el día de su boda como una mezcla de emociones y sensaciones. El día, un lunes a finales de Septiembre, había amanecido nublado, con pronóstico de lluvia. Nubes grandes y oscuras se acumulaban contra la montaña hacía el noreste, de vez en cuando iluminadas por algún relámpago seguido de truenos a la distancia. La lluvia no era nada rara durante ese mes. Carmen pensó para sí:

—¿Pero por qué ahora? ¿Por qué tiene que llover hoy? Dios mío, ¿por qué no puedo tener un día hermoso de verano para alentar mi boda?.

Ella y Porfirio habían acordado en esta fecha ya que él no regresaría del Carrizo hasta el día anterior, domingo 26. El día de la semana no era de gran importancia pero el clima sí. Bueno, pensó:

—No hay nada que hacer. Está en las manos de Dios.

Con tales ideas decidió ocuparse en su preparación. De píe sobre un banco de madera, su mamá y sus hermanas hicieron los últimos ajustes al traje de novia. Mientras se aproximaba la hora, daba rienda suelta a su mente y empezaba a rondar algunas dudas que la asaltaban sobre sí misma. Pensaba,

—¿Podré ayudar a mi marido con el cuidado de sus animales? ¿Podré tener hijos? Y si los llego a tener, ¿Cómo los vamos a educar estando tan lejos de escuelas y áreas civilizadas?

Estas preguntas y vacilaciones remolineaban en su mente.

Con el fin de eliminar aquellos pensamientos, se dejó llevar por los recuerdos de su niñez; de sus cuatro años con las monjas en la academia de Lourdes, en Santa Fe. A pesar que mucho del currículum de enseñanza se llevaba a cabo en español, también daban clases de inglés. Pensó lo rápido que habían pasado esos años y lamentó no haber podido seguir con sus estudios. Había tanto que aprender. Sin embargo, agradecía esa oportunidad que había tenido, especialmente la de haber aprendido a leer y escribir en inglés.

—¿Cuantas muchachas de su edad habían tenido la oportunidad de llegar al nivel alcanzado por ella? —, se preguntó. Había aprendido mucho y sintió una oleada de gratitud hacia sus padres.

Sus pensamientos pasaban luego a sus años en casa, a su regreso de Santa Fe y a las clases que había dado a algunos niños del pueblo durante sus horas libres. Se acordaba de su profesor, un hombre inteligente pero muy presumido y que no ocultaba un sentimiento de desconfianza sobre su capacidad. Pero a ella le gustaba trabajar con los niños y finalmente el profesor la autorizó a ayudar con las clases de lectura.

—Que rápido se pasa el tiempo—reflexionó con una media sonrisa.

Miró hacia abajo, dirigiendo los ojos hacia su mamá y sus hermanas, Ramoncita, Matilde y Ana María, mientras éstas ponían los toques finales a su atuendo. El traje de novia era un hermoso vestido blanco con encaje español. Para completarlo, utilizaría un rebozo también español sobre su cabeza, sin peinetas y dejándolo caer delicadamente sobre sus hombros. Ahora su mamá daba los últimos ajustes al mismo. Dejándose llevar, Carmen fue con su pensamiento hacia la tensión constante entre su mamá y Ana María. Esta última era imperdonable, ya que actuaba sin misericordia lejos de la presencia de su madrastra. Pero en ese momento, las dos trabajaban juntas conversando animadamente. Entonces sintió un amor profundo para con su mamá y su hermana. Un tironcito sobre la falda de su traje, dado por su mamá la regresó al presente:

—Perdóneme, mamá" —respondió Carmen, —estaba pensando.

Las mujeres la miraron, bajaron sus cabezas y continuaron con los ajustes finales.

Carmen no dudaba de su compromiso para con su futuro marido. El problema eran las dudas sobre su propia capacidad:

—¿Podré afrontar el desafío de cambiar mi vida por una en una región tan alejada de la civilización? ¿Tendré la fuerza de voluntad y espíritu para encarar una nueva vida en ese lugar?". Luego pensó: "¿Qué hago? Pues al fin y al cabo no nos iremos al Carrizo por varios años, y para entonces estaré preparada—. Estas y muchas otras ideas pasaban por su mente vertiginosamente mientras se prepara para salir hacía la Iglesia.

Su padre entró en la sala en ese momento y viendo en los ojos de su querida hija aquellas nubes de duda, se acercó, la abrazó y le dijo:

—Hija mía, no te preocupes. Hiciste bien y eso te sostendrá en el futuro. Porfirio es un buen hombre. Mira que la vida está llena de inseguridades pero lo constante es amor y fe en Dios y en cada uno de los dos.

Carmen se sonrió y con un suspiro sintió alivio y tranquilidad que rebalsaban su cuerpo. Con esas palabras de su padre, recuperó su fuerza de voluntad y supo que no importa lo difícil del futuro. Estaba preparada para enfrentar lo que viniera. Dio un paso hacia su padre y le dijo;

—Estoy lista.

Al poner pie fuera de la casa, se dio cuenta que el sol brillaba alegremente.

—Tendremos un día hermoso—, pensó para sí.

Mi mamá me recordó siempre aquél momento diciendo:

—Yo sabía que mi papá tenía muchos problemas y que era demasiado rígido, especialmente con mis hermanos; pero en ese momento lo amé más que nunca. Aquellas palabras de estímulo me sostuvieron permanentemente a través de los años.

Porfirio y Carmen contrajeron matrimonio el día 27 de Septiembre de 1915, ella con apenas 18 años de edad. Después de la boda, los recién casados se fueron a vivir con los padres de Porfirio, siempre pensando que eso sería un corto arreglo. Tres años después, el sueño de iniciar sus vidas en el Carrizo fue interrumpido temporalmente por la naturaleza.

Una costumbre entre los hispanos de aquella época era la de someter a los recién casados a un "shivaree". Esta palabra, aparentemente de origen francés, según el diccionario Oxford de inglés define "una especie de serenata a los recién casados". Vale aclarar, sin embargo, que si la palabra significa "serenata" los hábitos de esa comunidad le fueron dando otro significado. Este era robarse a la novia y no devolverla hasta que el novio pagase una "multa"; por lo general, varias botellas de licor para los festejantes. En alguna de nuestras conversaciones sobre su boda, le pregunté a mi mamá si los invitados a la fiesta les habían hecho un "shivaree." Mi mamá contestó:

—Gracias a Dios, no. Pero creo que porque tu padre intuyó algo que tramaban sus hermanos y no se apartó ni un solo momento de mi lado. El hecho es que no nos impusieron su famoso shivaree.

Yo le contesté:

—Pero mamá, lo hacían para darle vida e intriga a la fiesta". A lo que ella me respondió: "No, lo hacían pa' tener otra excusa pa' emborracharse.

Recuerdo de niño, al asistir a alguna boda, que de repente en la fiesta, después de la ceremonia, se corría la voz:

—Se robaron a la novia, les hicieron shivaree.

Es probable que esta costumbre continúe todavía en algunos pueblos remotos del norte de Nuevo México.

El desastre del invierno de 1917 postergó temporalmente el traslado de las familias al Carrizo. Los próximos cinco años, forzosamente se quedaron en La Puente. No fue hasta 1922 que mi padre pudo ahorrar el dinero suficiente como para intentar otra vez la mudanza. Para ese entonces, ya tenían tres hijos. Tratando de entender lo mucho que sufrieron durante aquél período, impulsé a mi mamá a contarme qué hacía mi padre para ganar el dinero necesario y así poder cambiar su residencia al Carrizo.

Mi mamá recordó entonces como, durante los primeros años, mi padre se ausentaba por prolongados periodos yendo a emplearse donde encontraba trabajo. Por aquella época en La Puente, viajaba al Carrizo tratando de construir casa para cumplir con la ley de Afincamiento. Esta modalidad no los hizo pasar grandes dificultades, ya que mi mamá quedaba acompañada por su suegros. Sin embargo, todo cambió cuando dieron el paso definitivo y se mudaron al Carrizo, donde mi mamá se encontraría ya sin el apoyo familiar, a solas por primera vez. Durante el invierno de 1919 a 1920, y antes de cambiarse al Carrizo, mi padre trabajó como peón en la mina Santa Rita del Cobre, en el suroeste del estado de Nuevo México. Todavía activa, la mina es un enorme emprendimiento, supuestamente iniciado por un tal Coronel Carrasco, en 1804. Queda a pocos kilómetros de la ciudad de Silver City y a unos 350 kilómetros de Tierra Amarilla. Con el dinero ahorrado en aquél trabajo, mi padre finalmente había reunido lo suficiente como para mudarse al Carrizo. En el verano de 1922 mis padres dejaron La Puente para siempre, acompañados por Amado, el hermano de mi padre, y mi abuelo José Bonifacio, quienes hicieron el viaje con el fin de ayudar en los primeros días de la mudanza. Cordelia, la hija mayor de mis padres, fue la única de los tres niños que ya tenían, que no los acompañó en aquel traslado. Trataré la razón en otro capítulo.

Mi mamá, sabiendo que quedarían casi totalmente aislados en la finca, había consultado al médico en Tierra Amarilla, con el fin de recibir consejos sobre cómo tratar heridas y enfermedades en primer instancia, especialmente cuando la atención médica distara entonces más de 100 kilómetros. El médico le recomendó que comprara "La Guía Práctica de la Salud", un libro cuyas páginas consultó con frecuencia a través de los años. La adquisición de aquél libro resultó uno de sus pasos más acertados ya que lo consultó una y otra vez para diagnosticar dolencias y curar heridas sufridas por la familia. Sobre todo le fue indispensable en el tratamiento de roturas de huesos. Con éstos y otros múltiples recaudos hicieron frente a su nueva vida. La novia, aquella señorita llena de dudas e incertidumbre, ya se había convertido en madre y compañera, finalmente lista para enfrentar el futuro en un ambiente áspero y desconocido.

El Compadrazgo

En este corto capítulo trataré de abrir una ventanilla hacía algo que actuaba como factor para mantener unidas a familias Hispanas viviendo en comunidades aisladas. El concepto al que me refiero es el compadrazgo, algo muy importante en las vidas de los pobladores Hispanos de la época de mis padres. Éste se crea, o por el matrimonio de los hijos de dos familias, o por el bautismo o confirmación en la Fe de un niño. El más importante, sin embargo, es el creado por el bautismo o confirmación de un niño en la Fe Católica Romana. Para los hijos, la pareja seleccionada son sus padrinos, pero para los padres de ambas familias implica un pacto de amistad ligado por medio de la iglesia. Pero más importante aún es que los padrinos asumen responsabilidad sobre la educación del niño en la Fe si algo llegara suceder a los padres. Por ejemplo, fallecimiento prematuro.

Por lo general, los padrinos eran seleccionados o porque las familias eran buenas amigas o porque los invitantes trataban de mejorar su posición social por medio del pacto con una familia de más influencia en la comunidad. Por lo general, mis padres, nada distintos de sus amistades, conocidos y parientes, entraban en el pacto por razones religiosas, viendo el concepto como parte de un deber exigido por la Iglesia. A veces los pactos resultaban en algún beneficio. Por ejemplo, el uno o el otro podían estar más dispuestos a ofrecer sus beneficios recíprocamente al ser necesario.

Las alianzas formadas por el matrimonio de los hijos a veces estaban calculadas como para adquirir beneficios; en este caso, unir las fortunas de familias. Por esta razón, muchas alianzas las decidían los padres, sin considerar el interés sentimental de los hijos. Yo le pregunté a mi mamá si ella conocía familias unidas de esta manera, y me contestó que sí. Una de las uniones más famosas fue la de la hija de una familia rica de Tierra Amarilla con Thomas Burns, un emprendedor Norte Americano que había llegado a este pueblo en busca de su fortuna.

Pero en la mayoría de los casos, la costumbre tomaba un papel más importante, y aquí es donde el aspecto religioso resalta. Una vez establecido, el pacto era de por vida y entre las familias hispanas excedía los deberes bajo los mandamientos de la iglesia. Los participantes se referían el uno al otro como "compadre" o "comadre" y la alianza implicaba: "estamos aquí no sólo como vuestros amigos sino como vuestra familia, preparados para prestar ayuda, de ser necesaria". Por ejemplo, sé que mis padres sentían orgullo cuando algunos de su ahijados se referían a ellos como "tío" y "tía" a pesar de la falta de relación sanguínea.

Finalmente, ya que casi todas las familias hispanas de la época tenían muchos hijos y puesto que la iglesia requería su bautismo, comunidades enteras resultaban unidas por medio del compadrazgo. La consecuencia era la creación de colectividades muy unidas, todos sus miembros preparados a prestar ayuda a los compadres en momentos de crisis. Durante sus años en la finca en el Carrizo, mis padres se hicieron compadres con varias familias. Entre ellas, con Don Pablo Candelaria y su esposa Eulogia, cuando mis padres fueron invitados a bautizar al hijo mayor de aquellos.

Esta cohesión comunitaria se evidenció durante la nevada que azotó el cañón del Carrizo en el invierno de 1930 – 1931, cuando mis padres dieron frijol y otros granos de su almacén a los vecinos más afectados. Años después, estas familias abrirían sus casas a mis padres e hijos en Blanco mientras mi padre conseguía casa permanente para su familia. Tal como mencioné en un capítulo anterior, mi padre consiguió terrenos que probablemente no hubiera logrado si no fuese por el compadrazgo. De niño siempre me fascinaba oír a los adultos referirse a uno y a otro como compadre. Para mi significaba algo misterioso. Ahora, de adulto, se apreciar el significado pues soy compadre por confirmación de uno de los hijos de una querida familia en Monterrey, México. Los Flores Montemayor son y serán siempre, mi familia. Es un aspecto de mi herencia española de la que me siento muy orgulloso.

Lamentablemente, la práctica está perdiendo su significado original en las comunidades hispanas en el Norte de Nuevo México, entre las cuales se originó nuestra familia. Mientras muchas familias todavía establecen dichas alianzas, el concepto ha perdido mucho de su significado original. Esto, tal vez con la sustitución del español por el inglés y, por otro lado, las familias fueron logrando altos niveles de movilidad, eliminando la necesidad de depender del compadrazgo.

José Porfirio y Carmen con hijo, Porfirio
La finca del Carrizo-1935

José Porfirio y vaqueros- 1935

La Finca

Los Primeros Años

A pesar de que José Porfirio y Carmen Sabina habían planeado irse a vivir permanentemente a la finca en el Carrizo poco tiempo después de su boda, no les fue posible hasta el verano de 1922. El intento de lanzarse a su nueva vida a principios de 1917 resultó un fracaso debido a aquél terrible invierno que causó la pérdida de su ganado. Con esto tuvieron que reorganizarse, obligados a empezar de nuevo. Su prioridad, entonces, fue ahorrar para comprar nuevas cabezas y reemplazar lo perdido. En fin, sus aspiraciones dieron un paso atrás por el momento.

El territorio de Nuevo México ya había logrado el statu quo de estado desde 1911, pero como aún tenía baja población todavía existía bastante tierra del gobierno federal disponible para su entrega, bajo la ley de afincamiento. El único requisito necesario para adquirir las 64 hectáreas autorizadas, como ya dije, era "probar" el terreno por cinco años. Probar significaba construir afincamientos habitables e iniciar mejoras introduciendo ganado e iniciando cultivo de la tierra. Porfirio y Carmen, atentos a sus aspiraciones y sabiendo que en La Puente o Tierra Amarilla nunca podrían adquirir más que una humilde casa, habían pensado conseguir terreno fuera de la zona. El cañón del Carrizo les ofreció la solución. Porque los terrenos en Tierra Amarilla o La Puente, si estaban disponibles, se vendían a precios no accesibles para ellos. Esto se debía a que una creciente inmigración de personas oriundas del este de Estados Unidos, traía dinero en abundancia. Específicamente un empresario que se estableció en Tierra Amarilla fue Thomas D. Burns; llegó a finales de 1800, con todas las ventajas disponibles para adquirir terrenos, incluyendo la del matrimonio.

De modo que a las personas como Porfirio y Carmen, que anhelaban conseguir terreno propio a precio accesible, no les quedaba otra opción más que inmigrar. Esto, a pesar del Tratado de Guadalupe Hidalgo de 1946, entre los Estados Unidos y México, que contenía cláusulas donde supuestamente EE.UU. reconocería títulos existentes, pero ante las que el gobierno federal más bien asumió una postura ambivalente. Esto permitió que algunos emprendedores consiguiesen terrenos, en algunos casos solo pagando los impuestos que los dueños, por negligencia propia o porque no entendían las nuevas leyes, habían dejado de pagar. En gran parte, las personas perdieron sus terrenos por falta de conocimiento adecuado del inglés, teniendo en cuenta que por aquél entonces todo documento legal ya aparecía en ese idioma. Y conste que la constitución de 1911 del reciente estado de Nuevo México, contenía una provisión que le daba igual fuerza al Español; o sea, una constitución bilingüe. Sin embargo, los empresarios de habla Inglesa no le daban mayor importancia y gobernaban sus adquisiciones mediante el inglés. De manera que muchas familias que habían ocupado terrenos bajo convenios comunales se veían enfrentados por un sistema e idioma desconocido. No fue hasta el 4 de Mayo de 2000 que la legislatura del estado finalmente dio los pasos necesarios para formalizar una constitución bilingüe. Y esta decisión se tomó porque un alto porcentaje de los residentes del estado son de habla española.

Para Porfirio y Carmen, que no podían competir con los empresarios e inmigrantes sajones, no les quedaba otra salida más que conseguir terreno bajo la ley de afincamiento. Con aquél camino abierto, y con mucha confianza en sí mismos, concluyeron que con trabajo y suerte podrían establecer una nueva vida criando a sus hijos a su manera. Tratando de anticipar la mudanza al Carrizo, Porfirio y su padre habían construido algunos mejoramientos durante su primer intento en 1917, incluyendo una casa rudimentaria. Consecuentemente, con la ayuda de su padre y su hermano Amado, empezarían a fabricar adobes para levantar las primeras paredes de la casa permanente. También ampliaron los corrales dejados por la familia Jaramillo, haciendo lugar para acomodar rebaños más grandes.

La casa que construyeron les sirvió por los próximos 18 años. Fue una casa de cuatro paredes de adobe, con piso de tierra y techo de latón de zinc. Pero para mi mamá fue su primera casa propia, y tomó todas sus características con sencillez y orgullo. Las paredes las pintó de color blanco con cal derivada de una pierda adquirida en una ladera cercana. Los pisos los humedecía con agua para aplacar el polvo y sobre éstos colocaba cueros curtidos de vaca en vez de alfombras. Las paredes las decoraba con prendas de crochet, hechos por sus propias manos. Mi padre, por su parte, se ocupaba en el trabajo del campo que le requería poner su cuerpo de sol a sol. Por ejemplo, aparte de preparar la tierra para sembrar frijol y maíz, se ocupaba de vigilar las veinticinco cabezas de ganado vacuno, adicional al propio y cedidas por su compadre Manuel Trujillo bajo el concepto del "partido". Y además, siempre le quedaba tiempo para perseguir y capturar caballos mesteños que después domaba y vendía. Sin embargo, lo más importante que les permitió convertir todo aquello en éxito, fueron sus niños y el amor recíproco que cultivaron. Los años que fueron de 1922 a 1940 los vieron primero prosperar, para después, a consecuencia de los caprichos de inviernos severos, retroceder. Esos retrasos los obligaron a empezar de nuevo una y otra vez, con el amor y la fe en Dios como su único apoyo.

Carmen dio luz a su primer hijo, una niña: Cordelia, el 11 de Octubre de 1917, en La Puente, en casa de sus suegros. La segunda, bautizada Ernestina, también nació en casa de sus suegros, pero falleció antes de cumplir el año de una enfermedad misteriosa. El tercero, Isaac: el primer varón, nació el primero de Febrero de 1920. Loyola llegó el 28 de Julio de 1922. Celina nació en el pueblo de Lumberton el 15 Enero de 1925. Mi padre estaba trabajando en el aserradero Burns, cerca de donde nació la niña ese invierno. José Reynato nació el 18 de Julio de 1927, en la finca del Carrizo. El próximo hijo en nacer fue José Porfirio, el día 21 de Julio de 1931. Este también nació en la finca. Marta Irene nació el 11 de Enero de 1934, en Tiffany, Colorado, donde mi tío Amado para ese entonces había comprado un terreno después de vender su finca en el Carrizo. El último en nacer fui yo, Víctor Alejandro: el autor de esta obra, el día 18 de Septiembre de 1937. Nací en la finca en el Carrizo. Mi mamá no tuvo otra asistencia en el parto de sus nueve hijos que una partera.

El cambio al Carrizo fue difícil, y aún más cuando mis padres debieron dejar atrás a su hija Cordelia, con su tía Anastasita, hermana mayor de mi padre. Mi tía era solterona y, como vivía en casa con mis abuelos, era ella la que se encargaba de ayudar a mi mamá en el cuidado de los niños. Y se había encariñado especialmente con Cordelia y no quería separarse. De manera que cuando la familia se mudó, la tía insistió en quedarse con la niña. Después de varias cavilaciones, mis padres aceptaron, tomando en cuenta que iba a ser muy difícil para mi mamá cuidar a tres niños sin ayuda alguna.

Al poco tiempo de que mis padres se mudaran al Carrizo, la tía Anastasita contrajo matrimonio con el viudo Francisco Trujillo. Montaron su propia casa en La Puente y se llevaron a Cordelia con ellos. Mis padres pensaron entonces que ahora que se había casado la tía, sería menos difícil para ella separarse de la niña. Pero no fue así. Para ese entonces la pequeña tenía casi seis años y rehusó separarse de su tía. Después de varios intentos durante dos años, mis padres por fin lograron convencer a Cordelia en reunirse con su familia en Carrizo. Varios años después, mi tía Anastasita con su marido y su hijastra Amalia, también tomarían el mismo rumbo y se mudarían al Carrizo. Francisco había adquirido terreno el año anterior cerca del de mis padres. Algunos años después Amalia contraería matrimonio con Ramón, hermano menor de mi mamá, y ellos también se establecerían en el Carrizo.

Durante los primeros diez inviernos mi padre suplementaría las entradas de la familia con su red de trampas, donde capturaba zorros, coyotes y gatos monteses. Todavía recuerdo ver a mi padre preparar las pieles. Tenía varias piezas de madera plana, cortadas en forma de óvalo alargado. Experto en remover las pieles de pies a cabeza con un mínimo de cortes, las daba vuelta con el pelo hacia dentro e introducía las tablas por una abertura entre las patas traseras, estirando hasta dejar sin arrugas. Luego, las dejaba secar, para después quitar las tablas, quedando cada piel propiamente estirada y seca. Una vez secas, las almacenaba y en la primavera las llevaba a Tierra Amarilla, donde se reunían compradores de Denver, Colorado, y otras ciudades.

Mi hermano, Isaac, cuenta que soñaba con hacerse rico algún día atrapando gatos monteses y vendiendo las pieles. Personalmente sé que mi padre pensaba que el futuro de su hijo no sería el oficio de trampero. Sin embargo y según Isaac, no trataron de interferir en sus sueños sabiendo que pronto advertiría la falta de futuro de ese oficio. Y resultó así pues Isaac pronto despertó a la realidad, especialmente después de ver lo mucho que trabajaba mi padre, con resultados mínimos, comparados con la inversión de tiempo y sudor. La lección que mi hermano tomó de esto fue que nuestros padres sólo le extendieron una mano que lo guiaría, dejándolo pensar por sí mismo con el fin de crear el fundamento necesario para que tomara aquellas decisiones adultas que afectarían su futuro.

Mis hermanos se criaron en un mundo casi totalmente aislado del exterior, algo que era motivo de preocupación para mis padres. Por ejemplo, hacían lo posible para asegurar que sus hijos tuviéramos ropa y zapatos, los artículos más básicos necesarios para una familia. Los zapatos en especial eran de suma importancia, pero como los de fábrica eran caros, estos los usábamos sólo en ocasiones especiales. El resto del tiempo calzábamos mocasines, hechos a mano por mi padre. Él aprendió a curtir cueros por la necesidad de fabricar calzado para nosotros. A tal fin, adaptó la técnica utilizada por sus vecinos, los Apaches. Los ingredientes principales para curtir cueros eran una mezcla de sesos, hiel y tuétano.

Como primer paso, mi padre almacenaba los ingredientes de los animales faenados para uso doméstico. A estos les sumaba los que conseguía de los animales atrapados para sus pieles. Todo eso era mezclado en un recipiente metálico y se lo tapaba hasta ser usado. ¡Después de varios días, el recipiente había adquirido un olor casi insoportable! El próximo paso era preparar el cuero, o la piel, para recibir la mezcla. Para evitar la contracción de la pieza, mi padre la estiraba en estado fresco en un marco con forma rectangular, de cuatro por dos metros, construido con cuatro varas de pino de unos diez centímetros de diámetro. Este marco lo apoyaba sobre dos varas enterradas. Una vez estirada en el marco, el siguiente paso era eliminar todo vestigio de carne de su superficie. Si la pieza en preparación era para curtir para gamuza, antes había que eliminar el pelo.

El proceso casero era salar la pieza generosamente, enrollarla y enterrarla en sitio húmedo. Después de dos o tres días, se sacaba. El olor era fuerte pero entonces el pelo si eliminaba fácilmente. Otra vez mi padre estiraba la pieza sobre su marco y aplicando su mezcla curtidora, la trabajaba laboriosamente hasta saturarla. Una vez seca, le aplicaba otra capa de curtidor, y con una piedra arenisca, la sobaba nuevamente hasta dejar la pieza blanda como tela. El resultado era esa piel curtida a la que llaman gamuza. Esta gamuza formaba la parte superior de los mocasines; las suelas eran de cuero más grueso y rústico. Al producto final le llamaban "tewas", un nombre adoptado de una tribu de nativos americanos residentes en el valle del Río Grande. Los "tewas" eran y son todavía, famosos por sus pieles curtidas y sus lindas ollas de barro.

El propósito de esta detallada descripción es que el lector pueda apreciar lo difícil de la vida en la finca. Me consta que mis padres nunca evitaron su responsabilidad para con sus hijos aceptando cualquier desafío con tal de poder proveerles todo lo necesario y adecuado. Cuentan mis hermanos lo mucho que apreciaban sus "tewas", con los cuales podían correr sobre el terreno y trepar peñascos sin cuidado alguno. Calzados en sus mocasines caminaban kilómetros a diario detrás del rebaño de cabras que mi padre mantenía para la carne, la leche, el queso y los cueros. Para encontrar el forraje necesario para las cabras había que subir a los bancos de las mesetas que rodeaban la finca. Los bancos estaban repletos de peñascos, árboles de piñón, cedro nativo, cactus, y arbustos locales y subidas a aquellos, pastaban las cabras. Según mi hermana Loyola, para ellos el cuidar las cabras era un pasatiempo maravilloso. Podían correr, jugar entre las piedras y soñar al aire libre sobre el futuro. Mi mamá contaba que escuchaba el sonido del cencerro que llevaba la cabra "madrina o líder" sobre el cuello. En los días claros y sin viento, el sonido se oía a través de kilómetros de distancia. Por la claridad del sonido mi mamá podía calcular la distancia del rebaño y, por lo tanto, donde estaban sus hijos. Cuenta que de vez en cuando se oía un "cencerrazo", indicando que la madrina había brincado de una piedra a otra, o había encontrado una rama algo fuera de su alcance y, tratando de lograrla, se elevaba sobre sus patas traseras moviendo el cuerpo de lado a lado, mientras trataba de mantener el equilibro.

Cuando mis padres dejaron la finca del Carrizo en 1940 para fijar su residencia en Blanco, mi padre trasladó allí las veinte cabras restantes de su rebaño. Fue donde tuve oportunidad de participar en el cuidado de las cabras. Todos los días las sacábamos mi hermana Marta, mi padre y yo, a pastar en las laderas cercanas a la casa. Me gustaba en particular porque mi padre me dejaba jugar con los cabritos mientras las mamás pastaban. Los cabritos de menos de tres meses de edad son hermosos, con una piel tan suave como la seda y sus orejitas largas cuelgan como pendientes de perlas. Para mis ojos de niño no existía vista más hermosa que la de diez o quince cabritos jugando sobre las piedras.

Desafortunadamente, mi padre se vio obligado a vender la mayoría de sus cabras por dos razones. La primera, que cada día era más difícil para él atender los deberes de la agricultura en su pequeña finca y la segunda, la falta de pasto en la zona donde tenía su permiso. En 1945, cuando vendió la finca del Carrizo y compró la finca donde permanecería hasta su muerte, vendió todas sus cabras menos dos. Había adquirido un rancho de 32 hectáreas al que dedicaría todo su tiempo. Años después, cuando había cedido la mayoría del terreno a su hija Cordelia, compraría dos cabras lecheras. Con la leche mi mamá fabricaba unos quesos blancos deliciosos. Es importante destacar que mi mamá sólo usaba cuajo natural obtenido del tercer estómago de un rumiante. Mi padre siempre guardaba el cuajo cuando faenaba una borrega o un novillo. Recuerdo verla cortando un trocito de cuajo seco que guardaba en la cocina y añadirlo a la leche para, en poco tiempo, ver la leche cuajarse como mágicamente.

Un vez la leche bien cuajada, mi mamá la introducía en una bolsita de tela de algodón de cuatro kilos donde venía el azúcar que compraban en el almacén. Lo colgaba en un sitio fresco y lo dejaba por unas veinticuatro horas. El resultado era un queso de más o menos un kilo, redondo y blanco como la leche. Para mi padre el queso de cabra con una generosa cucharada de miel de abeja, era unos de sus postres favoritos. Mi mamá le cortaba una rebanada enorme, pero lo dejaba a él agregar la miel. Para ella, uno de sus placeres favoritos, era ver a su marido gozar el fruto de su labor.

Porfirio y Vaqueros con Paul Williams
Verano 1935

José Porfirio con "El Moro"
Finca del Carrizo-1937

El Buen Jinete

Carmen se mantuvo en el patio a unos metros de la puerta de la casa, mientras el sol lanzaba sus primeros rayos del atardecer sobre el cañón y la meseta del oeste. Estaba de cara hacia el noreste. Con la luz del día disminuyendo, buscaba algún movimiento sobre el cruce del arroyo en el lado opuesto del cañón. El niño pequeño se mantenía a su lado, pegado de la falda de su vestido. Carmen esperaba el regreso de su "viejo", quien había salido temprano por la mañana y todavía no había vuelto. Estaba especialmente preocupada ya que su marido había salido a perseguir unos mesteños de interés especial. Ella sabía que perseguir mesteños era peligroso, y su marido casi nunca salía solo. Por lo general lo hacía con un vecino o con su sobrino favorito, Miguel Abeyta, cuando este los visitaba. Ella aceptaba que en el otoño su marido saliera detrás de los mesteños, tratando de capturar los mejores; sin embargo, no le gustaba que lo hiciera solo.

En aquellos momentos Carmen no dejaba de pensar en los muchos accidentes y huesos fracturados que Porfirio había sufrido ya, durante las capturas de caballos mesteños, a pesar de ser un excelente jinete. Ella sabía que esas heridas eran parte de la profesión y había que aceptarlas. Pero hoy Porfirio había salido solo y al no regresar antes del atardecer, estaba muy preocupada. Sus pensamientos regresaban a las escenas en que Porfirio y un vecino lazaban sus cuerdas sobre un mesteño para castrarlo. Un estremecimiento le recorrió el cuerpo al recordar el relincho del animal, aquél alarido primitivo y escalofriante. Solo pensar en esos animales salvajes le estrujaba el corazón de miedo. Sin embargo, aquello era la forma en ganaban una parte de su vida y en muchos momentos como este Carmen había aprendido a controlar sus emociones. Por años Porfirio capturó mesteños con el fin de domarlos y después venderlos en Tierra Amarilla o El Dulce. Pero hoy, su marido había salido en un caballo recién adquirido y no completamente entrenado.

El potro era un moro, alto, fornido, con rasgos de la sangre Andaluza de sus antepasados. Porfirio lo encontró en un remate de caballos en El Dulce. Le gustó por la manera en que el animal se movía. Con su ojo experto, reconoció enseguida que tenía fuerza y aguante, rasgos necesarios para poder perseguir mesteños. Acertó en aquella primera valoración y el caballo en poco tiempo se había convertido en su montura favorita. Con su mano firme de jinete, cada día de uso el Moro mejoraba, excediendo las expectativas de su dueño. Pero Carmen no compartía la opinión de su marido. Siempre desconfiada de los caballos, ella pensaba: —Ese caballo es muy "brilloso", no le tengo confianza—. Lo que ella ignoraba era que el caballo, a pesar de tener mucho brío ,"brillo" solían decir los lugareños , estaba bien domado y bastante manso.

Carmen sabía que Porfirio la regañaría por sus preocupaciones. Bueno, no regaños en serio ya que él siempre era tierno con ella. Por ejemplo, con ternura en su voz, le preguntaba:

—¿Pa' que te preocupas, hija?

Y cuando estaba muy preocupada y se le soltaban las lágrimas, él le decía:

—¿Pa' qué lloras, hija? ¿Qué no sabes que mi tata Dios nos cuida no importa donde andemos?

Carmen recordaba sus reprimendas cariñosas y las referencias a Dios mientras trataba de distinguir la orilla del cruce del arroyo. Su preocupación era aún más profunda sabiendo que su marido había salido para perseguir un caballo garañón, al que llamaban "El Champurrao— y que Porfirio desde hacía varios años trataba de capturar. —Debería haber regresado hace horas— pensaba.

Sin medir el peligro para ella y tomando el niño de tres años de la mano, se lanzó hacía el cruce del arroyo a unos 300 metros de distancia. Lo cruzó y empezó a caminar por la otra orilla, en la dirección de donde esperaba a su marido. Con su rebozo de lana protegía al niño de la brisa otoñal del atardecer y apuraba el paso. —Gracias a Dios los otros niños están con su tía Anastasita—, pensó Carmen. Caminó aproximadamente dos kilómetros, sin saber por qué dirección aparecería su marido. La confusión se apoderaba de su ser y, dejando de caminar, miró a un lado y a otro, buscando algún movimiento mientras el niño tiraba de su falda. Una ráfaga de viento frío, seguido por un fuerte escalofrío, le hizo temblar todo el cuerpo. En voz alta clamó:

—¿Díos mío, por donde vendrá? Tal vez salga por el cañón de Las Ciruelas, o por el lado opuesto del cañón. Tal vez desde el noreste, la dirección de la reserva de los Apaches. También es posible que venga del rincón de Primo Emilio, pero este queda en la dirección contraria...—Totalmente confusa, pensó: —Díos mío, ¿qué me pasa, por qué no me acuerdo la dirección que tomó esta mañana? —Concentrándose, decidió— Estoy segura, salió en esta dirección—, y encaró hacía el noreste.

En ese momento alcanzó a ver movimiento a unos 400 metros de distancia: —¿Será Porfirio? —. Aguzó la vista y confirmó que alguien venía, siguiendo el zigzag de la orilla entre los altos matorrales de chico. Su corazón se llenó de alegría: —Tiene que ser Porfirio! —. Le encantaba ver a su marido montado a caballo, con aquella postura relajada y atlética, siempre con una sonrisa suave sobre sus labios. —Gracias a Dios está a salvo—, pensó. Me va a regañar, pero seguro que no se enfadará conmigo. Al acercarse unos metros más, distinguió que sí era una persona, pero vio que ésta venía caminando, con el caballo llevado por las riendas. —¿Será mi marido? —, pensó. —Sí, es él, algo le pasó—, concluyó: —¿Por qué viene a píe, con el caballo a diestro? Nunca viene a pie.

Carmen tomó al niño en brazos, ya sin poder controlar el impulso de correr hacía el que ahora reconocía como su marido. Al tiempo en que se iba acercando, veía más claramente que Porfirio llevaba su pañuelo de seda sobre la cara. (Toda la vida mi padre llevó un pañuelo de seda alrededor del cuello, lo que se convertía en su sello personal). —¡Oh, Dios mío! —, pensó Carmen: —¿Qué le pasó? —. Y quedó congelada en su sitio, evaporándose sus fuerzas y el niño se fue resbalando lentamente de sus brazos. Cuando el jinete estuvo más próximo, pudo ver que el caballo venía sufriendo de una pata delantera, pero lo que la horrorizó fue ver por fin la cara de su marido, su pañuelo y el frente de su camisa completamente bañados en sangre. Al llegar a unos dos metros, Porfirio se paró y apartó el pañuelo, intentando una sonrisa, pero solo logró descubrir su nariz rota y su cara casi totalmente amoratada.

Con un grito, casi llanto, Carmen exclamó:

—¡Díos en el cielo, Porfirio!, ¿qué te pasó?

—Creo que me quebré las costillas y el hombro izquierdo… Y me rompí la nariz—, respondió Porfirio. —El caballo se cayó conmigo cuando traté de cortarle salida del arroyo a ese otro al que le decimos El Champurrao. Quizá el mío pisó un hoyo de rata excavadora… De milagro no nos matamos… Fue culpa mía… Y mi Moro se lastimó una mano; ojala no sea algo serio…, es un buen caballo.

Carmen se acercó, tratando de entregarse a sus brazos, inconsciente del niño pegado de su falda. Porfirio extendió su mano derecha y trató de abrazarla lo mejor posible, obviamente sufriendo el dolor de las fracturas. Después de unos momentos, la retiró suavemente a distancia de brazo, y le dijo:

—Carmen, mi alma…—, esas dos hermosas y tiernas palabras reservadas sólo para ella, susurradas como una sola, acariciando todo su ser como si fuera terciopelo… —Quiero que me prometas no salir a buscarme nunca. ¿Cómo pensaste que podrías encontrarme, de a pie y con el niño a cuestas? Si no regreso a un tiempo normal, que salgan los vecinos a buscarme pero no tú. Tienes que prometerlo.

Después de unos momentos, Carmen se recuperó y con un sollozo y voz temblorosa, le contestó: —Te lo prometo.

Una vez en casa, Carmen trató las heridas de su marido lo mejor posible. Observó que mi padre tenía fracturadas, por lo menos dos costillas del lado izquierdo y la clavícula del mismo lado. Consultando su "Guía Práctica de la Salud", le vendó las costillas y la clavícula. Una vez más, las instrucciones contenidas en el libro les sirvieron como primeros auxilios; especialmente, en virtud de que la atención médica profesional, estaba a varios días y muchos kilómetros de distancia. En este caso, tanto como en muchos otros, no consultaron a un médico.

Más tarde, cuando mi padre se recuperó lo suficiente, le contó a mi mamá como sucedió el accidente. Se había ocultado cerca del ojo El Ahogadero, donde sabía que los mesteños bajaban a tomar agua. Este manantial está situado sobre el costado oeste del arroyo y sus corrientes fueron produciendo las arenas movedizas que le dieron su patético nombre. Muchos animales, tratando de tomar agua, perecieron en la trampa de ese suelo.

Después de algún tiempo, a eso de las diez de la mañana, los caballos mesteños, liderados por El Champurrao, bajaron a tomar agua. Mi padre esperó hasta que el garañón abrevara. Cuando terminó y se encaminó hacia la salida, mi padre se decidió. Con un espuelazo contra los ijares del Moro y cabresto en mano, trató de cortarle la salida del arroyo. Tomando un atajo, lanzó su cabalgadura hacia un área elevada medio metro que se había formado en uno de los cambios de curso del arroyo. Últimamente la elevación tenía algunos arbustos y matorrales de pasto, sitio preferido por las ratas excavadoras. A unos metros y antes de que El Moro pudiese alcanzar su máxima velocidad, pisó un túnel de excavadora que le produjo una voltereta. La caída lanzó a mi padre hacía adelante, por encima de la cabeza del caballo. Mi padre contó que vio venir al caballo como en cámara lenta, pero que todo sucedió tan rápido que no pudo evitar que el caballo lo alcanzara con parte de su cuerpo y sus patas traseras, provocándole dichas fracturas y que perdiera el conocimiento.

Nunca supo cuánto tiempo estuvo inconsciente, pero cuando recuperó la conciencia, la sangre de su nariz rota ya estaba totalmente seca y mezclada con la arena. Tirado sobre el piso, miró de lado a lado. Alcanzó a distinguir a su caballo a pocos pasos de distancia con una pata delantera recogida. Trató de respirar fuerte, pero el dolor sobre su costado izquierdo casi le provocó que perdiera la consciencia nuevamente. Se dio cuenta que había sufrido heridas graves, pero ver bastante bien a su caballo le dio fuerzas para ponerse de pie. Como pudo, se acercó a su caballo para examinarlo. —¡Díos mío, que no se haya quebrado la pata! —, exclamó. Después de examinarlo cuidadosamente, comprobó que el caballo no aparentaba fractura alguna. No fue hasta ese momento que se concentró en lo sucedido. Examinó el terreno donde había pisado el caballo y comprendió que gracias a que la arena estaba bastante suelta, no se fracturó la pata; y probablemente los salvó a ambos de heridas aún más graves. Observó por el sol que pasaba de las dos de la tarde y pensó: —Estuve inconsciente casi cuatro horas.

Como pudo, levantó su camisa para ver que tenía el costado totalmente morado. Tomó el caballo de las riendas y empezó a caminar a paso lento, cañada abajo, hacía la finca a unos 10 kilómetros de distancia. A mitad de camino, hizo un desvío hacía el ojo llamado Agua Bonita. El agua de este manantial brota de un empedrado, al fondo y al costado este del arroyo. Sus aguas son cristalinas y se juntan en varios huecos de la piedra arenisca. Con cuidado, Porfirio lavó la sangre de su cara, pero esto provocó un nuevo sangrado. Por el reflejo sobre el agua se vio la nariz y, con su mano derecha trató de enderezarla lo mejor posible. Cruzó el arroyo y continuó su caminata, mientras los rayos del sol otoñal lanzaban sus primeras sombras sobre las mesetas. Hasta que se encontró con mi madre.

Por dos semanas mi padre no se levantó de cama. Afortunadamente, Rómulo Espinosa, un primo de mi mamá, pudo hacerse cargo del Moro y otros animales que mi padre tenía en los corrales. Rómulo también sabía cómo tratar heridas de caballos y después de un examen cuidadoso, consultando con mi padre, decidieron que con un vendaje y linimento, adecuadamente aplicados, el caballo superaría la herida. Después de varios días Rómulo le soltó el vendaje, le aplicó el linimento y le volvió a vendar la pata. El primo de mi mamá le reportaba a mi padre el progreso del caballo que cada día mejoraba y que ya era capaz de apoyar todo su peso sobre la pata herida. —¡Gracias a Dios! —, exclamó mi padre: —Después de varias semanas de descanso, estará como antes—. Sin embargo, no fue hasta casi tres meses después que mi padre tuvo el valor de volver a trotar a su caballo, siempre pensando que podía haber sido una fractura. Sus propias heridas también tardaron casi esos mismos tres meses en sanar completamente.

Mi mamá me confió que fue una de las pocas veces que perdió su serenidad por completo. Decía: —Aún durante La Nevada de 1931, o cuando mi Isaac , primero sin noticia alguna y después, prisionero en Alemania durante la guerra , siempre pude mantener la serenidad casi intacta. Claro que lloré bastante, pero nunca como cuando vi. a tu padre con esas heridas terribles. No sé, probablemente fue la culminación de muchas cosas; las heridas que él había sufrido, los años de soledad y de trabajo constante, sólo para sufrir tantos contratiempos. No pude controlar mis emociones.

Mi mamá relataba esta historia con amor, pero el tono de su voz traicionaba a la tristeza y al dolor de corazón, sufrido durante aquellos años en la finca. Sé que sufrió mucho en aquellos tiempos y fue por relatos como este que entendí verdaderamente la implicancia de vivir en un lugar tan aislado y áspero, sin comodidad moderna alguna y en contacto infrecuente con el mundo exterior. Sin embargo, estoy convencido que el resultado de tantas privaciones como sufrieron, reforzó sus espíritus y profundizó sus caracteres. Hay que tomar en cuenta también el amor del uno por el otro que los sostuvo a través de los años. Era fácil saber por el tono de voz de mi mamá que mi padre siempre fue su héroe.

La Captura Del "Champurrao"

De las muchas historias que me contaron mis padres a través de los años sobre la vida en la finca, una de mis favoritas es cómo finalmente mi padre logró capturar el garañón mesteño: "El Champurrao". Tal vez la razón por la cual es una de mis preferidas es porque no se trata de problemas ni situaciones tristes, sino de una aventura puramente basada en el deseo de demostrar la superioridad del hombre sobre su ambiente. Como mencioné en capítulos anteriores, la capacidad del animal en cuestión para evitar su captura lo había convertido casi en un mito y, por ende, en un capricho para mi padre. Nunca hombre capaz de esquivar un reto, mi padre puso en juego todos sus conocimientos sobre los caballos mesteños y, a pesar de haber sufrido un atraso reciente en su intento de llevar a cabo la captura, se lanzó de nuevo con toda su energía. Sin embargo, más que nada, el recuerdo conservado por mi padre de aquél primer "Champurao", que vio a la edad de diez años, lo había acompañado a través del tiempo y ahora era el impulso principal que lo llevaba a insistir en su captura.

Un excelente perito de caballos, mi padre sabía que "El Champurrao" no era un caballo cualquiera, pues por su tamaño, hechura y manera de comportarse, pensaba que el animal había heredado lo mejor de sus antepasados andaluces. El caballo, sin embargo, era un adversario digno de respeto pues hasta ahora y el animal ya contaba con por lo menos seis años, no lo habían podido capturar. También, con tantos esfuerzos para capturarlo, el caballo había aprendido como esquivar las trampas construidas por los vaqueros. Y si lograban forzarlo a entrar en una de ellas, siempre de una manera u otra se escapaba. Mi padre comentaba, con una sonrisa en su voz: —Quizás es brujo ese caballo, se sale de las trampas sin yo saber cómo—. A demás, en tierra firme y plana no había caballo en el cañón que se le igualara en velocidad. Mi padre sabía que el Moro, con todos sus atributos positivos, no tenía la velocidad como para alcanzarlo en tierra firme.

El hecho de que había mucho monte en las áreas frecuentadas por los mesteños era otro factor que actuaba a favor de ellos. Por esa razón, muchos de los granjeros que conocían el caballo, habían dejado de perseguirlo. Mi padre continuaba con la captura de potros salvajes, pero siempre mantenía un ojo hacía cualquier grieta en la armadura del Champurrao. Finalmente la encontró.

Por varios meses, y casi desde su accidente el año anterior mientras trataba de capturar el mesteño, Porfirio había estudiado el harén de unas 10 yeguas controladas por "El Champurrao", y con esa información formuló su plan. El advirtió que las yeguas y sus crías frecuentaban varios aguajes, pero nunca uno específico, y nunca en orden favoreciendo uno sobre los otros. Con esta información, Porfirio decidió que podía eliminar algunos aguajes simplemente dando a conocer su presencia en ese lugar. Después de estudiar el mejor sitio para llevar a cabo su plan de captura, determinó que el aguaje "Agua Bonita" presentaba las mejores posibilidades. Aparte de ser uno de los aguajes favoritos de la caballada, ya que mi padre había creado varios huecos sobre la piedra arenisca donde se coleccionaba el agua cristalina y fría, estaba situado en un lugar ideal. El arroyo había hecho una serpentina, cortando la tierra hasta llegar a un promontorio de roca arenisca sólida. Era del fondo de esas rocas que brotaba el agua. Aparte, una pared de unos tres metros de izquierda a derecha, y por una distancia de unos 500 metros en cada lado, eliminaban la posibilidad de ser escalada por los mesteños. También fue importante que para llegar al agua, los animales tuvieran que cruzar forzosamente unos 200 metros de arena suelta. Si se cortaba esta entrada, la única salida era cañón abajo, a más de 400 metros de distancia. Aquí fue donde mi padre tendió su trampa.

A sabiendas que era imposible estar presente en todos los aguajes frecuentados por los caballos, mi padre colocó piezas de ropa sudada estratégicamente alrededor de los mismos, en lugares donde los mesteños no pudiesen evitar sentir el olor. Él sabía que los caballos, con un olfato muy sensible, no bajarían si sentían el olor humano. Este plan lo llevó a cabo por varios días, observando a larga distancia que los caballos bajaban, pero al sentir la presencia humana, se regresaban al monte. Mi padre le puso atención especial al aguaje del "Ahogadero", donde había sufrido su accidente casi fatal el año anterior, pues quería eliminar este lugar a como diera lugar. Al tercer día por la tarde, quitó toda seña de presencia humana en el aguaje del ojo "Agua Bonita", dejando puestas las piezas de ropa en todos los demás.

A media mañana, mi padre, desde su escondrijo, vio la caballada aproximarse al borde del arroyo, preparados para hacer el cruce al aguaje. El garañón al frente, y siempre sospechando alguna trampa, detuvo a su harén. Con la cabeza elevada, olfateó el aire. Mi padre lo observó y nuevamente lo maravilló la hermosura del animal. Las yeguas y potros, con mucha sed después de varios días sin tomar agua, ladeándolo en fila india y al trote, cruzaron al aguaje. El garañón fue el último en cruzar, pero no tomó agua hasta que el harén terminó, manteniendo su postura de centinela. Cuando el harén finalmente empezó a retomar el paso hacía la entrada, el garañón bajó la cabeza y empezó a tomar agua. Con mucha sed, el animal se llenó de agua fría y no levantó la cabeza hasta satisfacerse. Una vez que la caballada logró salir del arroyo, mi padre salió cuidadosamente de su escondrijo, se aproximó al cruce y bajó lentamente hacía el caballo, sin que las yeguas se dieran cuenta. En ese instante el garañón sintió el peligro y, con una estampida, trató de regresarse, pero a unos 100 metros de mi padre, vio que le habían cortado el paso y se lanzó a toda velocidad arroyo abajo. Ese había sido el plan: dejarlo saturarse de agua y después, forzarlo a correr arroyo abajo hacia la arena seca y suelta.

—¡Ahora sí que te tengo! —, pensó Porfirio. Y con un espuelazo fuerte sobre los ijares del Moro, se lanzó detrás del "Champurrao". Éste, fresco y listo para correr, respondió con toda su fuerza, guiado al través para acortar la distancia, desde unos metros detrás del garañón que ya corría a toda velocidad, tratando de alcanzar tierra sólida. Mi padre sabía que si lo lograba, no conseguiría la captura. Con su cabestro más largo en mano, siempre llevaba dos cabestros , se preparó para lanzarlo. Contaba mi padre que oía como le gorgoteaba el estómago al "Champurrao". (Todo lector que sabe de caballos conoce ese gorgoteo que hacen cuando corren con el estómago lleno de agua). Levantaba una nube de arena fina, que golpeaba contra la cara de mi padre, mientras galopaban a toda velocidad. Mi padre empezó a remolinear su cabestro mientras corrían. A pesar de la arena que pegaba contra su cara, no le quitó un ojo de encima al garañón. Pensó: —Tengo unos 400 metros. Si no lo enlazo en esta distancia me va ganar la salida—. Con otro espuelazo fuerte, le pidió aún más velocidad al Moro. Su caballo respondió y en ese instante, mi padre remolineó su cabresto dos veces y lo lanzó con toda su fuerza. El lazo se abrió y en un instante se cerró sobre la cabeza del garañón. Mi padre contaba que esa enlazada fue una de las mejores que hizo durante su carrera como vaquero, pues la distancia entre él y el garañón se extendía con cada paso gigantesco del Champurrao. Unos trancos más y tal vez no lo hubiese logrado.

—¡Te tengo! —, gritó Porfirio a pleno con sus pulmones: —¡te tengo! —. Con la mano izquierda apretó la rienda del Moro, y con la otra le dio varias vueltas al cabestro alrededor de la cabeza de su silla tejana y dejó correr los últimos dos o tres metros restantes. El cabresto humeaba contra la cabeza de la silla por la fricción creada por la fuerza y el peso del animal. El Moro, acostumbrado a sostener animales grandes, se preparó para el golpe cuando el garañón llegase al final de la cuerda, en el momento en que Porfirio lo sujetase firme. Pero el golpe casi los echó al suelo, pues era la primera vez que mi padre le ponía cuerda a un caballo grande y maduro. Sin embargo, el Moro se mantenía fuerte, y el "Champurrao" se encontraba, por primera vez, con una cuerda sobre la nuca. El caballo, atrapado, trataba de librarse del cabestro, emitiendo relinchos espeluznantes, uno tras otro, mientras se eleva sobre sus patas traseras, golpeando con las delanteras contra el aire. El lector conocedor de caballos sabe de ese relincho, un clamor primitivo emitido desde las entrañas del animal. —Yiii, como bramaba, pero no le aflojé ni un milímetro—, decía mi padre. Con una sonrisa en sus labios, mi padre contaba: —Furioso y tratando de liberarse cómo fuese, de vez en cuando se lanzaba contra nosotros, pero yo le gritaba y lo amenazaba con el sombrero y con eso se retiraba—. El Moro, igual de peso y tamaño que El Champurrao, lo mantenía con la cuerda estirada.

Después de más de una hora, los tres estaban casi al fin de sus fuerzas, pero el Champurrao definitivamente había sostenido lo peor. Saturado con agua fría y ahora empapado en sudor, luchaba para recuperarse, sus pulmones bombeando como fuelle. Sin embargo, cada vez que mi padre trataba de bajarse del Moro se lanzaba con fuerza recuperada y la batalla empezaba de nuevo. Finalmente mi padre logró apearse y con su segundo cabresto en mano y una cojera hechiza en el bolsillo , especie de manea con la que se atan dos patas del animal para acortar su tranco , caminó hacia su izquierda. Su plan era forzar al Champurrao a correr de izquierda a derecha. El animal, desesperado, accedió y en ese instante mi padre lanzó su otra cuerda y lo capturó por las patas delanteras. De un tirón, mi padre lo echó al suelo. Yo vi a mi padre tirar ese lazo muchas veces, y nunca dejé de maravillarme de su destreza con el cabresto. El lazo se arma con un movimiento de brazo y muñeca y en dirección casi plana.

Antes que El Champurrao pudiese reaccionar, y mientras el Moro le mantenía con el cabresto estirado sobre la nuca, mi padre mantenía estirado el otro mientras con destreza le colocaba la cojera hechiza en las patas delanteras. Con un salto hacia atrás, mi padre lo dejó ponerse de píe. Levantando una nube de polvo, el animal se irguió. Trató de correr pero la cojera lo tiró al suelo de nuevo. Después de varios intentos por huir, el animal finalmente se calmó un poco. Mientras, mi padre buscaba algún lugar donde sujetar el cabresto. A varios metros de distancia alcanzó a ver un tronco arrastrado y depositado en ese sitio por alguna creciente de agua. Se montó en su caballo y empezó la lucha de arrastrar al Champurrao hasta el tronco. Allí mi padre vio que había sido parte de un álamo nativo. Se bajó y empezó a remover la arena, hasta encontrar donde sujetar el cabresto. Mi padre calculó que el caballo podría mover el tronco, pero no lo suficiente como para escaparse. También pensó que al poder mover un poco el tronco, el caballo no correría peligro de ahorcarse. Allí lo dejó, con el plan de regresar al día siguiente con ayuda y entonces ponerle una jáquima – bozal sin bocado y con una argolla –, para así poder llevarlo al corral. Satisfecho con la captura, tomó rumbo hacía casa con una sonrisa sobre su rostro.

Cuando le pregunté a mi padre como había logrado la captura a solas, me contestó en su manera modesta. —Oh, me costó mucho trabajo pero yo tenía muy buen caballo pa' ayudarme. Lo más importante es que estaba bien cansado cuando lo tumbamos. Pero haberlo visto al día siguiente cuando fuimos por él. Se había recuperado bastante y creí que se iba a matar tratando de escaparse. Había arrastrado el tronco de álamo un largo trecho sobre la arena suelta, y todavía estaba algo cansado. Pero pronto lo apaciguamos con una yegua vieja que yo usaba con caballos garañones.

Esa mañana había regresado con un primo de mi mamá, Rómulo Espinosa, y entre los dos lo volvieron a tumbar para colocarle la jáquima. Una vez calmado de nuevo, lo llevaron al corral donde mi padre tenía otros caballos. Lo sujetaron al "poste domador" colocado en el centro del corral. Este poste era un instrumento importante en los corrales donde manejaban animales grandes. Por lo general, mi padre entraba al corral a píe cuando iba a enlazar un potro u otro animal grande. Al ponerle el cabestro al animal, le daba varias vueltas a la cuerda alrededor del poste y dejaba que el animal tirara hasta frenarlo por completo. Poco a poco le recortaba el cabestro hasta acercarlo con la cabeza firme contra el poste. Una vez en esa posición, el domador tomaba el control.

Lo más interesante es que mi padre, que medía apenas un metro sesenta y pesaba 68 kilos, logró la captura del Champurrao sin ayuda humana. Solo un verdadero vaquero, endurecido por años de trabajo y con un conocimiento excepcional sobre los animales y la naturaleza, pudo lograr tal hazaña a solas.

Mi padre dedicó los próximos meses a tratar de domar y entrenar al caballo. Lo logró al punto que le permitía montar y desmontar, pero el animal continuaba resistiendo. La peor de las mañas adquiridas por el mesteño capturado era que había desarrollado una patada hacía adelante cuando el jinete se preparaba a montar. Otra era la de tratar de morder al jinete cuando este se preparaba para montarlo. En fin, el caballo le ofreció un verdadero desafío a mi padre, quien aplicaba todo su conocimiento sobre los caballos para tratar de eliminar sus rebeldías. Finalmente, mi padre lo castró creyendo que con eso se calmaría. Sin embargo y aunque logró tranquilizarlo bastante, el caballo seguía con sus mañas. Con la ayuda de su primo Rómulo Espinosa, lo sacaban potreando, tratando de acostumbrarlo con la presencia de otro caballo manso. Como el lector sabe bien, los caballos son animales muy inteligentes y al ser tratados firmemente y con respeto, pronto aceptan su papel al servicio del hombre. Pero no fue así el caso del Champurrao. Y no por falta de inteligencia. Mi padre veía que el caballo era muy inteligente, sólo que era testarudo y resistía cualquier intento de domarlo por completo. Y si notaba que mi padre se descuidaba y le dejaba cualquier mal hábito sin atención, la próxima vez el caballo trataba de usarlo en su contra. Contaba mi padre como algo interesante, que a pesar de lo muchos potros que lograron como vástagos del Champurrao, ninguno salió con el colorido del padre. Tal vez, el linaje se había agotado.

Continuando con las mañas del Champurrao, en una ocasión mi padre y Rómulo habían salido en busca de un ganado. Mi padre, llegando a un cerco de alambre de púas, se bajó para abrir la puerta. Que conste que para aquél entonces mi padre llevaba casi un año trabajando con el Champurrao. Había llegado a tal grado que para montar, mi padre antes tenía que sujetarle la cabeza al lado contrario. Este movimiento evitaba que el caballo tratara de patalear o morder.

Ese día, por alguna razón, cuando fue a montar, el caballo se tiró hacía él, causando que su píe se pasara por dentro del estribo. En esa posición, era casi imposible montar sin primero sacar el pie. El caballo, sintiendo la complicación de mi padre, trató de salir corriendo. Pero él le mantuvo la cabeza firme contra el costado, y lo único que lograba el caballo era remolinar en círculo. Vuelta y vuelta, con Rómulo congelado en el sitio e incapaz de auxiliar al marido de su prima, el caballo trató de liberarse. Mientras, y usando toda la fuerza de sus brazos, mi padre trataba de columpiarse sobre el lomo del caballo, usando su píe derecho espuelado como ancla sobre su silla. Pero no lo alcanzaba, y con cada vuelta veía que no lo iba a conseguir. Finalmente, logró liberar su pie de la bota y con eso sacarlo del estribo. Se soltó y se tiró hacía un lado. El caballo, viéndose completamente libre, salió a toda velocidad descargando una patada salvaje en la pierna de mi padre. Él contó después que estaba seguro que de no lograr sacar el pie, el caballo lo hubiera arrastrado a su muerte. Nosotros llegamos a ver la silla de mi padre, con los cortes hechos por su espuela, visibles en el asiento.

Persona no inclinada a la derrota, mi padre continuó trabajando con el caballo. Después de muchos meses más, con paciencia, logró finalmente ganar su confianza, al punto de librarse de la necesidad de salir con un potreador. Desde aquél entonces en adelante, el Champurrao demostró ser un caballo fuerte y con mucho espíritu. Por cierto, no había caballo en el cañón que se igualara, en velocidad y aguante. Desafortunadamente, siempre mantuvo algunas de sus malas mañas. Por ejemplo, cualquier cosa lo asustaba; un conejo que salía corriendo cerca de sus pies; una planta seca rodada por el viento; cualquier cosa. Con un bufido, trataba de salir corriendo. Esto forzaba al jinete a estar en alerta constante mientras caminaban. Su peor maña, sin embargo, era que no dejaba montar al jinete sin antes mantenerle la cabeza contra el lado derecho. Al no tomar esa precaución, el caballo trataba de salir corriendo sin control. Finalmente, no dejaba que lo montara otro jinete que no fuese mi padre; y tardó mucho tiempo hasta aceptar a otro. Nunca me cansaba de oír a mi padre contar y contar la captura del Champurrao. Lamentablemente, la historia de este caballo termina con una nota triste y trágica.

Miguel Abeyta y amigo, Desiderio Valdez- 1922

José Porfirio. Invierno en la finca-1927

Miguel

El sobrino favorito de mi padre era hijo de su hermano mayor, Isaac. Se llamaba Miguel. Un adolescente serio y trabajador, Miguel se había encariñado con mi padre, tal vez porque le recordaba a su propio padre que había fallecido unos años antes. También, le encantaba estar en la finca del Carrizo. En toda oportunidad, se venía desde Tiffany, Colorado, una distancia de casi 100 kilómetros, donde vivía con su mamá, Margarita, y su padrastro Abel. Otra excusa que usaba para salir de su casa era la falta de una relación estable con su padrastro. El joven adoraba a mi padre de manera que prefería la vida de la finca a la de la granja en Colorado. Para él, la vida en la finca era más idílica y aventurada, especialmente cuando acompañaba a mi padre a correr mesteños.

Larguirucho y con ojos azules, siempre llevaba una sonrisa sobre sus labios. Cuando mi padre fue abatido por una terrible fiebre reumática a principios del 1925 que lo dejó totalmente postrado, Miguel que en aquel entonces apenas tenía unos 20 años de edad, vino al rescate. La enfermedad que afectaba a mi padre había progresado a tal punto que lo había llevado al borde de la muerte. Es más, mi padre ya había dado instrucciones a mi mamá de cómo debería liquidar toda propiedad una vez fallecido. Pero cuando todo parecía haber llegado al final de la cuerda, apareció Miguel.

Lo que sigue es una rendición fiel, proporcionada por mi hermano, Isaac, reconstruida de apuntes de su archivo sobre la familia.

En los primeros meses de 1924, al principio por momentos, mi padre se vio afectado, sin poder abrir y cerrar las manos y con una enfermedad que avanzaba cada día a otras articulaciones del cuerpo. Para el mes de Marzo de ese año, ya no podía salir de la cama; tal era el dolor de lo que finalmente identificarían como reumatismo. Dos meses más tarde estuvo a punto de morir. Sin dinero como para traer a un médico, mi mamá consultaba su "Guía Práctica de la Salud", tratando de encontrar algún tratamiento que aliviara a su marido del terrible dolor. Le aplicaba ungüentos y toallas calientes, que le daban alivio temporal, pero cada día veía que no progresaba. Su estado de salud era muy grave. —¡Dios mío, qué voy a hacer si no se recupera Porfirio! — pensaba mi mamá. Pero como creyentes que siempre oraban por un milagro, el milagro se produjo en forma de su sobrino Miguel.

La salvación apareció en la forma de Miguel Abeyta, el sobrino favorito de mi padre. Enterado de la enfermedad de su tío Porfirio, se vino desde Colorado para ponerse a disposición de la familia. No podía borrar sus recuerdos sobre la vida en la finca de su querido tío Porfirio. De manera que cuando se enteró de la enfermedad de su tío, dejó su puesto y se encaminó hacía el Carrizo.

Miguel puso píe en la finca en el mes de Junio, preparado para hacerse cargo de todos los deberes implícitos en una finca con ganado y granja. Competente y con la reserva de energía de la juventud, pronto puso orden a todo lo que mi mamá no había podido atender. También era importante para mi mamá que ahora tenía quien pudiese hacer la travesía a la estafeta en el Gobernador, a unos 20 kilómetros de distancia, adonde llegaba el correo. Este viaje se hacía por línea recta, cruzando la mesa del Muñoz por una vereda por donde solo se podía ir a caballo. Al seguir el camino, cañón abajo, la distancia se duplicaba. El correo era el único eslabón que los unía con el exterior civilizado y mi mamá dependía de éste, especialmente para sus requerimientos de ropas y otras necesidades no satisfechas por otra fuente. Su principal proveedor era el catálogo del almacén minorista, Montgomery Wards.

En uno de sus viajes al Gobernador, Miguel se encontró con Teófilo López, un amigo de mi padre. Conversando con López, Miguel lo puso al tanto sobre la enfermedad de su tío. López tomó cartas en el asunto e inició lo que se convirtió en visitas por lo menos una vez por semana. Se cuenta que López se consideraba "curandero", de manera que cuando venía a casa, traía su remedio favorito para el reuma. El remedio consistía en un emplasto de seso de conejo y otros ingredientes herbáceos secretos. Esto se lo aplicaba a mi padre sobre las rodillas y caderas. Mi mamá, siempre escéptica sobre los curanderos, permitía el tratamiento ya que habían agotado todos sus otros medios. Nunca se supo si el medicamento fue eficaz, pero el hecho es que para el otoño mi padre empezó a mejorar.

Poco a poco, mi padre empezó a recuperarse de la terrible inflamación de sus articulaciones que lo había dejado incapacitado y al borde de la muerte. (En el próximo capítulo trataré más a fondo la enfermedad de mi padre y los eventos que lo llevaron a ésta). Todavía débil, después de varios meses en cama, mi padre empezó a hacerse cargo de la finca relevando a su sobrino del peso del trabajo. Recordando el pasado, mi mamá siempre consideró la llegada de Miguel como un milagro. En sus palabras: "Miguel nos llegó como un ángel del cielo". Pero como todos los cuentos sobre ángeles, una vez cumplido su deber, el ángel tenía que desaparecer. Una vez totalmente recuperado mi padre, mi tía Margarita requirió que Miguel regresase a casa. Ella no estaba dispuesta a considerar que su hijo se quedase permanente con su tío y su familia.

Cuando llegó el momento de la partida de Miguel, mi padre le dijo:

—No tengo dinero con que pagarte por todo lo que hiciste por nosotros. Sin embargo, sí te puedo ofrecer que elijas cualquier de mis caballos de silla. El único que te pido no considerar es el Champurrao. Como sabes, es un caballo con el cual hay que tener mucho cuidado. No es un animal de confianza.

Mientras conversaba con su sobrino, mi padre recordaba el incidente que casi le costó la vida, cuando su píe se trabó sobre el estribo de su silla. Mi padre añadió:

—También sé que el caballo te gusta mucho, pero creo conocerlo mejor que nadie. Lo considero peligroso. En mi opinión, solo un jinete con mucha experiencia debe montarlo y a pesar que eres un buen jinete, eres joven y te falta experiencia. Temo que algo te pueda pasar con él. De manera que te pido te lleves a mi Moro, o a cualquier otro, pero no al Champurrao.

Pero Miguel, con esa ceguera de la juventud, le respondió:

—Tío, no vine con la esperanza de cualquier pago, pero si me quiere dar algo, lo único que acepto es el Champurrao.

Con estas palabras, mi padre se rindió y le regaló el caballo. A Miguel se le encendieron los ojos de alegría.

En los momentos en que mi padre deliberaba sobre si regalarle el caballo o no, recordaba cómo Miguel había dedicado todo su tiempo libre para ganarle la confianza al Champurrao. Haciendo uso del caballo todos los días, Miguel reportaba resultados positivos. En esas cavilaciones, mi padre pensó que al fin de cuentas Miguel había logrado manejar al caballo con éxito. Sin embargo, no dejaba de pensar que el animal continuaba con algunas de sus mañas; la peor, tratar de salir a la estampida bajo cualquier pretexto. También todavía se le tenía que sujetar la cabeza al lado opuesto al ir a montar. A sabiendas que Miguel era un joven serio y cuidadoso, mi padre le dio su bendición y le regaló el caballo, pues le fue imposible negarle el único deseo a su querido sobrino.

Alegre y bien montado, Miguel se encaminó hacía Colorado. Mi hermano, Isaac, cuenta que mi padre siempre se arrepintió haberle regalado el caballo a su sobrino. Este arrepentimiento se hizo aún más agudo ya que mi tía Margarita lo culparía por el trágico accidente con el caballo.

La primavera del siguiente año, mis padres recibieron la noticia de que Miguel había sufrido un accidente mientras montaba el Champurrao y que estaba en muy mal estado de salud. Dejaron la finca al cuidado de un vecino y los niños más grandes con su tía Anastasita, partiendo hacía Durango, Colorado, donde Miguel estaba hospitalizado. Esto para encontrarse con que Miguel había fallecido el día anterior. Una reconstrucción de los acontecimientos del accidente reveló que Miguel, tratando de abrir una puerta corralera para dar entrada a un ganado, intentó hacerlo sin bajarse del caballo. Sin embargo, el Champurrao se negó a acercarse lo suficiente como para permitírselo. Frustrado, y con el ganado disperso, Miguel se bajó del caballo y abrió la puerta. Pero al volver para montar nuevamente, con la prisa que llevaba, olvidó sujetarle la cabeza al caballo, una maniobra indispensable. En el instante en que Miguel puso píe en el estribo, el caballo se echó violentamente hacía él, con la intención de salir corriendo. El tirón violento del caballo los lanzó contra la madera sólida del corral, atrapando a Miguel entre el animal y el poste donde la puerta encaja con el vallado. El impacto le fracturó el hombro izquierdo y la clavícula del mismo lado. Sin embargo, con esas heridas pudo llegar a casa sin ayuda.

Su mamá, horrorizada por las heridas de su hijo, de inmediato lo llevó al hospital en Durango, a 40 kilómetros de distancia. Allí, los médicos decidieron que aunque sus heridas eran importantes, no tenían tal gravedad que pusiera su vida en peligro. Por lo tanto, trataron sus fracturas, lo vendaron y le dieron de alta. Pero al cabo de dos semanas, en vez de mejorar, la salud de Miguel se había deteriorado a tal nivel que no podía salir de la cama. La familia lo regresó al hospital, y esta vez los médicos determinaron que sus heridas eran mucho más graves de lo que habían considerado primero. Advirtieron que las más peligrosas eran internas y que habían evolucionado hasta formar gangrena. El médico de cabecera informó a la familia que Miguel moriría a no ser que de inmediato lo operaran, extirpando el brazo y toda la musculatura del hombro izquierdo. Y que aun con esa cirugía drástica no había ninguna garantía, ya que la gangrena estaba bastante avanzada. Miguel se negó a que lo hicieran, optando por morir antes que vivir incapacitado, sin su brazo y su hombro. Falleció unos días después. La familia comentó después del sepelio que Miguel, momentos antes de su muerte, había dicho que no hubiera podido soportar que su tío Porfirio lo viera sin su brazo.

Mi mamá contaba que nunca había visto a su marido llorar tan desgarradoramente como aquél día que se enteraron de su muerte.

—¿Cómo es posible que esto le haya ocurrido a Miguel? —preguntaba mi padre.

Mi mamá recordaba, con los ojos llenos de lágrimas, cuando Miguel, alegre y los ojos plenos de felicidad, entraba a la casa después de atender los deberes de la finca. Al verla sentada y con cara triste, la tomaba del brazo y le decía:

—Vamos tía, ánimo, vamos a bailar una pieza.

Y la remolineaba alrededor de la sala en una cariñosa y corta danza de amor. El efecto siempre era positivo, forzando a su tía a sonreír con su espíritu renovado. Ese rito lo repetía con frecuencia, especialmente cuando veía que su tía estaba triste y desmoralizada. Mi mamá sabía que Miguel prefería estar en la finca con su querido tío y que por esa razón, su madre le guardaba cierto rencor a mi padre. Simplemente, Miguel adoraba a su tío Porfirio.

La muerte de Miguel tuvo consecuencias serias y tristes en la vida de mis padres. Mi mamá me contó que lloró hasta no tener más lágrimas que derramar. Y mi padre tardó años en llegar a calmar sus emociones y a aceptar, finalmente, la muerte de su sobrino. Para él, Miguel había sido más que un sobrino, había sido un hijo. Y para empeorar la situación, mi tía Margarita culpaba a mi padre por la muerte de su hijo. A pesar de carecer de culpabilidad, creo que mi padre cargó esa muerte sobre su conciencia toda la vida. Mi tía Margarita, eventualmente, re-establecería contacto con mis padres, pero para el Champurrao ya no había lugar en su granja. Unos meses después de la muerte de Miguel, la tía vendió el caballo y se lo llevaron a un destino desconocido.

José Porfirio y María Carmen, con seis de sus ocho hijos, de izquierda a derecha, Celena, Cordelia, Loyola, Isaac, José R., y José Porfirio. La mujer de sombrero es esposa del fotógrafo-1937

El Cañón Del Carrizo Y Los Granjeros

Para mediados de la década de los años 20, el asentamiento de granjeros en el cañón del Carrizo contaba con unas 10 familias. La mayoría de los pobladores eran oriundos de Tierra Amarilla, la Puente, Taos y otros pueblos, en el norte de Nuevo México. Con el influjo de pobladores, los granjeros vieron la necesidad de construir una capilla, ya que todos eran Católicos, y tomaban su religión muy en serio. También, contaban con el crecimiento continuo del asentamiento, y una capilla era seña de permanencia. Para los granjeros, la capilla representaba un elemento clave. Siempre fiel a su religión, mi padre tomó los primeros pasos, primero en la adquisición del terreno, y después en la construcción de la capilla. El terreno fue donado por Don Pablo Candelaria, y el material para la construcción por los granjeros. El "toque" final fue conseguir la campana para el campanario que consiguió mi padre en Tierra Amarilla.

Desafortunadamente, la comunidad nunca llegó a tener la población necesaria para cumplir el requisito de la iglesia para asignar un cura permanente. Sin embargo, un sacerdote viajaba una vez al mes desde Blanco para dar misa. Según mi mamá, el sonido de la campana que llamaba a los fieles a misa, era una de los sonidos más bellos imaginable. Decía:

—Imaginen escuchar esa hermosa campana, su sonido claro, transportado por el aire limpio, retumbando por el cañón. Era un sonido inolvidable. Ese sonido nos hacía sentir como una comunidad completa.

Muchas veces, durante mis viajes al sitio de la granja de mis padres, me tomaba unos momentos evocando ese sonido e imaginaba escucharlo tal como mi mamá lo describía. En mi mente, oía esa campana romper el silencio del cañón con su sonido limpio y cristalino. También me pregunté muchas veces:

—¿Quién se quedaría con esa campana? ¿Adornará otra capilla?

¿Dónde fue a parar ese símbolo de fe de una comunidad que no se pudo mantener intacta en el tiempo?

Para fin de los años 20, la atracción hacia la zona que había dado respiro a tantas familias, empezó a perder terreno ante sitios cercanos como el valle de San Juan, donde el río ofrecía agua permanente y tierras fértiles, o lugares más lejanos como California y otros estados que aceptaban gente. Poco a poco, los granjeros empezaron a vender sus parcelas, emigrando hacía las ciudades, o a zonas agrícolas. El cañón del Carrizo había sido un experimento en una tierra árida y áspera, nada misericordiosa con el ser humano. El desarrollo continuo de ciudades como Aztec, Farmington y Bloomfield, tres comunidades sobre río, le arrebató los pobladores al Carrizo. Otra razón importante que afectó el movimiento de gente fue el impacto de la primera guerra mundial sobre las comunidades hispanas en esta parte de los Estados Unidos.

La mayoría de los jóvenes en edad militar, y oriundos de los diversos pueblos hispanos en el Norte de Nuevo México fueron reclutados al ejército por el gobierno de los Estados Unidos durante los primeros años del conflicto. Aquellos que tuvieron la suerte de regresar con vida al terminar el conflicto, se negaron a regresar a sus comarcas; y mucho menos a una zona como El Carrizo. En su lugar, emigraron a las poblaciones antes mencionadas o fuera de Nuevo México, a estados con industria y por ende, trabajos. California fue el destino favorito de muchos.

Pero antes de entrar en los pormenores de los pobladores del cañón del Carrizo, debo incluir un aspecto que tal vez tuvo mucho impacto sobre los hispanos que poblaban grandes extensiones de tierras en el norte de Nuevo México y el sur de Colorado. Este fenómeno fue la introducción de un sistema legal ajeno a dichos pobladores. Para ver el concepto en perspectiva, hay que hacer un giro hacia atrás de casi 100 años, cuando México perdió el conflicto con los Estados Unidos en 1846; un conflicto que resultó en la transferencia de esa vasta región que hoy compone gran parte del suroeste de los Estados Unidos, al estado triunfador.

Como todo estado triunfador, el ganador rápidamente impuso su sistema legal, procedimiento jurídico e idioma, a todos los pobladores residentes en el terreno conquistado; individuos que habitaban la zona desde tiempos de la conquista española. De repente, personas con grandes extensiones de terreno se enfrentaron con un sistema ajeno. Muchos no pudieron competir con aquel influjo de "extranjeros" que venía del oeste del país, cada cual con su sueño de riquezas y de una nueva vida. Entre ellos llegaron empresarios sin escrúpulos que se aprovecharon de los pobladores, quitándoles sus tierras por poco dinero, dado que este, por poco que fuera, era bien recibido, pues fue siempre la comodidad que más les escaseaba. Encontrándose con rebaños de borregas, pero sin dónde permitirles pastar, muchos se vieron forzados a venderlos, en algunos casos a centavos por cabeza, a esos mismos compradores que se habían apoderaron de sus tierras. En otros casos, el gobierno federal, con una compensación mínima, confiscó terrenos para dar vida a las reservas forestales. Para complicar la situación aún más, el gobierno de los Estados Unidos nunca cumplió completamente con el "Tratado de Guadalupe Hidalgo", en el que garantizaba los derechos de aquellos individuos residentes en el terreno que quedaron bajo el dominio del estado ganador. Y cuando el nuevo gobierno ofreció la oportunidad de registrar terrenos , la manera y los términos bajos los cuales se llevó a cabo el programa de registro fue debatido en diferentes foros a través de los años, muchos, por desconfianza o por no entender el sistema, incumplieron dejando sus tierras en "abandono" por falta de pago de impuestos, abriendo la puerta a emprendedores en busca de terrenos baratos, ya que estos se vendían a remate. El resultado fue la pérdida de tierras que habían estado en posesión de los pobladores por más de 200 años. Tal fue el caso de mis abuelos paternos y maternos. Por ejemplo, mi abuelo paterno perdió sus terrenos a principios del siglo 20, donde pastaba su rebaño de borregas cuando el gobierno federal formó la floresta "Carson National Forest". A pesar de los cambios de ley, el gobierno federal no había expropiado a muchos por la cantidad de juicios pendientes en las cortes. Para mis abuelos, así como para muchos otros pobladores, la falta de decisión por parte del gobierno federal les proporcionó tiempo para continuar pastando sus rebaños. Pero una vez que el congreso de EE. UU. dio los pasos definitivos, los lugareños perdieron el derecho libre sobre sus tierras. Sin duda la tierra era lo más importante. Sin embargo, algunos optaron por vender, especialmente cuando se enfrentaron cara a cara con la obligación de proveer a sus familias. Pero sin tierra no podían mantener ganado. Y sin ganado no podían dar de comer a sus familias. La única opción era emigrar.

Mis padres se contaban entre aquellos que no se dieron por vencidos cuando vieron a los suyos reducidos a unas pocas hectáreas de terreno. De manera que la única salida para muchos, entre ellos los míos, fue establecerse en una zona donde el gobierno ofreciera terreno a cambio de requisitos no demasiado difíciles de cumplir. Es importante destacar que jóvenes como Porfirio y Carmen que añoraban independizarse, tenían pocas esperanzas ya que no habían heredado terreno ni dinero. Con el espíritu de sus antepasados intacto, optaron por emigrar al cañón del Carrizo. Fue con ese espíritu que se lanzaron a su nueva vida, pero poco a poco factores fuera de su control, como inviernos terribles que causaron la muerte de su ganado, la gran depresión de los años 30, invadieron sus vidas. Con el colapso de la economía, fue casi imposible generar dinero ni para pagar los impuestos del terreno. (En un próximo capítulo hablaré sobre como lograron generar dinero). Pero siempre confiados en sus propios talentos, su fuerza y su fe en Dios, hicieron lo posible para quedarse en su finca. Hubo otros residentes del cañón del Carrizo que compartían esa misma convicción de mantenerse en su tierra, pero poco a poco, hasta los más duros se dieron por vencidos y abandonaron el lugar en busca de un porvenir en sitios menos inhóspitos.

Confiados en su comprensión del nuevo sistema, mis padres pensaron que con suerte y trabajo, lograrían realizar sus sueños de establecerse en un área nueva donde pudiesen criar a sus hijos. Por lo menos, sabían que la ley estaba a su favor y que el único riesgo de perder su tierra era no poder cumplir con los requisitos. Pero para el caso, confiaban en su capacidad de trabajo. Con esto en mente, mi padre labró la tierra, y durante los meses de invierno, cuando las cosechas estaban almacenadas, buscaba otras entradas de dinero. Por ejemplo, tendía sus trampas para capturar animales y vendía sus pieles, o trabajaba en los aserraderos; cualquier trabajo o tarea era bueno, con el fin de generar entradas. Que familias como la de mis padres pudiesen creer que era posible sobrevivir permanentemente en un lugar tan áspero y hostil como el cañón del Carrizo, fue verdaderamente un acto de fe. Sigue un ejemplo de las dificultades sufridas.

Durante el invierno de 1925, mi padre aceptó trabajo en el aserradero de Burns, en Lumberton, Nuevo México, a unos 40 kilómetros de su finca. (Burns es el mismo empresario que estableció varias empresas, cuyo nombre los pobladores pronunciaban "Bornes"). El aserradero fue uno de los últimos que operó en esa región, ya que casi habían eliminado los bosques de pino Ponderosa. Su trabajo aquel invierno fue relevante por dos razones. La primera, porque su hija Celina nació allí ese invierno y la segunda, porque mi padre contrajo una enfermedad reumática que por poco no le costó la vida. (Hice referencia a esta enfermedad el último anterior). Porfirio añoraba poder liberarse de este tipo de trabajo; sin embargo, la venta de su ganado vacuno, de potros domados y otros esfuerzos, simplemente no generaban lo suficiente como para sostener una familia en aumento. Aquel invierno, como mi mamá estaba embarazada, mi padre decidió llevarse a la familia y dejar su finca al cuidado de su padre y su hermano.

Mi mamá me contó muchas veces las terribles condiciones bajo las cuales mi padre trabajó aquel invierno, y las consecuencias negativas que afectarían a su salud. El aserradero trabajaba las 24 horas y a mi padre le tocó el turno de noche; o sea, un turno de 12 horas empezando a las cinco de la tarde hasta las cinco de la mañana. Su trabajo consistía en mantener libre de basura la entrada donde se introducían los enormes troncos de pino a la sierra circular que los convertía en tablas. Los troncos arrastraban trozos de sí, ramas y otras basuras que el "portero" tenía que eliminar. Era un trabajo que se llevaba a cabo a la intemperie, con la temperatura media en casi 30° bajo cero. Lo único que evitaba que se congelara era el movimiento constante de su cuerpo, ya que los cuartones entraban en rápida sucesión. Después de seis horas, llegaba su relevo y él se pasaba a la limpieza de las caballerizas, terminado en la zona donde se separaba la madera limpia de los "orillos" o bordes, esa parte del cuartón que llevaba la corteza. Estos "orillos" se separaban con el fin de venderlos, ya que contenían algo de madera. Los granjeros los compraban a un precio relativamente barato, para la construcción de sus almacenes u otros usos que no requerían madera limpia.

El trabajo, como dije, se llevaba a cabo a la intemperie. El frío era tal que se le congelaba la ropa sobre el cuerpo una vez dejaba de trabajar. Mi mamá contaba que mi padre parecía una momia cuando llegaba a las cinco de la mañana, las cejas y barba, blancas por la escarcha. Después de varias semanas de ser expuesto a tanto frío, empezó a evidenciar síntomas de reuma. Cada día era más difícil que el anterior, especialmente por la mañana. Mi mamá, embarazada con su cuarto hijo, hacía todo lo posible para aliviar el terrible sufrimiento de su marido. Para complicar sus vidas, las "casas" donde vivían los trabajadores, fabricadas de una sola pieza por el aserradero, eran de madera sencilla, con rendijas por donde entraba un frío constante. En el centro de la casa tenían una estufa que mi mamá mantenía constantemente con trozos de pino que recogía durante el día cuando mi padre trataba de dormir. Mi mamá contaba que alimentaba la estufa al máximo antes de las cinco de la mañana, tratando de calentar la sala lo suficiente como para darle oportunidad a mi padre de "descongelar" el cuerpo cuando llegaba de trabajar. Después del desayuno, lo envolvía con mantas y le masajeaba con mentol las articulaciones, tratando de aliviar su dolor. Repetía el proceso por la tarde, antes de que mi padre saliera a tomar su turno de las cinco. Cuando regresaba por las mañanas, apenas podía caminar pero ya había decidido que era imposible dejarse vencer. Fue durante aquel terrible invierno que les nació una niña, a la que nombraron Celina. La criatura nació en la casa donde vivían, mi mamá atendida sólo por una partera. Cuando dejaron el aserradero, a comienzos de la primavera, mi padre tenía el cuerpo devastado, pero afortunadamente con gran esfuerzo todavía podía caminar. Tal vez a resultado de su severa enfermedad el año anterior lo había dejado débil, de manera que al llegar a la finca, mi mamá lo llevó directamente a la cama, donde se inició su lucha contra el terrible reuma que le atacó todo el cuerpo y que por poco no le costó la vida.

Durante la primavera y principios del verano de 1925 y a pesar de la terrible enfermedad que castigaba su cuerpo, mi padre se levantaba de la cama para tratar de atender su ganado y otros deberes en la finca. Incluso, y con la ayuda de mi mamá, logró sembrar maíz, sorgo, frijol y calabaza. Sin embargo, para mediados de Junio, ya no podía salir de la cama. La tarea de atender los requerimientos de la finca que incluían alimentar los caballos de silla y otros animales que mantenían en los corrales, recaía sobre mi mamá. Consciente de que no era posible atender a todo, les abrió la puerta del corral a los animales, menos los dos caballos de tiro y uno de silla. La cosecha también sufrió, ya que era imposible atender a todo y al mismo tiempo atender a los niños y a mi padre, ahora completamente inválido. Sin embargo, salía por las mañanas con los niños más grandes y cultivaba lo que podía. La niña pequeña quedaba con mi tía Anastasita que ahora vivía con mis abuelos a pocos kilómetros cañón abajo. Hubo días, contó mi mamá, en los cuales estaba segura de no poder llegar al siguiente. A pesar de que los vecinos no estaban totalmente inconscientes de los problemas de la familia, todos luchaban contra la naturaleza y sus propios problemas, incluyendo mi abuelo, el cual hacía todo lo posible para ayudar. Mientras, la salud de mi padre seguía empeorando.

Sintiéndose al borde de la muerte, mi padre llamó a mi mamá a su lado. Trató de aconsejarla sobre cómo debía proceder cuando se muriera. Le dijo:

—Carmen, vida mía, si me muero tienes que vender todo e irte con los niños a Tierra Amarilla, o tal vez a La Puente donde tenemos familia. No te puedes quedar en estas soledades. Pero primero y antes de vender, tienes que arreglar con mi compadre Manuel (Trujillo). Le debemos las vacas que tenemos al partido.

Ella, destrozada, lloró inconteniblemente, pero se negó a aceptar que su marido iba a morir. Sin embargo, cada día lo veía más débil. Desesperada, consultaba su "Guía Práctica de la Salud", buscando algún milagro entre sus páginas. Pero los tratamientos rústicos recomendados no lo aliviaban. Y los medicamentos no estaban disponibles. No había dinero, ni para traer un médico ni para comprar medicinas. Carmen oraba por un milagro y de alguna manera lograron continuar día tras día. Mis abuelos venían de vez en cuando, veían a mi padre en su estado delicado pero no se animaban a dar los pasos necesarios para traer un médico. No había dinero, decía mi mamá...

Sin embargo, poca a poco, y sin atención médica, Porfirio inicio su larga y ardua recuperación.

La Víbora Cascabel

A la edad de seis años, mi hermano Isaac fue víctima de una picadura de víbora cascabel. Como de costumbre, cuando trabajaba cerca de la casa, mi padre se llevaba al niño consigo. Aquella mañana de verano salieron a cortar el pasto silvestre que crecía en una zona dejada por el arroyo, cuando cambió su curso, a la que habían llamado "la vega". La vega estaba a unos dos metros bajo el nivel superior del arroyo y consistía en aproximadamente dos hectáreas de terreno. Me acuerdo que tenía un álamo nativo en el centro. Con los años, la vega se había cubierto con pasto silvestre pues era tierra ideal para la vegetación natural, de raíces profundas que llegaban hasta el nivel de alguna napa subterránea pudiendo así sobrevivir en un clima donde las lluvias eran esporádicas y escasas.

Mi padre había cercado la vega con el fin de protegerla de los animales. Así cuidado, el pasto crecía alto y abundante. Una vez al año, lo cortaba y una vez seco, lo cargaba y lo almacenaba en el techo del jacal o galponcito donde guardaba sus herramientas, sillas, arneses y máquinas de trabajo. Con este pasto, mi padre alimentaba sus caballos y alguna vaca lechera durante el invierno.

Como de costumbre, los niños casi siempre andaban descalzos. Sin embargo, para salir a la vega, tenían que ponerse los zapatos. Ansioso de alcanzar a su padre, el niño se los puso, pero sin atar los cordones. De un salto, se montó sobre la segadora mecánica con su padre y salieron hacía la vega. Una vez en la vega, mi padre le indicó que se bajara, ya que no era posible atender a la máquina y al mismo tiempo cuidar al niño. Este se bajó y siguió la marcha de la máquina, empujando el pasto a un lado y a otro con los pies en su jugueteo personal. Después de varias pasadas, mi padre alcanzó a ver una rama del álamo en el trayecto que quería cortar. Con una señal, le indicó a su hijito que removiera la rama. Isaac cuenta que recuerda cómo llevó la rama hasta la orilla de la vega y que cuando tomó el camino de regreso hacía donde estaba su padre, oyó un sonido como cuando uno separa dos piezas de velcro e inmediatamente sintió la picadura en su pie derecho donde la lengüeta del zapato, al estar atado, le hubiera protegido. El sonido habían sido los cascabeles de la víbora dando su señal de peligro. Sin embargo, como todo niño, no hizo caso y siguió con su juego, moviendo el pasto con los pies.

Poco después, reclamó la atención de mi padre para decirle que le dolía el píe. Mi padre lo examinó, pero no logró identificar la herida como una mordedura de cascabel. Le aplicó saliva y le dijo que siguiera jugando. Unos minutos más tarde, Isaac volvió a llamar a mi padre, quejándose que le dolía mucho el pie. Por segunda vez, mi padre no logró identificar la herida. En esos momentos llegó Emilio, un primo de mi padre, y él tampoco se dio cuenta de qué se trataba. Para aliviar el dolor, le puso un emplaste de tabaco que traía en la boca sobre la herida y lo mandaron a seguir jugando. Sin embargo, a los pocos momentos, el niño volvió a interrumpir a su padre por tercera vez. Mi padre lo examinó nuevamente y vio que el pie había tomado un color morado y empezaba a hincharse. Mi padre quitó los caballos de la máquina y salieron al galope hacía casa. Para ese entonces, Isaac estaba en muy mal estado. Mi mamá de inmediato reconoció la marca de la víbora cascabel, al ver las dos picaduras hechas como con una jeringa.

Enseguida echó mano a su "Guía Práctica de la Salud", leyendo que una picadura de aquellas características exigía dos cortes sobre la entrada de los colmillos y después succionar con la boca hasta extraer el veneno. Trataron de cortar sin lograrlo por miedo a cortar un nervio, ya que es una zona huesuda y con nervios muy superficiales. Sabiendo que su hijo moriría si no recibía atención médica urgente, decidieron llevar al niño cuanto antes. El médico más cercano estaba en Aztec, a unos 100 kilómetros de distancia. Rápidamente, mi padre preparó sus mejores caballos y dejando a los otros niños con un familiar, salieron en su calesa con Isaac en los brazos de mi mamá. La noche los alcanzó en la finca de Manuel Trujillo, a unos 30 kilómetros de casa. Esa noche, mi mamá no durmió por atender a su hijito. Le daba agua y trataba de mantenerlo lo más confortable posible. Durante la noche, alguien trató de convencer a mi mamá de aplicar un torniquete en la pierna, pero mi mamá se negó a permitirlo. Había leído en su "Guía" que había riesgos de perder un miembro al cortar la circulación. Además, el veneno ya se había extendido por el cuerpo del niño y un torniquete no hubiese solucionado nada.

Mi mamá contaba que nunca perdió la fe, pero veía a su hijo muy, pero muy mal y temía por su vida. Antes del amanecer, emprendieron el camino nuevamente, mi padre llevando sus caballos al límite. Llegaron a Blanco ese mismo día, pero ya a la noche tarde, con el niño semiconsciente. De inmediato, Don Pablo Candelaria los subió en su auto y los transportó los últimos 20 kilómetros al pueblo de Aztec. Fueron directamente a la residencia del doctor Chadwell, el único médico en el pueblo. Pasaban casi 48 horas desde que el niño recibió la picadura.

A pesar de que era casi la media noche, el Doctor Chadwell contestó la puerta. Los invitó a entrar y los llevó a su sala de exámenes. Allí puso al niño sobre la mesa y le cortó el pantalón para descubrir la pierna, morada e hinchada al doble de su tamaño normal. Le administró una inyección de antídoto, le vendó el sitio de la picadura y después vendó su pierna entera. Finalmente, lo puso en una camilla y lo cobijó cuidadosamente. Sugirió a mis padres que fueran al hotel, viendo que parecían a punto de caer por el cansancio. Pero mi mamá se negó a dejar a su hijo, optando por quedarse a su lado. Viendo que su presencia no era necesaria, mi padre decidió regresar con Candelaria a Blanco y desde ahí al Carrizo, a sus otros niños.

Mi mamá me contó que esa fue una de las noches más largas de su vida. A eso de las cinco de la mañana, Isaac empezó a sacudir el cuerpo violentamente. Alarmada, corrió hacia la puerta del dormitorio del galeno.

—¡Doctor, creo que mi hijo se está muriendo! —exclamó.

El médico salió rápidamente y entró al dormitorio donde observó al niño, ya bastante calmado. Con la ayuda de mi mamá, el médico removió el vendaje para descubrir una piernita gris con manchas moradas y negras. Pero su temperatura estaba casi normal y el médico dijo que el niño estaba en proceso de recuperación.

El Doctor Chadwell le confió a mi mamá más tarde que estaba casi seguro que el niño no iba a sobrevivir; tan grave era su estado de salud cuando llegaron. La única explicación ofrecida por el médico fue que tal vez la víbora cascabel que lo picó era todavía joven, y por ende, no tenía mucho veneno. También, la picadura fue en un sitio huesudo donde los colmillos de la serpiente no pudieron penetrar más allá de la superficie. Si hubiera sido una serpiente adulta y la picadura en zona carnosa, el niño habría muerto antes de las 48 horas.

Los siguientes seis días, Isaac pasó por un periodo de recuperación lento. Poco a poco, lo sacaban al aire libre, donde descansaba debajo de un árbol, a la sombra, en el patio de la casa del doctor Chadwell. De ahí salía con mi mamá en excursiones breves por el pueblo. Isaac recuerda que cuando su padre fue a visitarlos, le llevó un camioncito de juguete, regalo que conservó por muchos años. De adulto, Isaac reflexionaba sobre el sacrificio hecho por sus padres, primero para solventar los gastos del médico y, por último, para comprar el camioncito. En tales momentos, recuerda haber aprendido por aquél entonces, que el amor por los hijos no reconoce límites al sacrificio. Dos semanas después de haber ingresado a su consultorio, el Doctor Chadwell le dio de alta. Mi padre llegó de la finca para encontrarlos ya preparados para regresar. Mi hermano recuerda que tardó casi un año en recuperarse completamente. Afortunadamente, se recuperó sin ninguna secuela. El trauma sufrido por aquél niño de seis años y la angustia de mis padres al pensar que estuvieron cerca de perder a su hijo, añadió otro doloroso capítulo a su vida en la finca.

José Porfirio y Carmen con su hijo Isaac y su esposa Fabiola.
Día de la licenciatura , Universidad de Nuevo México,
Escuela de Ingeniería, Alburquerque, Nuevo México - 1949

La Enseñanza Se Convierte En Prioridad

Para 1929 mis padres habían llegado al imperativo de encaminar la iniciación formativa de los niños. La mayor, Cordelia, ya con once años de edad, había sido enviada a Blanco con parientes para empezar sus estudios. Los más chicos presentaban el mayor desafío ya que era imposible enviarlos afuera. Entonces y sin escuela en el Carrizo, ¿cómo solucionar el problema? Lo único lógico fue abrir un colegio, al que acudirían no solo sus niños de edad escolar sino también los de otras familias con hijos en edades similares.

Con esta idea en mente, mi padre se comunicó con las familias con niños y les propuso su plan. Todos se pusieron de acuerdo pero dejaron a mi padre la responsabilidad de viajar a Tierra Amarilla , sede del condado de Río Arriba , con la tarea de proponer la apertura de un colegio en Carrizo. Sin embargo, no fue nada fácil convencer a los burócratas del condado. En el primer encuentro lo devolvieron a su casa con las manos vacías. En su segundo viaje, poco tiempo después, los oficiales lo recibieron con otra excusa. No había dinero y no veían la manera de acopiar fondos para solventar el inicio de la escuela. Sin embargo, mi padre no fue un hombre que se dio por vencido, y eventualmente hizo más de veinticinco viajes a Tierra Amarilla, siempre con su pedido en mano, abogando fuertemente por su plan. Solo una persona totalmente convencida en sus principios de la necesidad de educar a los niños, hubiese hecho el sacrificio de tantos viajes, cada uno de los cuales llevaba dos días de camino.

Finalmente, después de meses de lobby, logró convencer a los oficiales que sí eran capaces de cumplir con los requisitos mínimos. Los oficiales del condado le informaron que habían reconsiderado, pero que para establecer la escuela era necesario tener por lo menos siete niños en edad escolar, un edificio adecuadamente amueblado y un profesor. Afortunadamente, este último paso sería responsabilidad del condado. Finalmente, sin embargo, no podrían incluir a familias a más de 17 kilómetros de distancia del edificio escolar. El primer requisito de contar con siete niños de edad escolar fue el primer obstáculo. Con sus tres niños, más dos de la familia de Antonio Gómez, aún quedaban cortos por dos. Para cumplir con los requisitos, mi padre reclutó a dos jóvenes de la familia Martínez, a menos de mil metros fuera de los 17 kilómetros permitidos por el condado. Con esta información, mi padre viajó a Tierra Amarilla nuevamente. Después de argumentar fuertemente, convenció a los oficiales que pusieron el sello de aprobación al plan. El edificio que sería sede de la nueva escuela, lo donó la familia Gómez. Porque la mamá de Antonio, dueña de la casa propuesta, había fallecido unos años antes y el inmueble se encontraba vacío.

El próximo paso fue encontrar al profesor dispuesto a ir a vivir al Carrizo. Después de una búsqueda, el condado encontró una señorita disponible y con voluntad de hacerlo. Su nombre era Petra Laumbach, oriunda del pueblo de Roy, al noreste del estado de Nuevo México. Sin embargo, y con el problema de conseguir profesor ya solucionado, se encontraron con otro: ¿Dónde hospedarla? Se resolvió, cuando ella aceptó el ofrecimiento de mis padres, que se hospedara con nuestra familia. Con la incorporación de Petra, la familia ahora se encontró apretada en su pequeña casa, dividida en cuatro cuartos. Pero pronto se acomodaron. Mi hermano Isaac, cuenta que la señorita Laumbach se adaptó rápidamente a la vida en la frontera. Adoraba la vida de la finca, era diestra con los caballos y le encantaba pasear al galope por las veredas y caminos del cañón durante su tiempo libre, visitando a las otras familias de la comunidad. Lo más importante, es que fue una buena profesora que rápidamente encariñó los niños con sus estudios por su manera de instruir.

Desafortunadamente, la comunidad no se pudo mantener unida en la necesidad de continuar educando a los niños. Después del primer año, la familia Martínez sacó a sus dos jóvenes. La principal razón que dio el padre fue la distancia que tenían que viajar todos los días. Aparte, informó a mi padre que necesitaba a los varones en la finca. Esto dejaba a la escuela incumpliendo uno de los requisitos principales, o sea, sin los siete niños para cualificar por la asistencia financiera de parte del condado. Enfrentados a este dilema, mis padres tomaron la difícil decisión de encontrar dónde pensionar a los niños en Blanco, el pueblo más cercano con escuela.

Mientras, la vida en la finca continuaba paso a paso, en aquél pequeño rincón aislado del resto del mundo y de la civilización. Poco a poco, sin embargo y por medio de la educación, mis padres equipaban a sus hijos con la herramienta necesaria para competir en el mundo moderno. Quiero poner el énfasis en el papel de mis padres en llevar escolaridad a la comunidad del Carrizo. Para nosotros, su familia, este compromiso inquebrantable los identificó como dos individuos capaces de pensar más allá de lo convencional. Tal vez el cierre de la escuela del Carrizo fue un acto providencial ya que al trasladar a la familia a Blanco las oportunidades para los hijos se multiplicaron, pues a pesar que éste era un pequeño pueblo Hispano, contaba con ventajas no disponibles en las soledades del Carrizo.

Conste que muchos padres de familia no hubieran hecho el sacrificio, primero de separar a los niños del seno de su familia y por último, de sufrir los gastos implícitos en mantener dos casas. Finalmente, el sacrificio más grande fue el privarse de la ayuda de los hijos mayores que ya estaban de edad de apoyar a sus padres con el peso de las demandas incesantes de la finca. El sólo hecho de enviar a estudiar a su hija mayor, ya con once años de edad, es importante para comprender que desde el punto de vista de mis padres, ellos valoraban más la educación que cualquier ayuda que pudiese aportar mi hermana Cordelia en casa. En lugar de esto, mi mamá le deseó éxito y la desprendió del seno de la familia. Con ese paso, mis padres establecieron el precedente de enviar a sus hijos adonde fuera necesario para que pudiesen estudiar.

Una de las grandes ironías de la vida es que hoy día existe una escuela en el Gobernador, donde en los tiempos de mis padres en la finca, nunca existió más que una parada de correo. Gobernador queda a menos de 20 kilómetros del Carrizo. El condado estableció la escuela en 1960 para atender a los niños de las familias que vivían en un campamento cercano, empleadas por la empresa petrolera El Paso Natural Gas Company.

La Nevada

Para el año 1930, muchos de los pobladores ya empezaban a vender sus fincas y abandonaban el cañón del Carrizo. La razón principal era que finalmente se venían dando cuenta de que era imposible fundar un pueblo permanente en una región escasa de agua permanente. Por otro lado, la juventud , como fue el caso en muchas comunidades , iba descubriendo caminos más fáciles para ganarse la vida y abandonaban las fincas. Finalmente, la Gran Depresión, seguida por la segunda guerra mundial, le dio el golpe final a aquél experimento en una región no apta para la agricultura. Para 1940, el éxodo iniciado en 1930 se había completado y quedaron las fincas abandonadas. Mis padres fueron los últimos en salir.

Pero lo que más afectó a las comunidades en el Norte de Nuevo México y en el sur de Colorado, fue la Gran Depresión que azotó al país por casi una década y que tuvo su inicio con el colapso de la Bolsa, el 29 de Octubre de 1929. La comunidad del Carrizo no sintió el efecto completo hasta 1932. La razón fue que era autosuficiente, y hasta entonces los pobladores habían podido vender su ganado y otros productos. Sin embargo, para 1932, los mercados eran casi inexistentes y cada mes que pasaba se reducían aún más, hasta desaparecer.

Sin embargo, mis padres se empecinaban en quedarse en la finca, tratando por cualquier medio de generar dinero como para alimentar y vestir a la familia. Pero la escena devastadora impuesta por la enorme crisis, se multiplicó cuando el invierno de 1931/32 los castigó con una nevada que terminó con sus rebaños de ganado vacuno y ovejero. Tal fue el efecto de la nevada que mis padres jamás recuperarían la perdida de aquél ganado. El invierno los dejó aún más atrás que cuando se lanzaron, al principio, doce años antes.

Una vez más, fue mi mamá la cronista de los efectos de aquél terrible y fatal invierno. Por ese entonces, Porfirio y Carmen habían invertido 12 años de trabajo en su finca. Fue un invierno terrible, similar al que había empujado fuera a Jaramillo, el primero poblador que probó suerte contra aquella naturaleza tan áspera y cruel. Al cabo de aquellos años, mis padres consideraban haber superado todo impedimento. Desde su punto de vista, se encontraban por triunfar. Vivir de esa tierra había sido difícil pero no imposible. Sin embargo, su pragmatismo innato los llevó a concluir que tarde o temprano se verían obligados de abandonar la finca, especialmente cuando muchos de sus vecinos ya lo habían hecho; pero mientras, necesitarían unos diez años más y con suerte lo lograrían. La etapa final sería liquidar suficiente ganado como para comprar una finca agrícola en el valle de San Juan, dejando la finca del Carrizo para pastar sus animales sobrantes, de la primavera al otoño.

Después de 12 años de trabajo, Porfirio y Carmen contaban con cinco hijos y casi una sección de terreno (256 hectáreas), compradas a vecinos desilusionados que habían decidido vender y abandonar el cañón para siempre. (Completarían la sección unos años más tarde con parcelas adquiridas al condado cuando este remataba por los impuestos y ya con unas quinientas borregas y más de cien cabezas de ganado vacuno. Finalmente, contaban también con un rebaño de unas treinta cabras cuyo cuidado era responsabilidad de mis hermanos. Para mi mamá, las cabras eran una fuente de consternación y a veces de entretenimiento. No era inusual, según mi mamá, salir de casa para encontrar una cabra trepada a la azotea, en una postura como si dijese: "Mira lo que he logrado". A esto mi padre añadía su tropilla de diez hermosos caballos de silla que había comprado o capturado de entre los grandes rebaños de mesteños que rondaban los llanos y mesetas por aquellos años. Poseerlos lo llenaban de orgullo y placer pues para él los caballos eran el animal más querido.

El otoño en Carrizo aquél año fue inusualmente benigno, pero al aproximarse el invierno la temperatura hizo un giro repentino y una ola de frío norteño azotó el cañón. Los arbustos y los pocos árboles de hoja, cambiaban de color rompiendo la monotonía del verde claro y del gris, con una sinfonía de colores otoñales. La primavera y el verano habían sido buenos, con buenas lluvias en tiempo apropiado, generando una fuerte y surtida cosecha de maíz, frijol y otros productos. Porfirio, Carmen y los niños trabajaron con empeño durante las primeras semanas del otoño cosechando los frutos de la tierra. Para fines de octubre tenían su granero de maíz completo, y más de 500 kilos de frijol pinto limpio y en bolsas. El fríjol pinto es del tipo que prevalece en el suroeste, adaptado por la naturaleza a áreas escasas de lluvias. El grano es de color café claro con manchas en color café oscuro. Por cierto, limpiar el frijol era una tarea difícil, ya que primero había que separar el grano de la vaina. Esto lo lograban colocando una enorme lona sobre un piso plano. Encima de ésta ponían las plantas secas. (El frijol se cosechaba extrayendo la planta madura, casi seca, y se la dejaba en montones para que el sol completara la tarea de secarla totalmente). Después, las golpeaban con una madera plana y, poco a poco, separaban los restos más gruesos quedando el frijol y algo de paja. El siguiente paso era colocar el grano y la paja en unas bandejas planas, elevándolas sobre la cabeza para captar el viento. Luego, poco a poco lo soltaban, y el viento se llevaba la paja y el frijol caía limpio sobre la lona. De ahí lo ponían en bolsas para después almacenarlo en un lugar seco y cerrado, lejos de la intemperie. Aquel año, el invierno llegó temprano, pero no antes de que los Abeyta tuviesen todo sus productos agrícolas almacenados.

La primera nieve de la temporada empezó con fuerza a eso de las cuatro de la tarde. Casi promediaba noviembre y todavía era temprano para la llegada de una nevada tan fuerte, pensó mi mamá. Sin embargo, no prestó mucha atención, ya que no era inusual que nevara en esta temporada, creyendo que pronto dejaría de caer. Habían visto muchas a través de los años y una nevada tempranera no era como para asustarse. Pero cuando casi después de veinticuatro horas la nieve no dejaba de caer, la familia empezó a preocuparse. Dos días más tarde, cuando finalmente dejó de nevar, la acumulación había llegado a más de un metro y medio de altura, sobre la tierra todavía húmeda por la última lluvia.

Mi padre, mi tío Ramón y otros vecinos, habían comenzado por abrir brechas, desde el segundo día, tratando de aproximar las borregas a sitios con pasto o donde pudiesen darles forraje. Para complicar aún más la situación, los pobladores carecían de implementos como para remover tanta nieve. Afortunadamente, mi padre había cosechado bastante forraje de la vega; sin embargo, él sabía que con falta de áreas donde las borregas pudiesen pastar, este forraje no alcanzaría para más de unas semanas con tantos animales que alimentar. Mi mamá contaba como mi padre y los vecinos que lograban llegar hasta nuestra finca, trataban de crear brechas o veredas, con los cuatro caballos de tiro de mi padre. Era tanta la nieve que los caballos, forzados a lanzarse contra los bancos de nieve, se hundían hasta más allá de la panza y quedaban varados, incapaces de avanzar. Mi padre entraba a casa por la tarde, exhausto de tanto esfuerzo. Pero poco a poco lograba abrir algunas brechas.

El golpe final llegó dos días después en forma de leve llovizna que duró sólo unas horas. Cuando dejó de llover, el cielo aclaró y la temperatura bajó drásticamente, dejando a todo el mundo bajo una cubierta de nieve con una capa de hielo impenetrable de 15 centímetros. Para peor complicación, la temperatura continuó en baja, registrando niveles record. El frío era amargamente cruel. Según mi mamá, mi padre calculaba la temperatura por lo menos en 28 grados centígrados bajo cero. No había animal que pudiese resistir tanto frío por mucho tiempo sin alimento y mucho menos romper esa terrible barrera de hielo como para llegar a pastar debajo de la nieve. Cuando se terminó el forraje almacenado, mi padre pensó que la única manera de salvar a su ganado sería tratando de limpiar la nieve para llegar adonde hubiese pasto. El sabía que al no conseguir forraje, los animales morirían. Sin embargo, ni los esfuerzos hercúleos de mi padre y sus vecinos, lograron remover la nieve y el hielo, como para destapar suficiente alimento para el ganado. Con trabajo exhaustivo, apenas si lograban descubrir unos metros de terreno. Mi mamá contaba como los caballos de tiro, empujados al límite por mi padre, se lanzaban sobre la capa de hielo sólo para quedar atrapados al hundirse con su peso y quedaban así sujetos a ser rescatados por los hombres.

Los fieles caballos, con laceraciones que sangraban abiertamente en las patas y otras partes del cuerpo, se quedaban temblando por el esfuerzo. Nubes de vapor del sudor de sus cuerpos, ondulaban a su alrededor hasta asemejarlos a fantasmas que emergían en un mundo blanco del que casi ni se distinguían. La nieve a sus alrededores, roja con su sangre. Con paciencia y cuidado, mi padre y demás hombres, quitaban el hielo para que los caballos pudiesen pisar tierra firme. El frío era tan intenso que los abrigos improvisados por los hombres daban escasa protección. Para cuidar sus pies, se ataban trozos de paños sobre las botas vaqueras ya que no tenían botas de goma. Afortunadamente, tenían suficiente leña seca almacenada como para alimentar la estufa dentro de la casa. A la intemperie, con la poca leña seca que podían descubrir, alimentaban una pequeña hoguera que les proporcionaba algún respiro contra el frío. Y a pesar de proteger el cuerpo lo mejor posible, mi padre sufriría quemaduras del frío sobre las orejas que le causarían problemas cada tanto por el resto de su vida.

Menos de dos semanas después de la nevada y sin forraje, las borregas empezaron a morir de hambre. Aislados, los pobladores vecinos y mis padres no pudieron contra la fuerza de la naturaleza. Gracias a su surtida cosecha, sin embargo, tenían suficiente comida como para alimentar a la familia y ayudar a los vecinos menos afortunados. Conste que el mundo exterior ni se daba cuenta de la tragedia impuesta por la naturaleza a los granjeros en el cañón del Carrizo. Irónicamente y según mi padre, 20 kilómetros cañón abajo, la nieve no llegó a los 20 centímetros.

Mi mamá comentaba, siempre con lágrimas en los ojos, cómo observaba desde la ventana de la cocina, día a día, a pequeños grupos de borregas que se entregaban, incapaces de continuar por las brechas abiertas por mi padre y sus vecinos. Simplemente, se dejaban caer en sus sitios sin posibilidad de recuperación. Desesperado, mi padre cortaba cualquier rama a su alcance, pero las borregas se negaban a comer, muriendo donde caían. La escena era desgarradora e insoportable. Los hombres, sin remedio, se mantenían ocupados degollando borregas, tratando de rescatar las pieles y la poca carne aprovechable. Para no atraer predadores, enterraban sus restos en los tremendos bancos de hielo y nieve. Mientras, la temperatura continuaba con bajas record.

Mi mamá siempre lloraba cundo recordaba ese terrible invierno y el resultado devastador sobre sus vidas.

—¿Por qué?" — Preguntaba —¿Por qué nos castigó mi tata Dios de esta manera? ¿Sería como para probar nuestra fe? No sé, hijo— me decía —Pero fue un invierno terrible.

Hasta el día de su muerte, creo que mi mamá nunca se arrepintió completamente de haber dudado de su Dios en esos días de pérdidas.

Para mí, esto revelaba una vez más su disponibilidad a cuestionar las cosas espirituales, fundadas en la religión. Mi padre, sin embargo, estaba más dispuesto de aceptar sus pérdidas como algo proveniente de la voluntad de Dios.

En la primavera, cuando la nieve y el hielo finalmente se derritieron, descubrieron el efecto verdadero de su pérdida. Todo el ganado fuera del alcance de mi padre en los alrededores de la casa había perecido. Los únicos animales que se salvaron fueron las cabras. Según mi mamá, fueron éstas las que daban algunos momentos de entretenimiento cuando se montaban sobre la capa de hielo, resbalándose de un árbol de piñón a otro, para pastar en las ramas no cubiertas por la nieve. —Parecían payasos sobre una pista de hielo—, decía mi mamá. Cuando mi padre pudo salir en busca de su ganado vacuno, lo único que encontró fueron sus huesos, regados por grandes áreas donde se habían refugiado. Sin forraje, habían perecido, sus osamentas dejadas por los predadores como único testamento que evidenciara su existencia. En total, mis padres perdieron todo su ganado vacuno y todas sus borregas. También perdieron veinticinco caballos, entre ellos varios potros domados que mi padre pensaba vender en la primavera. Mi padre solo logró salvar sus cuatro caballos de tiro y cuatro de diez, de silla. El resto pereció por falta de comida. La nevada puso fin en un solo invierno a doce años de trabajo.

Miles de caballos mesteños también fueron víctimas del terrible invierno. Mi padre contaba reiteradamente que encontraban grandes áreas donde la nevada atrapó a los caballos. Los animales, desesperados, habían pelado todos los árboles de junípero y piñón, de su corteza y ramas, hasta donde alcanzaban. La única seña de su existencia era la osamenta dejada por los predadores. Mi padre contaba que la nevada terminó con los mesteños en esa región.

Las consecuencias de la nevada fueron profundas y de larga duración. Los siguientes párrafos dan fe de los efectos de aquella tragedia. Y cómo si aquél golpe no hubiese sido suficiente, los primeros efectos de la Gran Depresión ya se empezaban a sentir.

Mi mamá contaba, con angustia en su voz y con lágrimas en los ojos, cómo le preguntó a su marido:

—Porfirio, ¿Qué vamos a hacer, cómo vamos a recuperar la pérdida?

De pie enfrente de ella, mi padre le respondió con estas palabras:

—Carmen, mi alma, lo haremos con fe en Dios y con estas dos manos.

Mostrándoselas, engrandecidas, nudosas y endurecidas por el trabajo, en prenda de su promesa.

Respetando su palabra dada, nunca vaciló en cumplirla. Con empeño continuó su lucha contra la naturaleza, logrando aumentar su ganado vacuno a cincuenta cabezas y hasta doce sus queridos caballos. Sin embargo, nunca se recuperó como ganadero. Las probabilidades de una recuperación completa le jugaban en contra. La América moderna había lanzado su largo alcance hasta llegar a las comunidades más remotas, con empresarios comprando propiedades a diestra y siniestra. De esa manera, empujaron a muchos afuera de la región.

Sin embargo, lo que más afectó a los pobladores fue la Gran Depresión que cobraba fuerza por todo el país. Estos terribles golpes dejaron a mis padres ante un dilema, abandonar la finca o arriesgarse a un negocio lucrativo pero peligroso e ilegal. Enfrentados a esa alternativa, decidieron asumir el riesgo y se quedaron.

El Alambique

La Gran Depresión tuvo su inicio poco tiempo después de la caída de la Bolsa en Noviembre de 1929. Sin embargo, este fenómeno económico no tendría mayor efecto al principio sobre los pobladores del Carrizo y otros residentes del norte de Nuevo México. Esto porque las comunidades locales se habían beneficiado poco con la explosión económica del resto del país. No obstante, al continuar sin misericordia, los pobladores de esa región empezaron a sentir su efecto. Poco a poco, los mercados que les daban vida, fueron dejando de existir. Así, aquél del cual más dependían y que era el de la compra de su ganado, extinguió, dejando a los granjeros en una situación casi insuperable. Y con la gran crisis económica extendiendo inexorablemente su manto negro por todo el país, hasta los más fuertes empezaron a abandonar sus tierras. Muchos lograron vender, a menos de diez dólares por hectárea, y otros, simplemente dejaron todo en manos del condado, imposibilitados de generar dinero para pagar los impuestos.

De manera que a principios de la década de los años treinta, muchos ya habían abandonado sus fincas y las áreas antes pobladas comenzaron a carecer de lo que otrora fueran comunidades vibrantes. Poblados enteros se convirtieron en pueblos fantasmas. Las aserradoras cortaban sus últimos pinos y apagaban sus máquinas. Lo que vimos entonces fue un cambio demográfico profundo que afectó a las comunidades hispanas del norte de Nuevo México. A mis padres, la situación los puso cara a cara ante un dilema. Para ellos vender la finca era imposible ya que el precio, y esto con suerte si encontraban comprador, no daba ni para pagar un año de estudio de los niños en Blanco. Lo único factible era quedarse en la finca. Pero la pregunta clave fue: ¿Cómo y dónde encontrar la solución? Sin embargo, con los efectos negativos de la nevada todavía presentes, la salida fue muy difícil de alcanzar. Aparecería en forma de esfuerzo peligroso e ilegal.

Durante más de 12 años en la finca, mis padres habían trabajado muy duro tratando por todos los medios de generar suficiente dinero para alimentar y vestir a la familia. De lo poco que mi padre lograba por la venta de un caballo de silla u otra fuente, mi mamá hacía los pedidos de ropa más importantes del catálogo de la casa minorista Montgomery Wards. Productos como harina, azúcar y café se compraban en bolsas o contenedores metálicos. Para dar un ejemplo, hasta los años cincuenta, la empresa General Mills, productora de mucha de la harina que se vendía en los Estados Unidos, venía en costales de algodón, impresos en distintos diseños y colores. Al comprar, mi mamá elegía aquellos que traían los impresos adecuados hasta completar la cantidad necesaria, los descosía cuidadosamente y utilizaba el material para fabricar vestidos para sus hijas; al principio a mano y después en una máquina Singer a pedal que mi padre había adquirido en un remate. Los comestibles básicos los cosechaba la familia en su finca. La tierra era buena en el sitio donde mi padre sembraba y cuando la naturaleza cooperaba con bastante lluvia a tiempo, las cosechas de frijol pinto y maíz eran abundantes. Mi mamá decía: —El frijol y la calabaza para mis hijitos, el maíz para el ganado—. Sin embargo, el maíz ahora alcanzaría un papel muy importante, sosteniendo una iniciativa ilegal pero muy provechosa.

En estos últimos párrafos he relatado algunas de las dificultades que mis padres atravesaron durante aquella década de los años treinta. Antes de cerrar el calendario sobre ese período, veremos como la familia enfrentó otras calamidades. Sumando, las consecuencias devastadoras de la nevada, los efectos de la fiebre tifoidea sobre la salud de la familia que trataré en el siguiente capítulo, la Gran Depresión que azotó el país sin piedad y la migración masiva de pueblos enteros, los dejaron sin recursos materiales y sin manera de generarlos. Desafortunadamente y según mi parecer, no sólo no hubo quien documentara, sino tampoco quien diera a conocer el sufrimiento y las privaciones de los pueblos hispanos de la región. Y tal vez peor, no hubo entidad privada ni estatal, dispuestas a ofrecer socorro. El ganado, recurso principal para los pobladores, perdió su valor y los elementos de uso diario, como el harina, el azúcar y el café, resultaban casi imposibles de adquirir en el mercado abierto. Cada año que pasaba, las familias que todavía quedaban en el Carrizo se encontraban aún más aisladas. Era casi imposible conseguir dinero para comprar lo que fuese, reduciendo los pobladores ”al cambalache”; es decir, al trueque de objetos de valor sin el intercambio de dinero. Por ejemplo, un caballo por un toro.

Cuando también el cambalache dejó de existir por falta de objetos utilizables, hasta las almas más duras se entregaron al éxodo, muchos optando por irse a ciudades como Alburquerque y hasta a California, donde corrían rumores de que había más puestos de trabajo que naranjas en los árboles. La mayoría de las familias hispanas, una vez que abandonaban sus fincas, jamás regresarían a sus tierras natales. Muchos echaron raíces en ciudades como Los Ángeles, San Francisco, Vallejo y otras cuyos nombres evocaban nostálgicamente su origen pero que ya sólo eran hispanas en el nombre. En estos pueblos y ciudades, los pobladores hispanos de Nuevo México y Colorado tuvieron que aceptar cualquier puesto disponible para individuos sin más conocimientos que los del campo y, en su gran mayoría, sin dominio del idioma, tan necesario en un mundo de habla inglesa. Sin embargo, se consideraban afortunados y pronto miraron hacia el futuro.

Con esta situación como trasfondo, mis padres luchaban con el dilema que se seguía repitiendo: ¿Cómo continuar en su finca? Fue en aquellos momentos que tomaron la decisión que solucionaría aquél primer conflicto, pero que impondría otro. Y por el cual, además, tendrían que luchar con algo que iba totalmente contra sus principios y que dejaría por aquél entonces – a su parecer – una mancha sobre su impecable manto de honestidad y moralidad. En 1933, mis padres y mi tío Ramón Sandoval se lanzaron al negocio lucrativo de producir licor destilado clandestinamente. Dada la preocupación de mis padres por proteger su reputación, no me extraña que la producción clandestina de licor no fuera tema de conversación abierta en la familia. Por ejemplo, yo personalmente me enteré ya de adulto y esto por medio de conversaciones con mi hermano Isaac. Fueron estas charlas las que inspiraron lo que hoy escribo en estas páginas. Según Isaac, el tema se desarrolló de la siguiente manera. Mi mamá le contó que la decisión de producir ”Mula” no fue una decisión fácil. (La palabra ”mula” era el término aplicado al licor producido en clandestinidad y probablemente tiene su origen en lo fuerte del mismo; o sea, como

”patada de mula”. La palabra también identifica cualquier licor tipo ”whiskey”, cuyo origen fuera del grupo de los granos y producido de la misma manera). Los estragos de la Gran Depresión, con su imposición de razones claras y evidentes, fue lo que los obligó a emprender ese difícil camino.

La idea de destilar licor clandestinamente le llegó a mi padre con la visita de uno de sus amigos apaches. Mi padre siempre trató de mantener buenas relaciones con sus vecinos de esa colectividad. A través de los años mi padre les había tendido su mano amiga, ganando su confianza en gran parte usando los caballos y el ganado como medio de entrada. Amantes de los buenos caballos, los apaches de vez en cuando le compraban uno de silla de los que había logrado capturar entre los mesteños. Pero el modo más importante por el que logró ganarse aquella amistad fue demostrarles su disponibilidad para ir más allá de lo normal respecto a ayudar a sus vecinos.

Por ejemplo durante la hierra o yerra, marca de los becerros en primavera, siempre aparecían algunas vacas con la marca de una u otra familia apache mezcladas con las suyas. Esto porque la línea divisora de la reserva quedaba relativamente cerca de la propiedad nuestra, pero también porque aquellos no le dedicaban mucha atención al paradero de sus animales. Mi padre marcaba cuidadosamente los becerros ”orejanos” (sin marca) con la de la madre. Muchos de éstos pasaban de la edad de mamones y solo los identificaba como ajenos por la marca de la vaca adulta. Después mi padre notificaba a los dueños apaches para que enviaran sus vaqueros a recuperarlas. Lo mismo sucedía en los otoños cuando todos los ganaderos reunían sus rebaños para separar los becerros para la venta. Invariablemente, siempre encontraba algunas vacas con la marca de los apaches mezcladas con las propias. El las separaba y notificaba como de costumbre. A través de los años este ritual se repetía y siempre los apaches recuperaban sus animales, sabiendo que mi padre era hombre honesto y de palabra. A veces, los dueños apaches tardaban más de un año en venir a recuperar sus animales.

Para entender mejor la falta de licor en la región, es importante destacar que la Ley de Prohibición, con la enmienda número 18 a la Constitución Nacional, entró en vigor en 1920. Dicha ley se mantuvo vigente hasta que fue derogada en 1933 por la enmienda número 21 a la Constitución. Esta última fue firmada el 5 de diciembre de 1933, por el presidente Roosevelt. La ley prohibía la ”producción, venta y transporte de todo producto alcohólico”. Esta ley se promulgó durante una época en la que una ola de fervor religioso afectó al país. Fue en esos años que nacieron movimientos como el Movimiento Contra el Consumo de Bebidas Alcohólicas (”Temperance Movement”). Según la literatura que describe la época, era común ver grupos de mujeres marchando por las calles de las ciudades principales, pancartas en mano – con los hombres malamente representados, difundiendo los efectos negativos del licor. Sin embargo, la ley no detuvo su producción, por aquél entonces en alambiques clandestinos, muchos de los cuales producían licor de mala calidad que causaba serios estragos a la salud del consumidor en una gran cantidad de casos. Y a pesar de que la ley finalmente fue derogada, la prohibición siguió en vigor para los indígenas americanos. El privilegio de comprar y consumir productos alcohólicos no se les concedió hasta los años cincuenta, a pesar de que el gobierno les otorgó la ciudadanía en 1924.

Volviendo a la visita antes mencionada, el amigo apache de mi padre (sospecho que no apareció por casualidad sino a propósito para tratar el tema) lamentó en voz alta la falta de buen licor. Aparentemente, su fuente de aprovisionamiento había sido interrumpida y buscaban una nueva. Se les "ocurrió" tratar el tema con mi padre, sabiendo que el cosechaba mucho maíz, ingrediente principal en la producción de licor tipo whiskey. A los amigos apaches de mi padre les gustaba mucho el whiskey y trataban por cualquier medio de conseguirlo, especialmente, porque a ellos les estaba prohibido comprarlo en el mercado libre. También, no eran capaces de producirlo por carecer de los ingredientes principales, como el maíz. Esta tribu de cazadores y recolectores, no eran agricultores y no les interesaba la tarea requerida por cualquier producto agrícola. Y como muchos de los consumidores de licor, siempre tenían dinero para la compra de su brebaje favorito. La escasez de licor, sin embargo, no se debía a la falta de producción sino a la diligencia de los agentes federales que rondaban por todo el país buscando y destrozando alambiques clandestinos. Al encontrarlos, no solo los destruían, sino que también arrestaban y encarcelaban al productor. Esto causaba temor entre los productores y servía de incentivo para no entrar en el negocio.

Con este telón de fondo, vemos que entrar en la producción de licor clandestino no era una iniciativa a la que se accedía sin considerar primero posibles consecuencias. Cabe destacar también que La Prohibición sobre la compra y venta de licores terminó el mismo año que mi padre y mi tío se lanzaron en su nuevo emprendimiento. Las industrias y comercios pueden producir y vender el producto libremente. Sin embargo, la fabricación clandestina para venta siguió prohibida y mucho más para los indígenas americanos, ya que ellos no serían exceptuados. Sólo se permitía producir para el consumo propio y esto, solicitando un permiso si excedía cierta graduación alcohólica. Pero la necesidad triunfó sobre este punto legal y mi padre con mi tío, se decidieron a seguir adelante.

No es demasiado difícil llegar a la conclusión que ya expliqué del por qué mis padres se arriesgaron a producir licor clandestinamente. La situación económica en el país había llegado a tal extremo que familias como la nuestra, aisladas y sin dinero efectivo ni recursos materiales, se encontraban en un estado desesperante. Por ejemplo, no tenían ni siquiera con que pagar los impuestos del terreno. Mi hermano Isaac cuenta que aún recuerda la llegada de las notificaciones por correo y que cada mes que pasaba, las cartas eran cada una más y más amenazantes.

Las conversaciones a la noche, después de ir a la cama, fueron costumbre de toda la vida entre mis padres. En esos momentos, mi padre siempre le relataba detalladamente a mi mamá los acontecimientos de su día. A Isaac, como a muchos niños, le encantaba escuchar a nuestros padres hablando cuando éstos se creían fuera del alcance auditivo de los pequeños. El recuerda haber oído sus conversaciones angustiadas, en las que mencionaban algún tipo de esfuerzo desconocido. Y sus consecuencias si eran descubiertos. Sin embargo, después de varias semanas de angustiadas vacilaciones, tomaron la decisión de avanzar con el proyecto. Para ellos, aquella situación desesperante requería medidas desesperantes.

Sin duda alguna, mis padres tomaron en cuenta todos los aspectos de su nuevo emprendimiento, tanto en los beneficios como en las penalidades. Sin embargo, como veremos, tal vez lo más importante habría sido el impacto sobre sus conciencias. Según Isaac, mis padres contaban con un punto importante a su favor, el aislamiento. Ellos apostaban a que los agentes federales no sabían que los pobladores del Carrizo, un área árida y despoblada, pudiese producir el maíz necesario como para destilar licor. También tenían a su favor el hecho de que el área donde se situaba su "milpa", maizal , no se veía desde el lugar habitado; de manera que cualquier visitante, ya fuera casual o intencional, podía no darse cuenta de su existencia. La segunda preocupación era que alguien los denunciara. Este último punto fue el que más les preocupó. Sin embargo, como los apaches serían sus únicos clientes - fuera de los amigos más íntimos - decidieron arriesgarse. Estoy seguro que, por encima de todo, algo que también preocupó a mis padres fue la posibilidad de arrojar una mancha negra sobre su nombre y reputación. Pero si bien la necesidad triunfa sobre el peligro. Pero, ¿triunfa sobre las creencias, la moralidad, la conciencia? Una pregunta clave que mi hermano Isaac le hizo a mi mamá, fue:

—¿Y la producción de mula era tan necesaria como para la supervivencia?

Ella contestó de la siguiente manera:

—Mira hijo, me cuesta contestar porque primero hay que entender lo difícil en que se había convertido el solo hecho de vivir dignamente. Tu padre y yo, siempre trabajamos con la idea de que algún día nuestros hijos tuvieran la oportunidad de una vida mejor, no importaba lo que esto implicara para nosotros. Nuestro trabajo, si resultaba una ventaja para ustedes, era lo de menos. Personalmente lo que más me preocupaba era que pasaría con tu papá, si nos descubrían. Pero él me convenció que los riesgos eran menos que las ventajas. También sé que tu papá sí se preocupaba mucho, aunque no lo decía abiertamente. Estoy segura que la decisión la tomó completamente al margen de cualquier sentimiento moral o religioso. Si la hubiera considerado desde este punto de vista no creo que la hubiera tomado. Religión y moralidad aparte, fue por el amor a la familia que nos decidimos. También sé que tu papá siempre cargaría esta decisión sobre su conciencia, la que trataría con su Dios a su manera. A veces lo observaba triste y decaído y sabía que luchaba con sus remordimientos. A mí no me afectó tanto como a él.

Continuó diciendo:

—Nosotros sabíamos que era ilegal producir mula para la venta y yo me preocupaba mucho cuando llegaba cualquier desconocido. Pensaba que tarde o temprano, los agentes federales nos caerían en casa y esto me mantenía en un estado nervioso constante. Llegó el momento que por fuerza de voluntad tuve que dejar de pensar en las consecuencias, de no ser así hubieran sufrido un quebranto mis nervios. Pero siempre, aun cuando trataba que no fuera así, me preocupaban las consecuencias para con tu padre si nos llegaban a descubrir. De manera que hacía todo lo posible para despejar mi cabeza de tan tristes ideas. Para nosotros, el bienestar de la familia fue siempre la razón determinante de todas nuestras decisiones. Simplemente, para nosotros, no existió otra salida. Nuestro ganado, el poco que nos quedó después de la nevada, no se vendía y cualquier ocasional caballo que lograba vender tu papá no daba como para mantener a la familia. Y a pesar que fuimos muy pobres, nunca nos consideramos así hasta que nos encontramos imposibilitados para pagar los impuestos de nuestro terreno o para vestir y educar a los niños. Yo veía a tu pobre padre regresar a casa día tras día sin nada más que huesos rotos y moretones sobre su cuerpo. Al vernos de aquella manera, entendía que no debía juzgarnos como delincuentes. Esto, el único que podía hacerlo era nuestro Dios misericordioso. La vida era dura y tuvimos que tomar duras decisiones.

Sin embargo, los años durante los que produjeron ”mula” fueron años muy difíciles para mi mamá también.

Con esta explicación entendí la angustia de mis padres y lo grave de su situación. A su manera, ellos trataban de igualar las oportunidades para que sus hijos pudiesen tener acceso a una buena educación en un mundo cada vez más complejo y competitivo. Sabían que abandonar la granja no era la solución. Dejar el Carrizo implicaría obligar a toda la familia a salir a trabajar sin ninguna esperanza de proseguir estudios.

Una vez decididos, mi padre y mi tío Ramón se vieron enfrentados con los detalles del negocio. El primer paso fue conseguir los aparatos necesarios para la producción de licor. Esto era peligroso ya que los agentes federales vigilaban la venta de cañerías y ollas de cobre, cuidadosamente. El correo era una manera de controlar, ya que al ser informados de cualquier producto sospechoso entraban en acción rápidamente. Finalmente, mi tío logró conseguir un alambique completo de los Córdova que vivían cerca de la línea divisora entre Nuevo México y Colorado, a una distancia considerable del Carrizo. Esta familia había adquirido cierta notoriedad en la región por su producción de licor clandestino ya que operaban varios alambiques, cada uno situado en distinto lugar para evitar ser descubiertos. Desafortunadamente para ellos un miembro clave de la familia fue arrestado y encarcelado, y todos los alambiques que les encontraron fueron destruidos por los federales. Sin embargo, no hallaron uno en particular, pero como seguían vigilando a todos sus miembros constantemente, les fue imposible continuar con la producción.

El dinero para la compra del alambique lo puso mi tío ya que recientemente había terminado su trabajo en el aserradero de la empresa Burns y todavía llevaba su última paga en el bolsillo. El siguiente y último paso fue conseguir un hidrómetro, instrumento indispensable en la producción correcta del licor, ya que sin el mismo es imposible medir la graduación alcohólica del producto. Isaac nunca supo cómo y dónde consiguieron el instrumento. Yo sospecho que fue por medio del compadrazgo. El carbón para filtrar el licor lo producían de leña de roble. Éste árbol produce una leña dura que constituye una excelente fuente de carbón de alta calidad. El roble de la región no llega a gran tamaño ya que la especie es de zonas bajas, pero produce troncos de hasta quince centímetros de diámetro; suficiente para producir buen carbón.

El último paso fue encontrar dónde colocar el alambique. Tenía que ser un lugar aislado, fuera de la vista de cualquier visitante. Y no solo por los aparatos sino también, suficientemente apartado, como para ocultar la visibilidad del humo. Encontraron el sitio ideal en una cueva, a unos dos kilómetros de distancia, en la faja de roca arenisca formada por la primera repisa o "banco", de la meseta que quedaba directamente detrás de la casa principal. Con su equipo oculto y funcionando, trabajando de noche, pronto lograron la primera tirada de "mula".

Nunca supe cuánto licor lograban producir en un año, pero imagino que fue una cantidad importante tomando en cuenta que la producción de maíz en aquellos años por lo general era buena y la demanda de los amigos apaches era grande. El licor lo embotellaban en frascos de vidrio "Mason" de medio y de un litro. Estos frascos los compraban por medio del catálogo de la casa Montgomery Wards y los recibían por correo. Imagino que la razón por la que los agentes federales no se dieron cuenta de la aplicación que daban a dichos frascos fue porque era un artículo que se usaba extensivamente para almacenar todo tipo de productos – desde carnes hasta frutas - en áreas donde no existía la refrigeración. Además, que les devolvieran los envases "Mason" era un requisito crítico indispensable. De no haber sido así, hubieran incrementado la posibilidad de ser descubiertos sólo por el importante volumen de envases que hubieran pasado por el correo. El licor nunca lo almacenaron en casa. La producción, el embotellamiento y la venta se llevaban a cabo, como dije, en un sitio bastante alejado. El sitio donde tenían el alambique se guardaba en secreto, oculto a toda aquella persona que no perteneciera a la familia.

Como en todo esfuerzo, surgieron inconvenientes que afectaron aquel orden. En 1934 mi padre y algunos miembros de la familia, contrajeron fiebre tifoidea, enfermedad que casi le cuesta la vida al primero. Durante dicho año, mi tío Ramón siguió solo con la producción de licor clandestino.

Entre 1933 y 1936, mis padres se dedicaron también a la producción y venta de aquél licor, cuyos destinatarios principales eran los amigos apaches y algunos amigos o familiares hispanos de la región. Mi hermano Isaac ni yo tampoco, supimos nunca el precio del litro de mula. Sin embargo, lo que sí supimos es que con parte del dinero recaudado lograron pagar los impuestos del terreno. También averiguamos que mi mamá y mi tía Amalia Sandoval – en aquellos tiempos mi tío Ramón había contraído matrimonio con Amalia Trujillo – por aquél entonces lograban hacer algunos pedidos de ropa y zapatos para los niños por medio del catálogo de Montgomery Wards. No encontramos otra evidencia de que mis padres aprovecharan el dinero recaudado por la venta de licor destilado clandestinamente más que para pagar impuestos o arropar y educar a sus hijos.

A pesar de que mis padres nunca fueron propensos a burlar la ley y mucho menos a quebrantarla, sí creo que en aquella ocasión llegaron a concluir que había leyes injustas y que sólo su Dios los podía juzgar por violar algo hecho por el Hombre. A través de los años, oí a mi padre dar voces sobre algunas leyes que consideraba injustas. La primera, fue la que permitió al estado apoderarse de tierras que estuvieron antes en manos de los pobladores. Otra, fueron las vedas impuestas al uso de dichos terrenos. No era que mi padre no entendiera la necesidad de controlar el uso de la tierra, sino la manera discriminatoria en que esto se aplicaba. O sea: con ventajas para los ganaderos fuertes y ninguna de las mismas, para el ganadero pobre. Mi padre se consideraba experto – título ganado a través de sus años en una tierra dura y hostil – sobre temas que según él, individuos que nunca habían puesto pie en la región, podían conocer. Cómo era posible, se preguntaba, que extranjeros que nunca ni habían pisado el lugar, pudiesen saber más que él. Yo pienso que aquellos sentimientos se originaban, no porque él se considerara mejor que un hombre formado y educado , sino porque llevaba pegado el sentimiento de abuso de los gobiernos y de los individuos poderosos contra los pobladores hispanos de la región.

En los párrafos que siguen, doy fe con ejemplos de ese sentimiento de discriminación, tan profundamente incorporado por muchos de los pobladores hispanos. La historia de Thomas D. Burns es ilustrativa acerca de cómo lograron tener éxito individuos como éste que despertaban cierta hostilidad entre los pobladores hispanos. En lo personal, creo que esta historia es importante porque explica en parte cómo empresarios extranjeros lograron apoderarse de tierras y recursos que estuvieron antes en manos de familias hispanas. Describiendo a individuos como Burns, más que cualquier otra cosa, es como mejor se explica la animosidad y el sentido de traición que afectaba a muchos de los pobladores hispanos. Tal vez ese sentimiento nos lleva a la explicación del por qué muchos se arriesgaron a violar alguna que otra ley, impuesta por el Congreso en Washington. Sin embargo, no creo que el pueblo hispano haya culpado por entero a estos hombres de empresa de su mala suerte, ni que se hubieran dedicado a quebrantar la ley porque sí. Creo, no obstante, que la prosperidad de personas como la que estoy refiriendo, a expensas de los hispanos, tuvo su efecto negativo. Además, fueron esos sentimientos los que abrieron las puertas a personas como Reyes López Tijerina, quien astutamente encontró y explotó una grieta en la armadura de los hispanos.

Thomas D. Burns fue un empresario Yankee, que logró adquirir grandes extensiones de terreno en el norte de Nuevo México y en el sur de Colorado. Conocido por los pobladores como "Bornes", Burns llegó a Nuevo México a fines de 1800. Pronto se estableció en la comunidad de Tierra Amarilla, contrayendo matrimonio con Josefa Gallegos, hija de una familia prominente de la región. Uno de los primeros pasos de Burns fue formar la empresa Burns Merchantile Company, almacén con el que se dedicaba a la compra y venta de todo tipo de productos. Fue esta empresa la que Burns utilizó para la adquisición de terrenos. Según se comentaba, siempre aparentaba simpatía para con toda persona necesitada, dando crédito sin límite, en su tienda, al interesado. Sin embargo y según la historia, cada vez que un deudor se encontraba imposibilitado de pagar su excesiva deuda, Burns se apropiaba de sus terrenos y de su ganado por el monto adeudado. Todo legal y protegido por la ley. Legal sí pero muy injusto y mucho menos popular entre el pueblo hispano. No obstante, rico y poderoso políticamente, Burns continuó gozando su posición y prestigio entre la comunidad no hispana.

Me acuerdo que mi mamá se refería a Burns como un hombre duro en los negocios y con el dinero. Con este tipo de individuos al frente, no me extraña que el pueblo hispano sintiera disgusto y desconfianza. Especialmente cuando el individuo daba con una mano y quitaba con la otra. En su apogeo, Burns adquirió el derecho de explotar con sus aserraderos grandes extensiones de bosques de pino Ponderosa; también tenía el Burns National Bank , Banco , de Durango, Colorado y otros negocios igualmente lucrativos como Trimble Springs, un Spa de aguas termales a unos kilómetros de esta última ciudad. Según la leyenda de la región, Burns adquirió el Spa de sus propios dueños cuando éstos se fueron a la bancarrota. Allí, Burns construyó una mansión que quedó por muchos años como la pieza más lúcida de la región. Algo irónico, tal vez, es que la propiedad que mis padres le compraron a Eduviges Jácquez en Blanco, en 1946, fue originalmente propiedad de Burns. Allí fue donde inicialmente había abierto aquella tienda que ya mencioné, con el conocido nombre de

“”Burns Merchantile Co”. El primer edificio, con su alta fachada en la que podía leerse la inscripción de la empresa, se mantuvo en pie hasta 1962, cuando mi padre lo demolió para construir en su lugar casa nueva para mi mamá.

Finalmente, no puedo cerrar este capítulo sin incluir una reflexión sobre el impacto que tuvo la producción clandestina de licor en la identidad de mi padre como hombre. Hasta aquí, vine identificando a su persona, vista desde nuestra mirada, casi como un ser supremo cuya fe y honestidad fueron irreprochables. Toda su vida se había dedicado a cuidar ese manto que lo cubriría por siempre. Comprendimos entonces que con esta decisión, José Porfirio confirmó, aquél modo en que se engrandeció el ídolo en Daniel, del Antiguo Testamento, por tener también los ”pies de barro”. Dan. 2:

31.- Tú, oh rey, veías, y he aquí una gran imagen. Esta imagen, que era muy grande y cuya gloria era muy sublime, estaba en pie delante de ti y su aspecto era terrible.
32.- La cabeza de esta imagen era de oro fino; su pecho y sus brazos de plata; su vientre y sus muslos de bronce;
33.- sus piernas, de hierro; sus pies, en parte de hierro y en parte de barro cocido.
34.- Estabas mirando, hasta que una piedra fue cortada, no con mano, e hirió a la imagen en sus pies de hierro y de barro cocido, y los desmenuzó.
35.- Entonces fueron desmenuzados también el bronce, la plata y el oro, y fueron como tamo de las eras del verano y se los llevó el viento sin que de ellos quedara rastro alguno. Más la piedra que hirió a la imagen fue hecha un gran monte que llenó toda la tierra[2] .

Es decir, pudimos ver a nuestro padre en toda su dimensión moral y espiritual, pero a su vez, hombre de carne y hueso, capaz de tener fallas y vulnerabilidad. Para mí, descubrir esto, profundizó aún más el amor y el respeto que siento para con él y para con mi mamá.

---

[2] La Santa Biblia, Antiguo y Nuevo Testamento. Antigua versión de Casiodoro de Reina (1569), revisada por Cipriano de Valera (1602) y otras revisiones (1862, 1909 y 1960). Sociedades Bíblicas en América Latina. Printed in Great Britain by Billing & Sons Ltd. Guilford and London. Revisión 1960.

La Fiebre Tifoidea

En el capítulo anterior conté cómo el hermano menor de mi mamá llegó al Carrizo y se asoció con mis padres en la producción de licor clandestinamente. Es importante, sin embargo, retroceder a los primeros meses de 1933, para dar fe de una tragedia que se desencadena con una fiebre que afectó a la familia y que tal vez contribuyó en parte a que acometieran con un emprendimiento tan riesgoso. Otras dos enfermedades graves afectaron a mi mamá en 1935 y 1948. Pero por aquella primera fecha, la desdicha que los embargó se desarrolló de la siguiente manera.

Más o menos en el mes de Marzo de 1933, la fiebre tifoidea se presentó a la familia Abeyta por un primo hermano de mi padre, Federico Espinosa. Había venido al Carrizo desde Rosa, Nuevo México, con el propósito de pedir la mano de una hija de la familia Gómez, vecinos de mis padres. Federico llegó con la misiva de parte de su hermano menor, Enrique. Fue Federico porque había fallecido el padre de ambos muchachos y entonces, como hermano mayor, tenía la responsabilidad de hacer el pedido en lugar del pretendiente.

Espinosa llegó por la tarde y como era pariente, fue directamente a casa de mis padres, donde se hospedó por la noche. Esa noche hizo saber el propósito de su visita y, sobre todo, quería que mi padre lo acompañara en la visita a la familia de la novia. Mis padres, contentos al enterarse del motivo de la visita, lo celebraron con una cena y toda la familia presente.

En aquellos tiempos, las familias hispanas cumplían con un protocolo bastante rígido en ocasión de salir a pedir la mano en matrimonio de una señorita. En este caso, como mi padre era primo hermano de Federico, era aceptable que lo acompañara. A pesar que las uniones matrimoniales no eran , a esas alturas , fijadas de antemano, si era necesario hacer el pedido formalmente mediante el padre del novio o, en su ausencia, por un pariente cercano.

El protocolo de pedido de la novia era importante. Una vez que el interesado encontraba a la mujer de sus deseos, un familiar cercano lo acompañaba en una visita a la familia. La práctica tenía sus ventajas. Por ejemplo, si a la novia no le interesaba, se recibía cordialmente al pretendiente pero era rápidamente informado sobre la falta de interés de parte de la novia. En este caso, sin embargo, Federico y mi padre fueron recibidos con los brazos abiertos pues los padres de la novia ya estaban al tanto del compromiso entre Enrique y su hija Amalia. Desafortunadamente y sin saber, Federico, con su visita, llevó la altamente contagiosa fiebre tifoidea a la familia Abeyta.

Varios días después de su visita, Federico fue internado en el hospital de Durango, Colorado, dónde, según familiares, pasó varias semanas en recuperación de dicha enfermedad. Mis padres y mis hermanos no tuvieron la suerte de tener cerca atención médica. La primera persona afectada fue mi padre. Totalmente aislados y sin atención médica próxima, la familia tuvo que hacer frente sin ayuda. Una vez más, mi mamá consultó su "Biblia" médica, primero tratando de identificar la enfermedad y después, para encontrar el tratamiento adecuado. Al observar los síntomas de diarrea constante, temperatura elevada y escalofríos casi incontrolables, estuvo bastante segura que la enfermedad era fiebre tifoidea. Sin embargo, no tenían el dinero para conseguir los medicamentos ni los alimentos recomendados.

No tardó en caer la próxima víctima. Fue Celina, de ocho años de edad. El siguiente fue José, de cinco. Por algún milagro, mi mamá y el resto de los niños escaparon a la afección. Sin medicamentos, mi mamá redujo el tratamiento de los enfermos a darles abundante agua y sopa de carne seca mezclada con puré de frijol triturado. No tenían frutas ni verduras frescas. Con el correr de los días el estado de salud de mi padre, el más afectado y con su cuerpo devastado por la enfermedad, seguía empeorando. La niña Celina, también muy enferma, había quedado reducida a un estado esquelético. Ninguno de los dos podía dejar la cama, tal era la debilidad que sentían. Mientras, mi mamá se dedicaba a mantenerlos limpios y lo más confortable posible. No sé cómo ella logró conservar su propia salud, aunque sin duda su sufrimiento era duro. Así los mantuvo, semana tras semana, a veces perdiendo toda esperanza de la recuperación de su niña y marido.

En medio de su agonía y desesperación, llegó a casa su hermano menor, Ramón. Ramón se había enterado de la enfermedad de la familia y dejando su trabajo en el aserradero, se fue al Carrizo para dar cualquier auxilio posible. Mi mamá decía: —Mi hermanito llegó como el ángel de la guardia—. Ramón se hizo cargo de la finca inmediatamente, quitándole la responsabilidad a su hermana y a los niños mayores, tal como lo había hecho Miguel ocho años antes.

Como Ramón había trabajado hasta unos días antes, llevaba consigo el dinero de su última paga y algo más que había logrado ahorrar. Compartiéndolo de corazón, un rasgo que nunca perdió mi tío, puso su dinero a disposición de la familia. Siguiendo las recomendaciones de su "Guía de la Salud", de proporcionar fruta fresca a cualquier persona afectada por la fiebre, mi mamá ahora tenía dinero para comprarla. Para esta tarea, envió a Cordelia y a Isaac a la tienda del aserradero de Burns, a unos 12 kilómetros de distancia, donde sabía que tenían naranjas y limones. Los niños regresaron con las alforjas de sus monturas repletas con el precioso encargo. Durante las siguientes semanas los hermanos hicieron varios viajes a la tienda para hacer compras.

El único paciente afectado que no resultó totalmente incapacitado fue el pequeño José. Mi mamá contaba como se levantaba a tomar cualquier cosa comestible que encontraba, sólo para perder todo con otro ataque de diarrea. Pero fue José el primero en dar síntomas de recuperación. Rápidamente, su estado de salud mejoró al punto que no tardó en regresar a las travesuras de un niño de cinco años. Mi mamá, siempre alerta a las hazañas de José, contaba frecuentemente un incidente con el niño Porfirio. A José le interesaba mucho su hermanito de escasas semanas y un día, sin que mi mamá se diera cuenta, entró a la sala donde el bebé estaba en su cuna. Con él llevó un trocito de pan duro, con la intención de alimentar al bebé. Mi mamá se dio cuenta que José había desaparecido de la cocina donde estaba momentos antes y corrió hacia el dormitorio. Al entrar, vio que José tenía al bebé en brazos y que estaba tratando de hacerle tragar el trocito de pan.

—Trágatelo bebito, trágatelo—, le decía.

Mi mamá le arrebató al bebé, viendo que se estaba atragantando con el pan.

—Desesperada, tomé al niño en brazos y le introduje el dedo en la boca. Logré enganchar el trozo y tirarlo afuera. El pobre niño, ya estaba poniéndose morado por falta de oxígeno pero, gracias a Dios, empezó a respirar. Que susto nos dio José ese día—, decía mi mamá. Viendo lo muy asustado que también estaba José, mi mamá no tuvo corazón para castigarlo.

No fue hasta tarde entrada la primavera que mi padre y Celina empezaron a mejorar. Para las primeras semanas de verano, los dos se habían recuperado a tal punto que abandonaron sus camas. Uno de los efectos de la enfermedad fue que ambos perdieron todo el pelo. Cuando mi padre recuperó el suyo, le salió completamente canoso. Al preguntarle a mi mamá cómo fue posible que sobrevivieran, ella me contestó:

—Con fe en Dios, hijo mío.

Sin duda la fuerza y resistencia de ambos también tuvo su génesis en el amor y la fe que se profesaban los unos por los otros.

Mi hermano, Isaac, suele contar cómo, a pesar de sus tiernos años, se daba cuenta de la fatiga y el desgaste impuestos a mi mamá por la enfermedad. Él observaba que mamá había bajado de peso y que sus pasos eran medidos y sin fuerza. Pensaba: —Mi pobre mamá, qué frágil se ve—. El resultado para ella, débil de cuerpo y alma, fue una seria caída en una pulmonía al año siguiente. Sin embargo, la tristeza de Isaac fue superada cuando mi padre anunció que podía reunirse con la familia en el comedor.

¡Este anuncio era como para celebrarse! Mi padre siempre se sentaba a la cabecera de la mesa, situada estratégicamente con vista hacía la meseta al lado noroeste del cañón. Esta posición ofrecía una vista de la cima de la meseta, a unos dos mil metros de altura sobre el nivel del mar y a más de 300 metros del fondo del cañón. A mi padre le encantaba esta vista, especialmente durante el otoño cuando el follaje caedizo de los árboles, cambiaba su color. Ahora, se veía el verde oscuro del capulín o cerezo de Virginia, que crece en abundancia a ese nivel, mezclado con el verde claro del junípero y el negro de las cortezas de árbol de piñón y de pino real. Al dirigir la mirada a su vista favorita, mi padre exclamó:

—Creí que jamás volvería a ver esta vista tan hermosa.

Pero como habían movido la mesa durante su enfermedad, ya no tenía una vista directa de aquello que le gustaba. Pidió a Isaac, entonces, que por favor le ayudase a mover la mesa un poco para lograr mejor vista. El tope de la mesa, de madera pesada, descansaba sobre cuatro patas no ancladas. Al moverla, el lado de mi papá se fue hacia abajo, atrapándole las piernas. Mi padre exclamó:

—Ayúdame hijo, se me calló la mesa encima.

Isaac corrió para tratar de aliviar a su padre, pero por una razón u otra, no pudo mover la tabla. Mi mamá corrió para tratar de añadir su fuerza. Entre los dos, lograron quitarle el pesado mueble a mi padre. Isaac contaba luego que le causó mucha angustia ver a su papá, todavía bastante débil por su reciente enfermedad, atrapado de esa manera.

Aquella dirección de la vista favorita de mi padre también tenía otro significado, pues era por allí que se pasaba a caballo para llegar a la parada del Gobernador, donde el gobierno estableció la primera estafeta de correo en la región. La vereda que atraviesa la meseta del Muñoz, va casi directamente del Cañón del Carrizo al lado opuesto. La distancia es de unos 16 kilómetros, trayectoria que se hacía únicamente a caballo. Mi hermano Isaac recuerda haber hecho ese viaje una vez por semana para recuperar el correo. Como la cresta de la meseta en ese sitio es en particular el punto más alto, todo aquél que pasara tenía obligadamente que hacer una pausa para admirar la vista, especialmente hacía el norte, donde se alcanzaba a ver la sierra de Jemez, a más de 100 kilómetros de distancia. Tengo esa vista tan presente como si la hubiera observado ayer. Desde este punto ventajoso, dicha serrazón se distingue como una media luna, pero de color zafiro claro contra un cielo celeste. Es una vista hermosa. Al pie de esa sierra queda el pueblo de Cuba, Nuevo México. Nosotros siempre nos referíamos a ella como "La Sierrita de Cuba". De niños mi hermana Martha y yo pensábamos que seguramente esa sierrita de la que hablaban mis hermanos mayores quedaba en una tierra encantada. Años después, ya con unos 16 años y capaz de apreciar con mis propios ojos la maravillosa vista de la "Sierrita", no dejé de pensar que mis hermanos habían pisado ese mismo sitio muchas veces durante sus años en la finca.

La providencia abandonó a mis padres una vez más en el invierno de 1935 cuando mi mamá fue abatida por otra enfermedad, al principio desconocida. Sin duda, el desgaste en su cuerpo y en su alma, efecto de las dolencias de mi padre y hermanos del ante año, la habían dejado débil y propensa a adquirir cualquier enfermedad. Este delicado estado de salud se evidenció una mañana cuando ya no pudo levantarse de la cama. Mi padre y hermanos mayores consultaron su "Biblia" médica y concluyeron que probablemente había contraído pulmonía. Su estado empeoraba cada día, hasta el punto en que mi padre reconoció que si no conseguía atención médica inmediata, moriría. Se decidió y por medio del encargado de entregar el correo en Gobernador, le pidió al Doctor Chadwell, en Aztec, que viniera cuanto antes al Carrizo, porque su mujer se estaba muriendo. Mi padre también pidió que el cura, desde Blanco, viniera cuanto antes.

El doctor, al recibir la misiva, dejó su consultorio, tomó su auto e hizo su primera parada en Blanco para recoger al cura y a mi hermana Cordelia, quien estaba estudiando en ese pueblo. De allí, hicieron el viaje al Carrizo, llegando por la tarde. A pesar de no ser joven ya, el médico hizo el viaje, los últimos kilómetros desde Gobernador, en la calesa de mi padre. Isaac se acuerda de haber visto llegar al médico y al cura. Mi padre sacó a los niños del dormitorio donde estaban con mi mamá y les pidió, al médico y al cura, que entraran. El cura se aproximó, vio que Carmen estaba en muy mal estado y de inmediato le administró los últimos sacramentos. Luego, el Doctor Chadwell se aproximó y tomando su estetoscopio, lo aplicó sobre el pecho de mi mamá. Después de varios minutos y un examen exhaustivo, confirmó que tenía pulmonía y, aparte, que sufría de agotamiento. Afortunadamente, en aquellos tiempos, los médicos llevaban literalmente una mini farmacia en su maletín negro. Entonces, probablemente le administró quina , remedio de larga data que se extraía de la corteza del quino o cascarilla (árbol precolombino), para reducir la muy elevada temperatura cuanto antes. También es probable que le diera por boca un expectorante para disolver y forzar la expulsión de flemas de los pulmones. El médico pronosticó que con los medicamentos que dejaba y con bastante reposo, tendía a creer que sobreviviría.

Según Isaac, la cuenta del médico por el viaje, su atención y los medicamentos, fue de u$s 75, Una suma importante en esos días, pero barato si consideramos que le salvó la vida a mi mamá. El médico le comentaría luego a mi padre que siempre se limitaba a atender pacientes de las cercanías de Aztec, pero cuando recibió aquella llamada supo que era imposible negar su servicio a una familia tan honorable como la nuestra. El Doctor Chadwell, adorado por la familia, fue el médico preferido hasta su muerte en la década de 1940. Tendría más de 90 años cuando falleció.

Más o menos en 1948, mi mamá fue abatida una vez más por una enfermedad que, de nuevo, casi le costó la vida. En esta otra ocasión, primero sintió mucho dolor en el vientre por varios días. Ignoraba los dolores, pero al tercer día tuvo una sensación rara, ella lo describía como cuando se escapa aire de un globo, que la preocupó hasta el punto de alertar a mi padre. Él la subió de inmediato a la camioneta y la llevó al hospital en Farmington. Un medico la examinó, y por su descripción de lo que sentía, diagnosticó que muy posiblemente hubiera sufrido ruptura del apéndice. De inmediato la pasaron a cirugía donde al abrir, el cirujano confirmó lo anticipado por el primer médico. Además, vio que la peritonitis ya estaba tomando fuerza, afectando a los órganos internos. En cirugía extrajeron lo afectado, le hicieron un lavado y la pusieron en un régimen fuerte de antibióticos. En esta ocasión fueron la rápida intervención y los antibióticos, los que salvaron su vida. Si la ruptura hubiera ocurrido 10 años antes, no hubiese sobrevivido.

En conversaciones con mi mamá sobre estas enfermedades y otras desgracias que afectaron a la familia, le pregunté si en algún momento había dudado del Plan de su Dios. Ella me contestó:

—¡Oh, yo tenía mis dudas de vez en cuando! Es más, todavía dudo. Pero las dudas son más sobre mi propia persona, sobre mi inhabilidad para hacer frente a la realidad en muchas de las situaciones que tuve que enfrentar. Yo preguntaba en mis oraciones el porqué de tan severos castigos, pero siempre al fin de cuentas me culpaba a mí misma por fallar en mi fuerza de voluntad. Luego, miraba a mi alrededor y observaba a tu padre y a mis hijos… ¡y sabía que no era como para dudar!

Mi mamá, sin duda, fue una mujer extraordinaria.

Jesús Campos

Tal como comenté en un capítulo anterior, mi padre gozaba de una estrecha relación con sus vecinos Apaches, sus clientes principales en la compra del licor clandestino que producía. En este capítulo acudiré a mis recuerdos sobre la persona de Jesús Campos, un amigo muy especial de mi padre. Conocí a Campos en su casa durante una visita que le hicimos cuando mi padre me llevó con él, en uno de sus muchos viajes al Carrizo, a dar su vuelta al ganado que todavía mantenía en el rancho. Yo contaría con unos 10 años de edad. Esta visita en particular, que ocurrió muchos años después de que mi padre dejó de producir "mula", me impresionó mucho y guardé el recuerdo todos estos años como si hubiera sucedido ayer.

Hombre fiel a sus amigos, mi padre siempre trataba de visitar a Campos cuando no tenía prisa por regresar a Blanco. En esas ocasiones, hacía el viaje de unos 17 kilómetros de distancia y siempre a caballo. No faltaba motivo. Porque un novillo o caballo se había escapado y mi padre lo buscaba, o porque había encontrado un animal con la marca de alguna familia apache, ó, simplemente, porque quería charlar unas horas con Campos.

Jesús Campos no era un apache en el sentido característico. O sea, no era moreno con pelo negro sino que era rubio de ojos azules. Mi primera pregunta a mi padre cuando nos encontramos a solas, fue:

—¿Papá, está seguro que este hombre es un apache?

—Si— me contestó mi padre: —Campos es un apache en todo sentido.

Mi próxima pregunta fue:

—¿Entonces cómo es que no se parece a los apaches?

—Bueno—, me contestó: —Puede ser porque a pesar de que su mamá era una mujer apache, su padre era un español, también rubio y con ojos azules. Pero yo no sé por qué él salió así.

Con esta repuesta dando vueltas en mi mente, me quedé tranquilo, tratando de entender algo muy complicado a esa edad para mí.

Mi padre me explicó que el padre de Jesús había llegado al norte de Nuevo México años antes, y cuando entró como capataz en uno de los aserraderos de Burns, le encargaron abrir una nueva zona donde Jesús vive ahora con su familia. La zona donde se establecieron se llamaba "Los Bornes", y todavía tenía bastante pino Ponderosa, materia necesaria para alimentar la voracidad del aserradero. Fue allí que se estableció un grupo de familias apaches, entre ellas, aquella donde el capataz Campos elegiría su mujer. (Cuando se estableció la reserva para los apaches, esta zona quedó bajo la jurisdicción de la tribu.) Cuando cerraron el aserradero por falta de pino, en los años 30, las familias se quedaron; entre ellos el español Campos. El hijo, Jesús, nació en el campamento. De los hijos que tuvo la pareja, Jesús fue el único en heredar los rasgos Europeos de su padre. Los otros tres heredaron los rasgos del indígena americano de su mamá, morenos y con pelo negro.

En la ocasión en que acompañé a mi padre a casa de Campos, me acuerdo que pasamos por un sitio donde alguna familia había puesto una milpita – sembrado – de maíz. Pero las plantas estaban mal cuidadas y era obvio que no iban a producir mazorcas. Mi padre comento:

—Estos apaches no saben cosechar. Siembran en tierra que no retiene la humedad. Deberían buscar lugares donde crece el chamizo. Esa es la tierra apropiada. En su lugar, siembran en tierra demasiado dura. Pero no se preocupan. Al fin y al cabo, no les interesa la agricultura. Total, tienen la ayuda del gobierno.

Claramente, los apaches no eran agricultores. Preferían ganado vacuno y ovejero. Pero sobre todo, los caballos. Con el ganado muchas familias tuvieron éxito, y muchos adquirieron rebaños importantes. Cuando el gobierno federal estableció la reserva para los apaches, recibieron buenos caballos, ganado Hereford de pura sangre y borregas de la raza Rambouillet. La verdad es que mi padre nunca estuvo completamente de acuerdo con el programa de asistencia para con los apaches. No era por envidia porque mi padre era un hombre libre de ese prejuicio. Pero tal vez porque se veía luchando a diario solo para encontrarse con algún atraso mientras que la mayoría recibía todo sin levantar la mano.Sin embargo, esta opinión no afectaba de ninguna manera su excelente relación con ellos. El hecho que nosotros gozábamos control total sobre nuestras vidas era algo que no se compraba, y mi padre sabía que los apaches no tenían los mismos derechos ni control total sobre su libertad. Por ejemplo, el gobierno federal no segregaba los niños hispanos, enviándolos a colegios especiales tal como hacían con los niños apaches.

Cuando conocí a Jesús Campos el hombre tendría unos 60 años de edad. Era alto, delgado, con ojos de un azul celeste oscuro que asemejaban joyas. Quede fascinado. Me pregunté:

—¿Qué hace este gringo aquí entre los apaches? No se parece a ellos.

Sin embargo, pronto entendí y acepté que el hombre estaba entre su gente, a pesar de tener la piel clara y los ojos azules. En subsiguientes visitas, siempre nos recibía con los brazos abiertos. Cuando la manada de perros nos anunciaba, Campos salía a la puerta, y haciendo sombra contra el sol con una mano, decía en perfecto español:

—Oh, Porfirio, eres tú y tu hijo, bienvenidos. Bájense de esos caballos y entren a casa.

Ordenaba a uno de sus hijos que se hiciera cargo de las cabalgaduras y entrábamos.

En una de nuestras visitas, llegamos a eso de las dos de la tarde, bastante más tarde que de costumbre, ya que mi padre siempre calculaba nuestra llegada durante la hora de la comida. Joaquina, la mujer de Campos, parada en la puerta de la cocina, nos preguntó si habíamos comido. Mi padre le contestó que no. De inmediato se ocupó de reactivar el fuego en la estufa, y enseguida puso sobre la mesa la más deliciosa sopa de carne seca y pan casero que jamás había probado. Todavía conservo la imagen de la figura de la Joaquina; una mujer grande y fornida, vestida de pesada falda colorida, larga y amplia, a la manera de las mujeres de su tribu, soplando contra las brasas de la estufa hasta producir fuego. Mientras se ocupaba con este rito, murmuraba en su idioma. Estoy seguro que su murmullo era parte de su ritual en la cocina y no, contrariedad por la visita.

En el camino de regreso al rancho, le comenté a mi padre que esa sopa y ese pan habían sido lo mejor que había comido. Mi padre me contestó con un proverbio: “Cuando hay hambre no hay mal pan”. Pero añadió con una sonrisa:

—La sopa si estaba deliciosa, ¿verdad?

Recuerdo el placer que daba una comida preparada por mi padre cuando llegábamos al rancho. En ocasiones cuando andábamos en busca de ganado y mi padre sabía que no regresaríamos a casa antes del mediodía, siempre llevaba comida en las maletas de la silla. Por ejemplo, sardina enlatada era una de sus favoritas comidas cuando andábamos lejos de casa. Siempre con hambre y sabiendo que mi padre llevaba nuestra comida del medio día, yo empezaba a eso de las 11:30 de la mañana a pedirle algo de comer. Mi padre metía su mano dentro de una maleta y sacaba cáscaras de naranja o de manzana, guardadas por él precisamente para contingencias coma ésa. Me decía:

—Toma, come de éstas hasta que llegamos al ojo donde vamos a comer.

Me las comía y hasta hoy día, me acuerdo que tenían un sabor único. Era verdad lo del proverbio de mi padre. La comida, cual sea, tiene un sabor especial cuando uno tiene hambre.

En esta última visita le comenté a mi padre lo mucho que admiré el arco y las flechas, conjunto completado con un escudo con plumas de águila, que Campos tenía colgados en la pared en su casa. Siempre había soñado con tener arco y flechas y llegó el momento durante esa visita que solo la timidez me impidió comentar sobre lo mucho que me gustaban los de Campos. Pero ahora que íbamos camino hacía casa, no pude resistir y le pregunté a mi padre si sería posible que yo consiguiera tal equipo deportivo. Mi padre dejó pasar unos momentos, para luego contestar:

—Oh, no te preocupes, yo te haré un arco uno de estos días.

Sin embargo, pasaron varios meses y yo no sabía si había olvidado su promesa. Un día, llegó del rancho y… ¡lo primero que hizo fue sacar un lindo arco de entre sus pertenencias! Eufórico, puse mi mano sobre un arco hecho de roble. Tenía una curva natural en el centro, la que le daba una apariencia formidable. Muy agradecido, le di un abrazo fuerte a mi padre. Contento, empeñé los siguientes días fabricando flechas.

Jesús Campos y Joaquina tuvieron varios hijos. Entre ellos estaba Jorge, el mayor, al que mi padre le había tomado cierto cariño. Años después, Jorge y su mujer tuvieron hijos y como buenos católicos, fe heredada de su abuelo paterno, pidieron a mis padres que apadrinaran el bautismo de uno de sus niños. Mis padres aceptaron. En los años siguientes, Jorge y su familia siempre llegaban hasta casa cuando pasaban por Blanco en su camino entre Dulce, donde tenían su casa, y Farmington, ciudad que visitaban de vez en cuando. Mi padre continuó sus visitas a los Campos hasta que Jesús falleció algunos años después.

La Granja

Un lugar solitario y triste causa grandes estragos

De los ocho hijos que tuvieron mis padres solo tres nacieron en la granja del Carrizo. Esto, porque durante sus primeros siete años de casados mis padres vivieron en La Puente con mis abuelos paternos. No fue hasta 1922 que se mudaron a dicha granja. Después de fijar residencia en ella, mi padre aceptaba regularmente trabajo lejos, bien entrados los otoños y durante el invierno. Así fue como mi hermana Celina, nació en 1925 en el campamento del aserradero de Burns, a unos 50 kilómetros de la granja. Mi hermana Martha nació en Colorado durante una visita que hicieron a mi tío Amado, hermano de mi padre. José, Porfirio y yo, nacimos en la granja. Todos los niños nacían con la asistencia de una señora que actuaba como partera. En mi caso, mi tía Amalia Sandoval fue la que asistió a mi mamá en el parto.

La vida de mis padres en la granja llegó casi a los 20 años, tiempo subrayado por grandes estragos, enfermedades y trabajo duro. Mi mamá relataba años después que lo único que la sostenía era su amor profundo para con su marido y sus hijos. En varias ocasiones me llegó a comentar:

—Fue un lugar muy triste y solitario, hijito.

Su mirada triste y el suspiro profundo que acompañaban cualquier referencia a la granja siempre me despertaba un sentimiento de angustia, al concientizar lo mucho que debió sufrir durante aquellos años. Para mi padre la granja representaba el desafió del hombre por vencer a la naturaleza y su gusto por los espacios abiertos. Él estaba en su elemento. Para mi mamá, sin embargo, representaba vacuidad, tristeza y sufrimiento. Fue esta contrastante diferencia de puntos de vista que de niño me causaron momentos conflictivos al opinar sobre la granja del Carrizo. Por un lado, mi admiración por la gran capacidad de trabajo de mis padres y, por otro, el evidente sufrimiento de mi mamá. No fue hasta adulto que llegué a comprender que para mi mamá no existía término medio.

A pesar del sufrimiento impuesto por la naturaleza y complicado aún más por las enfermedades que afectaron a la familia, mi mamá nunca vaciló en apoyar a mi padre. Las historias sobre los acontecimientos en la granja reflejaban el dolor y el sufrimiento que soportó durante esos años, pero al mismo tiempo denotaban un sentimiento de orgullo sobre lo que lograron juntos. Ellos citaban estos acontecimientos sólo como ejemplos de lo duro que fue la vida en la granja, siempre con la esperanza de que los hijos pudiesen apreciar el valor del trabajo. No fue, ni mucho menos, para quejase. Queda a su favor que el uno ni el otro, miraron nunca hacía atrás. Al contrario, siempre tuvieron el corazón y la mente abierta, de cara hacía el futuro. Queda claro también que mi padre se preocupaba mucho sobre el estado de salud de su compañera. Él llegó a decir muchas veces que sin mi mamá a su lado no hubiese podido lograr lo que finalmente lograron. O sea, una familia sana y dedicada.

En uno de mis regresos a Blanco, de alguno de mis nombramientos en el extranjero, como de costumbre, estábamos mi mamá y yo sentados en la cocina charlando durante mi visita. Siempre interesado sobre sus años en la granja, había dirigido la conversación para que me contara algún recuerdo no revelado anteriormente. Me acuerdo como si hubiese sido ayer. En espera de alguna anécdota, me sorprendí cuando la expresión de su cara se tornó melancólica y en ese momento me di cuenta que con mi pregunta había tocado algo que guardaba en su corazón, algo aún escondido. Me contestó:

—Hijo, como sabes, para mí la granja fue un lugar solitario y triste. Pero yo sabía que tenía a tu padre y a mis hijos; y para mí el sufrimiento no era nada comparado con lo que habíamos logrado como familia. Hijo, éramos pobres en cosas materiales pero ricos en valores familiares. Lo único que me preocupaba era que en algún momento no pudiésemos conseguir lo necesario para que mis niños se alimentasen bien y, finalmente, para proporcionarles los estudios que se merecían. Me preocupaba mucho por tu padre que trabajaba tanto sin descanso. Me angustiaba por las enfermedades que nos afectaron, por el mal tiempo que nos costó tantos años de trabajo...

Después de unos momentos, con una sonrisa, quitándose las

lágrimas de la cara, me dijo:

—Lo haría de nuevo si fuera necesario.

Nunca me había abierto su corazón con tanta emoción. Lo único que logré fue darle un abrazo y murmurar:

—Gracias mamá, gracias a los dos.

De niño siempre me gustaba visitar la granja. Para mí era una aventura, pero conforme avanzaba en edad, me iba dando cuenta de lo mucho que sufrió mi mamá y esto me causaba sentimientos negativos sobre ese lugar tan severo y triste. Sin embargo, a través de los años logré conocer mejor a mis padres y con eso, llegué a entender cómo pudieron combinar cada cual su visión y por ende, prosperar a su manera.

Desde una perspectiva moderna es difícil imaginar como algunas personas hubieran podido ganarse la vida como agricultores en terreno tan temible. Por esa razón, tener y criar ganado era un imperativo. Geográficamente, la zona es parte del llano alto que forma la escarpa del Río Colorado y que se extiende hacia el noreste hasta el pie de las sierras Sangre de Cristo y San Juan, en el sur del estado de Colorado y el norte de Nuevo México. El área donde queda la granja, en el condado de Río Arriba, está a unos 2600 metros sobre nivel del mar. La zona es árida con escasas lluvias durante el año que dan vida a una gran variedad de flora bien adaptada a sobrevivir con poco agua. La geografía de la escarpa contiene cañones profundos, erosionados por el agua y el viento, a través de los milenios, en la piedra arenisca, dejando una superficie plana cortada y cicatrizada. La vegetación de la región va desde bosques coníferos, en los lugares más altos, a piñón y junípero, cediendo lugar a chamizo y otros arbustos, en las elevaciones bajas. Al oeste de la línea divisoria del continente, los ríos nacidos en las montañas, finalizan eventualmente en algún afluente del Río Colorado que termina desaguando en el golfo de Cortez, en Baja California, México. Los tres ríos principales que dan agua al condado de San Juan son: Las Ánimas, Los Pinos y el San Juan. El Río Grande, que también nace en esas montañas pero al este de la línea divisoria del continente, desagua finalmente en el golfo de México.

En la zona del cañón del Carrizo no existe ningún río u otras aguas que corran permanentes. El curso más cercano es el San Juan, muchos kilómetros al oeste. La vegetación consiste, en gran parte, en chamizo azul, piñón, junípero, chico y pasto nativo, todos adaptados al clima árido. Hay gran escasez de agua, la que sólo se encuentra en manantiales naturales y algunas lagunas artificiales. El agua que brota en los manantiales es pura y limpia, pero con un contenido bastante salino. Para dedicarse a los productos agrícolas los pobladores quedaban sujetos a la naturaleza con sus esporádicas y no siempre predecibles lluvias. La única ayuda que se podría considerar tecnología era el almanaque, una publicación de uso extensivo y con la que podían calcular la mejor época para sembrar. Esta publicación era la "Biblia" que mi padre leía y seguía asiduamente. Pero tal vez era más importante saber cómo seleccionar la tierra adecuada para cultivar. Pensar que las personas pudiesen sobrevivir por medio de la agricultura en un ambiente tan hostil, hoy día sería imposible. Sin embargo, lo lograron.

Mi padre se convirtió en un excelente agricultor. Seleccionó terreno para la siembra en una zona a la que la familia nombró el rincón del maíz. En esa área sembraban maíz y sorgo. Junto a este lugar quedaba otro sitio, al que llamaron el rincón del frijol. Mi padre eligió ambos lugares por un fenómeno geológico que hacía que esa tierra recibiera el máximo de corrientes de aguas cuando llovía y tuviera capacidad de retener humedad, algo muy importante de lo que dependía el éxito de la siembra, en una zona de escasa lluvia. Los rincones quedaban casi en la boca del cañón de las Ciruelas, a unos tres kilómetros en línea recta de la casa.

Para llegar a ellos, mi padre cortó un camino directo desde la casa y a través de la lengüeta de la meseta que se extiende hasta morir en la boca del cañón. Por este camino mis padres se movían en carro de caballos. De no existir aquel corte, el camino se hubiera extendido a más de siete kilómetros. El cañón adquirió el nombre "Circuelas" porque existían matorrales silvestres de esa fruta en varios sitios. Por alguna razón, ese es el único lugar en la zona donde se encuentran esos frutales. Dicho cañón es uno de los muchos tributarios del cañón del Carrizo. En estos lugares, pues, mis padres en años de buenas lluvias lograban cosechar sus productos agrícolas básicos. Sin embargo, cuando las lluvias eran escasas, también sembraban con gran optimismo aunque sus cosechas resultaran casi nulas. Si la cosecha fallaba, no dejaban de pensar que el año siguiente sería mejor. La perseverancia era parte de la rutina diaria.

Según los arqueólogos, los Anasazi , cultura precolombina, también conocida como "Los Ancianos" , que ocuparon la zona hace más de mil años, eran agricultores. Sin embargo, la teoría principal es que un periodo extenso de sequía los forzó a abandonar el lugar. Otra teoría es que fue una combinación de sobre población, sequía y las incursiones de tribus guerreras nómadas, la causa del abandono de sus poblaciones. Existe evidencia de que los indígenas ahora residentes en las riberas del Río Grande son los descendientes de esas gentes. Solo quedan las ruinas de sus poblados, la mayoría construidos sobre puntos altos que dan fe de que desde esos sitios defendían sus hogares contra el invasor. Hoy día quedan estos restos, como centinelas de un pueblo que fue abatido en gran parte por la naturaleza. Tal vez, en parte, los pobladores hispanos tuvieron éxito donde el Anasazi fracasó, simplemente por sus avances tecnológicos y durante un período limitado. Pero en fin, fue la naturaleza que venció a aquellos también.

De niños, nos encantaba visitar un sitio que bautizamos "el pueblito" y remover entre los escombros trocitos de alfarería pintada a mano en colores naturales. Situado al lado opuesto del cañón y sobre una punta de meseta, era relativamente fácil subir. Hasta hoy día, al hacer una búsqueda minúscula, es posible encontrar alguna punta de flecha en los alrededores del "pueblito". Caminando a caballo por la zona no era inusual encontrar metates, usados por los Anasazi para moler el maíz. La existencia de estos morteros de piedra rectangulares es evidencia de que los indígenas cultivaban maíz y posiblemente otros granos, aparte del frijol. En efecto, los arqueólogos encontraron depósitos de maíz y frijol cuando descubrieron las ahora muy conocidas construcciones acantiladas de Mesa Verde, en el sur de Colorado.

Para nosotros, "el pueblito" era parte de nuestro dominio. Nos fascinaba explorar sus rincones, imaginándonos transportados a otra época. Mi hermana Martha y yo cruzábamos el arroyo para reunirnos con nuestras primas hermanas Viola y Julia, hijas de nuestro tío Ramón Sandoval. Martha y Viola, mayores que Julia y yo, siempre se trepaban a los puntos más altos del pueblito, mientras nosotros muchas veces optábamos por quedarnos al píe de la roca, entretenidos con cualquier juego. Demasiado pequeños para valorar el origen de tal construcción, imagino que simplemente aceptábamos su existencia, nada distinta de la naturaleza que nos rodeaba. Uno de mis recuerdos más vívidos es el de una ocasión en que Martha y Viola me cruzaron el arroyo durante una bajante de agua en sus últimas etapas, probablemente no más profunda que 20 centímetros. No obstante, temeroso de lanzarme con ellas, cruzaron sus brazos para construir una silla y sentado como un príncipe, con mis brazos rodeando la nuca de cada una, me pasaron. Me acuerdo de ver pasar el agua con trozos de espuma color chocolate flotando sobre la superficie. Para mí, asemejaban hogazas de pan como las que preparaba mi mamá en el horno.

Mi padre fue un gran admirador de los pobladores indígenas y en toda ocasión respetaba sus asentamientos. Siempre hizo hincapié en el hecho de que lo que ahora vemos como ruinas, en algún tiempo, en un pasado lejano fue habitado por seres como nosotros. Alguien había invertido tiempo y seguramente pasión por la vida, dejando estos rastros que ahora apreciábamos como testimonios de su existencia. Habían criado a sus hijos a su manera, semejante al modo en que ahora lo estábamos haciendo nosotros. Ahora, el tiempo había cedido el espacio a otros pobladores. Creo que para mi padre esas paredes ruinosas, le recordaban la fragilidad de la vida. Estas ruinas, abandonadas tantos años atrás, ahora servían a ese propósito y daban fe de lo eternamente efímero que es el paso del hombre. Lo único que seguía constante era la tierra, pacientemente, sosteniendo un registro de los que pasaron antes por aquí.

El alcance de la presencia del Anasazi en esta parte del suroeste de Estados Unidos está bastante bien establecido. Los antropólogos han llevado a cabo un estudio minucioso sobre sus actividades durante el tiempo en que ocuparon la zona. Sin embargo, la investigación de áreas del Carrizo como los alrededores de nuestra granja, se aceleró con la apertura de la zona a las empresas petroleras a principios de la década de 1950. Por ejemplo, el museo de Nuevo México llevó a cabo muchas excavaciones a pocos kilómetros de nuestra granja, descubriendo testimonios importantes.

La apertura a la explotación de los gigantescos depósitos de gas natural y de petróleo del subsuelo, favoreció la construcción de una vasta red de caminos por áreas hasta entonces inaccesibles al vehículo motorizado. A pesar de que dicha apertura trajo una gran inyección de puestos de trabajo a una región pobre, también causó estragos en las ruinas indígenas. Desde aquella época y con tanto camino, personas dedicadas a la explotación clandestina de esos valiosos vestigios gozaron de entrada libre. El resultado fue la profanación de muchos de aquellos sitios. Los muy conocidos "fin de semaneros" daban rienda suelta, en sus vehículos doble tracción, abriendo nuevos caminos para acceder a los sitios más remotos; lugares que hasta su llegada nosotros considerábamos como dominio propio. Afortunadamente, no todas las personas eran propensas a la destrucción. Muchos hacían lo posible por conservar con sus contribuciones a los museos y a otras entidades dedicadas a la preservación de aquellas piezas.

Sé, por ejemplo, que mi padre estaba muy agradecido por tener finalmente caminos en áreas donde antes solo se entraba a caballo. También, los nuevos pasos acortaron el tiempo de tránsito entre Blanco y la granja. Sin embargo, él solía decir con tristeza en su voz: "La mayoría de esta gente no sabe cómo apreciar las cosas en su lugar. Tienen que destrozar, llevarse partes. No entiendo". Creo que lo que mi padre quiso decir fue que estas personas, en su gran mayoría provenientes de ciudades, nacidos en ellas, simplemente no sabían cómo ver, no tenían ese sentimiento de amor por la tierra, cualquiera fuese su aspereza e imperfecciones. Pero lo que más afectó a mi padre fue la falta de consulta para con los hispanos de la región, cuando las empresas petroleras unilateralmente rebautizaron cañones y otros lugares con sus propias caprichosas y ridículas interpretaciones de los nombres dados por los pobladores. Por ejemplo, nuestra querida Mesa del Pueblo , así nombrada por mi padre en honor a una amplia construcción indígena situada sobre un promontorio , de una manera u otra resultó con el nombre "Honolulu Mesa". "¿Cómo podía ocurrir tal error?", nos preguntábamos. Escapaba por completo a mi comprensión como cualquier persona, no nacida en la región, podía no entender aquello que nosotros considerábamos sagrado. Uno de los cambios de nombre más infame, sin embargo, fue el del cañón del Carrizo. Un día, consultando un mapa de la región para localizar el lugar exacto de la granja, me di cuenta que ahora nuestro cañón había sido renombrado el cañón Cereza. Furioso, traté de comunicarme con la oficina apropiada del estado en Santa Fe, para averiguar el porqué del cambio. Y a pesar de prometer que investigarían el asunto, nunca lo llevaron a cabo. Esto me causó siempre un sentimiento profundo de decepción por la falta de respeto y de consideración, de nuestras autoridades. Aparentemente, el cambio se produjo durante la apertura de la zona a la exploración de recursos naturales.

Para mi padre la granja era más que un desafío. Como hombre acostumbrado al aire libre, saboreaba el desafío de conquistar su ambiente y finalmente, de poder establecer a su familia en aquel sitio que le había arrancado por la fuerza a la naturaleza. De manera que gracias a su tenacidad y fuerza de voluntad , y por cierto, con el apoyo de mi mamá , logró en gran parte su sueño de ser poseedor de una granja completa con ganado. Sin embargo y a pesar de lo logrado, se dio cuenta del esfuerzo que necesitaron para llegar adonde se encontraban en aquellos momentos; especialmente, del estrago que causó la granja a su esposa. Esto lo preocupaba mucho y planeaba incesantemente, buscando una salida positiva a una situación que no ofrecía solución a su alcance. Era consciente de lo mucho que añoraban convertir a la granja en una empresa productiva y duradera. Habían arriesgado todo, con sueños de éxito. Sin embargo, la tierra no había correspondido de la manera esperada, tanto trabajo y esfuerzo resultando en una vida apenas al margen de la supervivencia. Él sabía que eso no era aceptable. El tipo de éxito que él tenía en mente, era prosperar; y llegó a entender que el tipo de prosperidad que él y su Carmen añoraban , educar a sus hijos , no lo encontrarían en un lugar tan hostil como la granja.

Además, su Carmen nunca se adaptó completamente a la vida en la granja, a pesar de su dedicación y esfuerzos. Por ejemplo, ella nunca logró superar el miedo que le causaban los caballos; y esto influyó para que nunca aprendiera a montar. Sin embargo, mi padre era consciente de que ella había hecho todo lo posible por adaptarse. Esto lo entristecía aún más y, reconociendo lo que sabía de corazón, resolvió dedicarse a buscar una solución viable y permanente. Tendrían que trasladar a la familia fuera de la granja. No porque Carmen insistiese. Al contrario, ella le aclaró que sus necesidades nunca serían la razón para una decisión que resultase en el abandono de la granja. Ella no quería ser como muchas mujeres que presionaban a sus maridos para que las llevaran a las ciudades donde podrían encontrar todas las comodidades de la vida moderna, pero donde sacrificarían parte de su dignidad e independencia. No, ella nunca lo hubiera presionado con tales exigencias. La decisión de abandonar la granja del Carrizo tendría que ser sólo por acuerdo mutuo; y mi padre sabía que por razones mucho más allá de las necesidades de confort de su esposa. Él sabía que tenía mucho que agradecer; ¿no era cierto acaso que a no ser por Carmen, durante sus enfermedades, no hubiese sobrevivido? ¿Y qué, si no le gustaban los caballos? Más importante, se mostró capaz de enfrentar desafíos verdaderos: enfermedades, aislamiento y desastres naturales, todo con fuerza y estoicismo. ¿No había mostrado todos estos rasgos durante sus años de casados? Porfirio era consciente de que tanto él como algunos de los niños, no hubiesen sobrevivido si no fuese porque ella tomó el papel de médico, enfermera, madre y esposa. —Claro que sí, tenían mucho que agradecer—, pensó Porfirio.

Durante muchas de sus conversaciones íntimas, Porfirio y Carmen siempre regresaban a su indagatoria central; o sea, como procurar una buena educación para los hijos y al mismo tiempo, mantener a la familia unida. Con cada mes que pasaba la solución se aclaraba. Tendrían que abandonar la granja. No quedaba otra. Entonces, Porfirio se preguntaba si habían tomado la decisión correcta al establecerse en la granja en el Carrizo. En su mente, repasaba una y otra vez la misma pregunta que se habían hecho desde que sus hijos empezaron a llegar a la edad escolar. Justificaba su decisión pensando que lo hicieron por la sencilla razón de que el terreno estaba disponible y no les costaría más que algunos años de trabajo.

—Otra razón—, pensaba, —fue porque quedábamos relativamente cerca de Gobernador, el sitio elegido para la estafeta federal, donde los dueños habían establecido un pequeño almacén en el que los pobladores podíamos hacer algunas compras.

Estos pequeños lujos auguraban que la vida en la granja sería un poco más tolerable. Él había calculado que con suerte y trabajo podrían prosperar. En otro momento, sin embargo, dudó por primera vez sobre aquella decisión.

La opción final, sin embargo, la tomarían más tarde. Mientras y con ese optimismo que lo impulsó todos aquellos años, mi padre decidió hacer un último esfuerzo. Siempre le había prometido a su Carmen que algún día le construiría una casa digna y merecida, con pisos de madera y paredes pintadas. Y la idea de la casa nueva cumpliría esa promesa. En su mente, soñó que tal vez una casa nueva actuaría como el imán necesario para que otros siguieran su ejemplo. Tal vez, al verlos construir casa nueva, pensó, los vecinos se animarían a seguir sus pasos. Su sueño era que, de una manera u otra, el deber de cada granjero era quedarse en su granja. No podían darse por vencidos, aunque su decisión ya estuviese predestinada.

La Casa De Sueño Y La Venta De La Granja

En 1936, mi padre inició la construcción de la nueva casa para mi mamá.

Trabajando con planos elaborados por él, con la colaboración de su hijo Isaac, en menos de seis meses construyeron una hermosa casa de adobe. Techaron la casa con lindas vigas de pino real que consiguieron en una cañada cerca de la granja. Sobre las vigas, pusieron tablas de madera de pino Ponderosa. Después, cubrieron la madera con láminas de zinc. ¡No más goteras! Para los pisos también eligieron madera de pino Ponderosa. Sobre las ventanas mi padre instaló marcos prefabricados y con vidrios. Las ventanas, la madera y las láminas de zinc, fueron los únicos materiales que compró mi padre. El resto, por ejemplo las puertas y algunos muebles, a pesar de resultar bastante rústicos, los construyeron en su sitio, utilizando herramientas de carpintería que mi padre heredó de mi abuelo.

Mi abuelo paterno era buen carpintero, oficio que adquirió por interés propio y por la necesidad, ya que comprar muebles de fábrica era un lujo que no estaba al alcance del prepuesto. Cuando mis padres se mudaron a la granja del Carrizo, mi abuelo les construyó los muebles básicos para la casa, los que ahora quedarían bastante bien en la casa nueva. La idea de una casa nueva le causó mucha alegría y emoción a mi mamá. ¡Nunca más tendría que trajinar con los pisos de barro! Ahora tendría pisos de madera, fáciles de limpiar y sin el polvo constante de los de tierra. La casa, construida sobre un barranco, se prestó perfectamente a la construcción de un garaje para acomodar un futuro automóvil. Éste también incluyó repisas en cada lado para almacenar conservas en frascos de vidrio. Al año siguiente mi padre adquirió un auto marca Chevrolet del año 1927. Se lo compró a Don Pablo Candelaria que había comprado un auto nuevo.

Todos los gastos de la construcción, incluyendo la compra del auto probablemente fueron adquiridos, en parte por trueque con los vecinos o por ahorros de la venta de "mula". Es muy probable que el alambique fuera la fuente de sus únicas entradas de dinero durante este período ya que la gran depresión seguía azotando al país.

Todavía recuerdo como mi mamá nos llevaba a una lomita, en el rincón de primo Emilio al lado opuesto del cañón, donde recogíamos yeso para fabricar pintura para las paredes de la casa. La erosión había expuesto una veta de yeso que los pobladores cosechaban para fabricar pintura blanca para las paredes internas de sus casas. Me acuerdo que juntábamos suficiente hasta llenar una cajita de madera que utilizaba mi mamá para ese fin. Al regresar a casa, mi mamá ponía el yeso en una bandeja y lo introducía en el horno de la cocina. Con el calor, el yeso, material transparente vidrioso, se convertía en una piedra blanca y blanda. Mi mamá lo pulverizaba y después lo mezclaba con agua para obtener la pintura blanca que se aplicaba sobre las paredes, ¡dejándolas brillantes y resplandecientes!

A mi mamá siempre le gustaron las plantas floridas y a pesar de la falta de agua de lluvia, se empeñó en cultivar plantas de flor. En el lado noreste de la casa, mi padre reservó una zona para las plantas de mi mamá. A su alrededor construyó un cerco para protegerla contra las cabras y otros animales. Ella plantó allí Varas de San José, una planta bien adaptada a climas áridos siempre que reciba agua de vez en cuando. Su tarea todas la mañanas era ir hasta el manantial y con sus baldes llenos, regresar con agua para regar sus plantas. Porque con su casa nueva, mi mamá quería más y mejores plantas de flor. Con esa idea en mente, empezó a experimentar con diferentes tipos de semillas , adquiridas por el catálogo de Montgomery Wards , pero ninguna dio el resultado deseado. Por lo general y después del primer año, las plantas no se adaptaban al clima. Sin embargo, con un pedido de bulbos de Iris, finalmente logró que un tipo en particular se adaptara. Para su gran sorpresa, la primavera siguiente retoñaron los que había dado por perdidos. Promediando aquella primavera, tenía plantas con espiga y flor. La flor era de un bellísimo color púrpura rojizo con borde blanco. ¡Eran hermosas! ¡Sus iris habían florecido! Mi mamá estaba eufórica. No sabiendo cuál era su nombre genérico, mi mamá se refería a ellas simplemente como sus "lirios". De cualquier modo, sus lirios le dieron mucho placer y para ella fue su primer conquista sobre aquél lugar duro, triste y solitario. Cuando se mudaron a Blanco en 1940, mi padre extrajo los lirios para trasplantarlos allí. Es muy probable que todavía estén dando flor en su nuevo lugar elegido.

¿Por qué razón dejaron la granja del Carrizo tan pronto después de construir casa nueva? La respuesta está en el hecho de que, casa nueva no obstante, mi padre por fin aceptó que les era imposible seguir viviendo allí. Con los hijos creciendo y con necesidad de estudiar, el Carrizo no ofrecía esa posibilidad. Además, su esfuerzo al construir como muestra de optimismo no logró convencer a los vecinos. ¿Entonces, que logró con la construcción de la casa? Yo creo sinceramente y esto por conversaciones con mi mamá, que para ellos la casa nueva fue una victoria sobre ese lugar tan duro. Fue su manera de probar que sí era posible conquistar lo que muchos consideraban imposible. Sobre todo, la intención inicial fue mantener la granja como lugar de veraneo para su ganado. Sin embargo, reconoció que la granja no tenía el tamaño suficiente como para criar la cantidad de ganado que él quería. A los cinco años de mudarse a Blanco, un vecino ofreció su granja de 32 hectáreas en venta. Viendo esa oportunidad, mis padres resolvieron vender la granja del Carrizo. La transacción se llevó a cabo con la familia Esquivel, fuertes borregueros primos de mi mamá, con sede en Tierra Amarilla y La Cebolla, Nuevo México. Los Esquivel habían comprado algunas granjas adjuntas a la de mis padres, de modo que les interesaba agrandar su propiedad. Con la venta a los Esquivel recaudaron la mitad necesaria como para comprar la finca en Blanco. En el lapso de 1940 a 1946, cuando vendieron, mi padre viajaba al Carrizo dos veces por mes a "dar vuelta"; o sea, ver a la condición de sus animales. A veces se quedaba varios días, ya que en 1937 mi padre había contratado sus servicios como capataz del rancho del señor Paúl Williams, un gringo que tenía su propiedad sobre el cañón de las Tapiecitas, a unos 15 kilómetros al sureste del Carrizo. Yo hice el viaje a nuestra granja y al rancho del las Tapiecitas, muchas veces con mi padre y conservo recuerdos de momentos muy agradables en su compañía. (El rancho de Las Tapiecitas y cómo mi padre llegó a ser capataz de ese negocio, es tema de un capítulo subsiguiente).

La venta de la granja en 1946 marcó el fin de una época y dio inicio a otra. Con la venta de la granja a la familia Esquivel por la suma de u$s 4.500,00 y la compra de la finca a Eduvigen Jacques, por u$s 12.000,00 mis padres rompieron una parte del cordón que los ligaba al Carrizo. Digo sólo una parte por que dejarían a mis abuelos paternos en el campo santo de la iglesia que mi padre trabajó tanto para construir. Este último lazo nos serviría para regresar todos los años en peregrinaje de visita al sepulcro. Este peregrinaje es algo que conservamos hasta hoy día, viajando a la granja y al sepulcro cuando el tiempo y la distancia nos lo permiten. Ese mismo año, mi padre vendería casi todo su ganado vacuno. Desafortunadamente, los nuevos dueños no pudieron mantener la casa ya que no vivían en Carrizo permanentemente. Con los años y viendo la casa abandonada, los saqueadores la fueron desmantelando poco a poco hasta dejar solo las paredes de adobe en pie.

En el verano de 2000, regresando de nuestros nombramientos diplomáticos en la ciudad de México, llevé a mi esposa e hija en una primera visita a la granja. Lo único que encontramos como vestigio de esa gran vivienda fue una pared y las piedras angulares que le dieron forma. Anduvimos rastreando, en busca del jardín de flores de mi mamá, pero había desaparecido. Buscamos el ojo o manantial, de donde la familia sacaba agua para el consumo diario, pero éste también había desaparecido bajo capas de barro arrastrado de la ladera por las lluvias. La mano del hombre simplemente había dejado de hacer sentir su presencia. Sin embargo, aun visible, sabiendo donde buscar, quedaba el rastro del humo sobre la piedra arenisca donde mis padres destilaron su licor clandestinamente.

Mi padre me comentaría muchos años después que en realidad vender la granja no fue demasiado difícil. Con la mirada fija a la distancia, me dijo: "En esta vida debes hacer lo necesario en beneficio de tu familia. Nosotros vimos que era imposible comprar la finca de Jacques y a la vez mantener la granja en Carrizo. Finalmente reconocimos que nuestro futuro estaba aquí, en esta tierra donde estamos parados y no en la granja. Reafirmo este sentimiento sólo con pensar en lo mucho que sufrió tu mamá durante nuestros años en Carrizo. De manera que tomamos la decisión y nunca nos arrepentimos.

—Recuerda — me dijo — nunca te ates a cosas materiales. Al fin y al cabo, lo único que cuenta es la familia.

Ese consejo me ha servido bien a través de los años y he tratado de mantenerme fiel a ese legado paterno.

Recuerdo en varias ocasiones estar despierto de noche y oír a mis padres conversando; él relatando los eventos del día a mi mamá así como era su costumbre. Me encantaba escuchar la voz sonora de mi papá compartiendo en detalle cada evento de su día. Creo que estas conversaciones les sirvieron como respaldo, fortaleciendo sus vidas y su devoción recíproca.

José Porfirio y Carmen con tres de sus cuatro hijos varones. Blanco- 1940

El Valle Del Río San Juan Llama

La granja de mis padres quedaba más o menos en el centro de la parte noroeste del condado de Río Arriba. No se encuentra en ningún mapa del estado de Nuevo México. La única manera de localizarla es encontrando primero la parada del Gobernador, sobre la ruta estatal número 64. De allí, se sigue una línea imaginaria de unos 12 kilómetros al sureste, sobre la mesa del Muñoz hasta llegar a un punto en el cañón del Carrizo (los mapas del estado identifican el cañón con el nombre "Cereza"). Al costado este y a pocos kilómetros, desemboca el cañón de las Ciruelas. Con este primitivo método uno puede dar con las ruinas de la casa que quedan sobre una lomita, casi pegada a la meseta del fondo.

Para llegar a las granjas, los pobladores tenían que transitar sobre un camino cortado a mano rodeando la mesa del Muñoz por un corte que separa dos mesetas o "cerritos", de la mesa principal, hasta llegar al cañón del Carrizo. La ruta tiene su origen en la parada del Gobernador, en el entronque con la antigua ruta estatal número 17, hoy renombrada ruta número 64. Este camino era de unos 20 kilómetros y el único por donde se podía transitar en calesa o en automóvil. El otro era más corto pero se hacía solo a caballo atravesando la mesa del Muñoz. En el entronque del Gobernador, al doblar hacía la derecha, uno toma dirección hacía Dulce, Tierra Amarilla y a la frontera con Colorado. Doblando a la izquierda, la carretera nos lleva hacía el oeste, en dirección al valle de San Juan donde se encuentra Blanco, el primer poblado sobre el río. La otra ruta utilizada a veces era cañón abajo hasta llegar al valle. Sin embargo, esta ruta nunca recibió ayuda del condado y a veces era totalmente intransitable. De manera que sólo aquellos granjeros con propiedades tan alejadas del Gobernador como para aventurarse a esa opción mucho más difícil la usaban para llegar al valle. El cañón del Carrizo desemboca sobre el cañón Largo a unos 10 kilómetros de donde este último descarga sobre el río San Juan. A unos tres kilómetros del entronque de los cañones, los granjeros del Carrizo tenían disponible un camino construido y mantenido por ellos mismos y por los ganaderos que tenían propiedades sobre el cañón Largo. A este cruce lo llamaron "las cinco millas" ya que esa era la distancia al pueblo de Blanco.

Blanco era el centro de la mayoría de los pobladores hispanos, donde los niños asistían la escuela y donde había iglesia con sacerdote permanente. Para el principio del siglo XX, Blanco ya contaba con escuela, iglesia y estafeta. Era una comunidad completa. El pueblo nació donde la ruta número 64 se cruza con la ruta del condado que da acceso a las fincas agrícolas en el lado oeste del río. Una acequia construida en los años 20 por una cooperativa de agricultores corre por más o menos 50 kilómetros dando agua a las fértiles fincas a lo largo de ese trecho del valle. Blanco nunca fue un pueblo concentrado, con alcalde y asamblea, sino un conjunto de fincas agrícolas dispersas a lo largo de unos 10 kilómetros. El resto de las fincas a lo largo de los 50 kilómetros de acequia, por lo general, habían tomado los nombres que las identificaban de los apellidos de las primeras familias que habían llegado a esa área. Sin embargo, todos quedaron unidos a Blanco por la escuela, la estafeta y la iglesia.

El pueblo de Aztec, poblado en gran parte por no hispanos, queda sobre el valle formado por el río de las Ánimas, a unos 20 kilómetros al noroeste y en línea recta con Blanco. Esta ruta, mantenida por el condado de San Juan, era preferible ya que acortaba la distancia entre ambos pueblos unos 10 kilómetros. La otra, era seguir por la antigua 17 que sigue el río hasta entroncar en Bloomfield con la ruta estatal número 550, a 16 kilómetros de distancia. De allí había que transitar otros 10 kilómetros hacia el norte para llegar a Aztec. Este último trecho tenía su encanto propio ya que al llegar a la cima de la loma que separa los dos ríos, uno podía gozar de una vista maravillosa de los montañas rocosas a la distancia, cubiertas de nieve casi todo el año. Uno sabía que esas montañas quedaban en Colorado, a unos 100 kilómetros de ese punto. La pequeña ciudad de Aztec tomó su nombre de las ruinas Anasazi que se encuentran sobre el costado oeste del río Ánimas. Los primeros pobladores le dieron el nombre "Aztec", creyendo que los Aztecas de México habían sido los fundadores. En los primeros años del siglo XX, Aztec había cobrado un papel importante, impulsado por los pobladores anglosajones y ganó más prominencia cuando el estado la seleccionó como sede del condado de San Juan.

Las comunidades hispanas sobre el río San Juan, por ejemplo, La Pompa, Turley, Archuleta, Los Martínez, y La Angostura, nunca se desarrollaron más allá que como puntos de referencia para los residentes. Por ejemplo, si uno decía: "soy de Los Martínez", el oyente sabía de inmediato donde quedaba la zona nombrada. Con excepción del "poblado" de Los Martínez que llegó a contar con su propia capilla y escuela, Blanco actuó como imán principal manteniendo a todas estas comunidades unidas. La razón era porque Blanco quedaba más céntrico y accesible para la mayoría de la gente hispana residente en el valle. Sin embargo, Blanco nunca alcanzó el desarrollo y prominencia de Aztec, donde el condado y el estado invirtieron recursos importantes. Con estas inversiones y el subsiguiente desarrollo del comercio, Aztec se convirtió en el centro comercial de las familias hispanas residentes sobre el río San Juan. También de mucha importancia fue que Aztec contara con el único médico que prestaba servicios a los hispanos de Blanco. Sin embargo, las parteras continuaban atendiendo a muchas mujeres de la comunidad hispana. No obstante, a pesar de que sus servicios eran invaluables, no podían sustituir los conocimientos profesionales de un médico, especialmente cuando se trataba de una enfermedad seria. Para compensar la falta de un médico en la comunidad, había individuos que asumían ese papel, utilizando yerbas y otros métodos para tratar algunas enfermedades. Estos individuos eran conocidos como "curanderos", una profesión honrada entre los indígenas americanos.

Años más tarde, Los Martínez perdería la mayoría de sus residentes, lo que desembocó en el cierre de la escuela. Sin embargo, revivió después de la construcción de la represa con la intervención de un joven emprendedor hispano, el cual logró establecer un negocio bastante lucrativo aprovechando la codiciada pesca de la trucha arco iris, pez que el estado había plantado sobre el río. También logró establecer una estafeta de correo sobre la nueva ruta asfaltada entre la represa y el pueblo de Aztec. De las antiguas construcciones, la única en sobrevivir fue la capilla, la que se mantuvo hasta hoy en día y una vez por mes el cura de Blanco oficia misa para aquellos fieles que aún viven en algunos puntos más al norte. La capilla está situada sobre tierra que fue dejada en el sitio después de la construcción de la represa Navajo. Todos los alrededores fueron excavados, con excepción de los que rodean a la capilla y esa tierra se utilizó para construir el dique de contención del agua, a unos tres kilómetros de la iglesita, la que quedó en medio del socavón sobre una lomita artificial a la que se llega desde la carretera por una lengüeta que dejaron sin excavar.

La estafeta era la única entidad en la comunidad no ligada a la Iglesia. La Iglesia Católica que actuaba como centro socio religioso para la comunidad, mantenía control sobre la escuela con el acuerdo del estado. Las clases las daban las monjas de la orden Ursulina. Un acuerdo entre el estado de Nuevo México y la Iglesia, en los años 20, consolidó otras varias escuelas al norte de la escuela de Blanco, en aquella zona del valle que se extiende en esa misma dirección. Aunque no estoy seguro de cómo se llegó a este acuerdo, imagino que se hizo a pedido de los pobladores, todos católicos y deseosos de que sus hijos se educaran dentro del sistema parroquial. El caso es que la Iglesia tuvo control sobre la educación de los niños del valle hasta 1952, cuando el estado consolidó la escuela de Blanco con las estatales en Aztec. Desde aquél año en adelante, todos los niños se vieron obligados a viajar en autobús los 44 kilómetros de ida y vuelta a Aztec. Pocos años después, se estableció una escuela primaria estatal en Blanco, con los niños de la secundaria ahora trasladados a Bloomfield, acortando la distancia y el enlace educacional con Aztec.

Mi hermana Cordelia, la primera en asistir a la escuela en Blanco, inició sus estudios en ésta, para ser transferida más tarde por mis padres a Tiffany, Colorado, donde vivió con mi tío Amado Abeyta y su familia, hasta terminar la secundaria. De allí, Cordelia, a la edad de 19 años, inició su carrera de profesora en la pequeña escuela de Los Martínez donde permaneció varios años. Por aquél entonces el país estaba en guerra en Europa y Cordelia había contraído matrimonio con Herminio Archunde, incorporado al ejército unos meses antes de la boda. Al ser traslado su marido al extranjero con su unidad militar, Cordelia regresó a Blanco para residir con sus padres hasta el regreso de su marido en 1945. Al regreso del mismo, la familia Archunde se trasladó a Grand Junction, Colorado, donde Herminio aceptó un puesto en una finca de betabel, especie de remolacha azucarera. Unos años después, regresaron a Nuevo México donde Cordelia aceptó un puesto en el sistema educacional del condado de San Juan. Sin embargo, carente de su título universitario y para poder conservar su puesto, se matriculó en la universidad de Highlands, en Las Vegas, Nuevo México, en el programa de verano. Después de cuatro veranos sucesivos de estudio, obtuvo su título universitario con certificado de profesora de primaria. Con éste en mano recibió su codiciada certificación y, más tarde, un puesto permanente en el colegio primario de Blanco. Allí permaneció hasta jubilarse en 1988.

Durante aquellos años, mis padres enviaron a Isaac a Albuquerque, Nuevo México, con la sobrina de mi mamá, Emma Tafoya y su marido Manuel. Por aquél entonces, mis padres habían logrado establecerse permanentemente en Blanco con la compra de un terreno de hectárea y media, y después la granja de Jacques. Los siguientes niños iniciaron sus estudios en Blanco para terminar en Aztec. Pensionar a los hijos en escuelas fuera de Blanco fue un esfuerzo económico, pero de un modo u otro, mis padres lo lograron. También es notable que mis padres optaran por enviar a sus hijos a colegios fuera de Blanco ya que nunca vacilaron en su adhesión a la iglesia. Sin embargo, ellos priorizaban una buena educación por sobre su religión y la escuela en Blanco; para ellos, no podía competir con las escuelas estatales de la época. Mi hermana Celina se graduó de la secundaria en Aztec en 1944. José se recibió un año más tarde. Durante el primer año, hicieron el viaje de 16 kilómetros, ida y vuelta, en un coupé Ford Modelo A de fines de la década de los años 20 o comienzos de la de los 30, que mi padre compró para ese fin. Los meses de invierno, con lluvias y nieve, eran muy difíciles ya que la carretera no estaba pavimentada. Y el Ford apenas cumplía con el título de automóvil. Muchas veces se quedaban en medio del camino por algún trastorno mecánico o sin poder cruzar algún arroyo por la creciente de agua. De manera que mis padres optaron por pensionar a ambos en Aztec con familiares. José, siempre el más intrépido, optó por alquilar un apartamento con un amigo, Ray Pilón, durante su último año. José solventaba la mayoría de sus gastos, incluyendo la renta de su apartamento, con trabajos en la ciudad.

En 1948 mis padres enviaron a José Porfirio y a Martha a Aztec para que hicieran sus últimos dos y tres años de estudios, respectivamente. Todavía recuerdo verlos montados en el Ford A, desafiando las inclemencias del clima para llegar a tiempo. ¡Era un verdadero desafío, ya que el Ford contaba sólo con una capota rudimentaria y carecía de limpia parabrisas y calefacción! Después de un año, Martha se trasladó a Grand Junction, Colorado, para terminar sus estudios en la secundaria de Fruta, del mismo Estado, con su hermana Cordelia. José Porfirio continuó haciendo el viaje a diario en el Ford hasta terminar sus estudios en 1950. Es importante destacar que mi hermana Cordelia jugó un papel importante en la educación de sus hermanos. De fuerte voluntad, los empujó hacia adelante tanto como se empujó a si misma. En su propio caso, logró su título a pesar de tener dos hijos y un marido a su cuidado. Sin embargo, detrás de ella estaban mis padres, siempre con el mismo anhelo.

Celina se matriculó en la Universidad de Nuevo México (UNM) después de dos años de servicio en el ejército femenino de los Estados Unidos. Se recibió en 1950 con título en ciencia política y especialidad en literatura latinoamericana y ciencia bibliotecaria. José ingreso al ejército inmediatamente después de terminar la secundaria. Al terminar su servicio militar, ingresó a la UNM, y se recibió con título de Farmacéutico en 1951. José se había pensionado con familiares en Alburquerque durante su primer año, pero con el apoyo de mi padre, compró una pequeña casa rodante donde vivió los últimos tres años de estudio. De nuevo solventó la mayoría de sus gastos con trabajo, esta vez en una farmacia.

Mientras, Isaac, que había regresado de la guerra en Europa recientemente, contrajo matrimonio con su novia Fabiola Chávez y, meses después, también ingresó a la UNM. El año en que regresó Isaac, mi padre compró un Mercury del año 1941, en Durango, Colorado. Me acuerdo que viajamos a Durango con la expresa intención de comprar un auto que José había visto durante una visita a esa ciudad. El propósito de la compra era traspasar el automóvil a su hijo Isaac, por sorpresa. Durante su primer año en la UNM, Isaac vendió el auto y con el dinero hizo el enganche para comprar una pequeña casa. Me acuerdo que hicimos una visita a Isaac y a su esposa unos meses más tarde. El viaje lo hicimos en el Ford Modelo A que mi padre había conservado para uso diario. La distancia entre Blanco y Alburquerque es de aproximadamente 290 kilómetros y nos costaba dos días de camino. Mi padre cargaba cama de campo y comida que mi mamá preparaba al aire libre. Siempre que hacíamos el viaje, parábamos a unos kilómetros del pueblo de Cuba, en un sitio en el que abundaba el pino Ponderosa. ¡Para mí, el viaje era una aventura!

Sucedió que Isaac recibió su última paga del gobierno por su servicio militar y, con toda buena intención, trató de entregarle el dinero recibido por la venta del Mercury a mi padre. Sin embargo, mi padre se negó a aceptarlo. Me acuerdo como si fuera ayer, de ver a Isaac entrar al dormitorio donde estábamos los tres, con su sonrisa característica y con un sobre en mano. Le ofreció el sobre a nuestro padre, diciendo que era el dinero de la venta del automóvil. Mi padre se negó a recibirlo, diciendo:

—No hijo, no quiero que me pagues por el carro. Ese dinero lo necesitas para tus estudios. Nosotros estamos bien.

Isaac se recibió con título en ingeniería electrónica en 1950.

Después le tocó a José Porfirio y a Martha. José Porfirio se recibió de la secundaria de Aztec el año en que se recibió nuestro hermano Isaac, en la UNM. De inmediato se matriculó en la UNM, y recibió su título en ingeniería electrónica en 1954. Mientras, Martha se inscribió en la "Regina School of Nursing" (Colegio de Enfermería), y se recibió en 1955. Durante aquellos años en sus universidades respectivas, José Porfirio y Martha, habían solventado parte de sus estudios mediante un programa del departamento de defensa que les ofrecía una comisión como teniente en el ejército al terminar sus estudios. Nuestro padre pagó el resto de los gastos de Martha, pero José Porfirio solventó todos los suyos por sí mismo. La casita rodante de nuestro hermano José, le sirvió durante sus cuatro años de estudio.

Durante sus años de estudio, José y nuestro hermano José Porfirio, trabajaron un mínimo de 30 horas por semana. Uno de ellos, José Porfirio ocupó un puesto que le consiguió el Señor Paul Williams, patrón de mi padre, en el Sandia Laboratories (laboratorios Sandia). Williams le tenía mucho afecto a mi hermano e hizo lo posible para ayudarlo a emplearse. El otro, José, con dinero del programa para veteranos y su trabajo como estudiante de farmacia, logró solventar sus gastos. Durante sus últimos dos años como estudiante, trabajó para el señor Pete Durán en su farmacia. Después de recibir su título, continuó con el señor Durán por muchos años. Eventualmente, después, José logró establecer su propia farmacia. Sin estos trabajos, les hubiese sido imposible terminar sus estudios ya que mi padre no contaba con los medios como para hacer frente a los gastos.

Yo fui el último en asistir a la secundaría en Aztec. El año que llegue al nivel de secundaria, el estado cerró la escuela en Blanco transfiriendo a los estudiantes a Aztec. Me recibí en 1956. Sin embargo, no ingresé a la universidad hasta 1965. Durante esos nueve años, viaje bastante, viviendo en California y Syracuse, Nueva York. También presté servicio militar en la guardia nacional por dos años y seis meses en la fuerza aérea. Inquieto y sin programa fijo, siempre trataba de regresar a Blanco después de largas ausencias, trabajando en la construcción y ayudando a mi padre en la finca. En 1962 y a invitación de mi hermana Celina y su marido, los cuales trabajaban en Washington, D.C., acepté un puesto con el gobierno federal en esa ciudad. Durante mi primer año, conocí a la mujer que se convertiría en mi esposa en Diciembre de 1963. Después de dos años sin oportunidad de avance, ya que carecía de título universitario, deje mi puesto y regresé a Nuevo México donde ingresé en la UNM. Con esposa y dos hijos, me recibí en 1968 con título en asuntos latinoamericanos. Recibí una beca para estudiar derecho, pero después de un año abandoné mis estudios en derecho para ingresar al servicio diplomático, iniciando mi carrera en 1969, la que tendría una duración de 31 años.

Mis padres comprobaron que podían vivir sin las ventajas de la vida moderna, pero lo que no podían aceptar era que sus hijos no tuvieran total oportunidad de estudiar y realizarse como individuos responsables y bien instruidos. Conforme cada hijo se recibía, primero en la secundaria y después en la universidad, Porfirio y Carmen celebraban a su manera, sabiendo que habían realizado su sueño. Nunca aparentaron perder su visión de una vida mejor para sus hijos, no importaba el sacrificio que fuera necesario por su parte. El único de los ocho hijos que no terminó sus estudios fue Loyola, la que abandonó la escuela para contraer matrimonio a la edad de 16 años.

Blanco 1940 – 1946

En 1940 mi padre tomó finalmente la decisión y trasladó a la familia de la granja del Carrizo a Blanco. El primer año vivimos en una casa alquilada, propiedad de la familia Valdez, a unos 200 metros de la iglesia, la escuela y la estafeta. El Segundo año mi padre alquiló una casa más cómoda de la familia Pilón, a un kilómetro del centro social de Blanco. Esa propiedad quedaba directamente en el lado opuesto de la acequia comunal y de la propiedad que antiguamente fue de Thomas Burns, el famoso empresario de Tierra Amarrilla. Esta finca conservaba el edificio de la ya desaparecida tienda con su fachada identificándola como "T. D. Burns Merchantile". Ese año mi padre logró comprar una propiedad de hectárea y media, con la intención de construir casa permanente. Esta propiedad quedaba más alejada aún, a unos dos kilómetros del centro social. Sin embargo, tenía todas las ventajas que buscaban mis padres. Por ejemplo, suficiente espacio como para construir casa, corrales y otras instalaciones, dejando tierra suficiente para la agricultura. Además incluía derecho de agua de la acequia comunal.

Durante el verano del segundo año, entre viajes a la finca del Carrizo a "dar vuelta" a su ganado, es decir: verificar su estado, revisar los aguajes a caballo, etc., mi padre fabricó adobes para la construcción de la casa que quedaría al borde del declive natural de la propiedad. Este sitio se prestaba perfectamente para excavar un garaje y un sótano, con la casa encima. Era un plano de construcción casi idéntico al del Carrizo. Con la tierra excavada para el garaje, tuvo material de sobra para la fabricación de adobes: ladrillos de lodo, arena y paja.

Desde la cima de la elevación donde se construyó la casa, el terreno bajaba en una inclinación de unos nueve metros, terminando al borde de un pantano al que nosotros llamábamos "El Estero". Este lugar se había formado en un área de varias hectáreas en las que el agua que filtraba de la acequia comunal se acumulaba en la zona más baja. Sin salida, había formado una laguna permanente. La acequia corría de norte a sur, sobre un promontorio del terreno que marcaba la línea oeste de las propiedades, a una altura de unos 15 metros. El río San Juan corre de este a oeste a unos 300 metros de la línea sur de la propiedad. El extremo sur del estero estaba más elevado que el extremo opuesto en el que había una parte adonde el agua no llegaba. Allí se había formado una pequeña pradera y era donde los "perritos de la pradera" habían construido su "ciudad". El "perrito de la pradera" es una especie de roedor que construye una red de túneles subterráneos, con las salidas marcadas característicamente por bordes de tierra para evitar filtraciones de agua. Este animalito es de color amarillo. Cuando sale de su madriguera, se pone sobre las patitas trasera, y emite un ladrido similar al de un perrito cachorro. A pesar de que el estero tenía dueños, el lugar era inservible para la agricultura, de manera que siempre estaba disponible para uso comunal. La parte que no quedaba bajo el agua permanente estaba blanca de salitre. Me acuerdo que en partes crecía un tipo de pasto adaptado a la salinidad a pesar de la gran abundancia de sal que contenía el suelo.

La casa que construyó mi padre constaba de cuatro cuartos y techo plano. Muy similar a la casa en el Carrizo. En fin, creo que mi padre simplemente utilizó un plano que el sabía crearía espacio suficiente para la familia. La única diferencia de esta casa era que carecía de vigas para apoyar el techo. En su lugar, mi padre utilizó tablas de tres centímetros de grueso por treinta de ancho. El uso del espacio también era similar al de la casa en Carrizo. Es decir, una sala servía de cocina-comedor. Las otras tres de dormitorios. Para el fin del segundo año, la casa estaba terminada. El verano del tercer año, mis padres lograron una tremenda cosecha de hortalizas que habían plantado esa primavera. También habían construido corrales para las dos vacas lecheras y los cuatro cerdos. Para las gallinas, mi padre construyó un jacal o especie de galponcito especial, con alambre de red para protegerlas de los predadores. En fin, estaban en estado de completa autosuficiencia.

Y por primera vez desde que salieron de La Puente en 1922, tenían agua para regar su huerta. Acostumbrados a sembrar en temporada, casi no podían creer su suerte. Mi padre comentaba con admiración:

—¡Mira nomás lo que se puede con buena tierra y bastante agua!

Esto no tiene ciencia. ¡No parece verdad!

Unos excelentes agricultores, mi padre y mi mamá cosechaban de todo como para satisfacer las necesidades de la familia. El papel de mi mamá, no menos importante, aparte de ayudar a su marido con la siembra y la cosecha, era envasar maíz en mazorca, chauchas, chícharo o guisante, calabaza y tomate. Las zanahorias, las papa y otros productos de raíz, los almacenaban en el sótano, enterrados entre paja para prevenir la humedad y la congelación en invierno.

Entre 1940 y 1946, mi padre continuaría viajando a la granja del Carrizo a "dar vuelta" a su ganado. La rutina era difícil, ya que a veces mi padre se ausentaba por más de una semana. En esos lapsos, mi mamá y mis hermanos eran los que llevaban la responsabilidad del cuidado de la finca, los animales y la huerta. Los veranos ocupaban más tiempo al aire libre, pero los inviernos eran los más difíciles, tanto para mi padre cuando viajaba como para mi mamá, al cuidado de la familia y la finca. Mi padre viajaba en un Ford Modelo A, convertido en camioneta. Esto lo logró instalando llantas más grandes y extendiendo la parte trasera como para acomodar una caja metálica abierta y modificada. A este camionetita mis sobrinos Adoree, Johnny y Raynel , hijos de mi hermana Loyola Chávez , y yo, la llamábamos "La Charpa Vieja". Mi hermana vivía en la parte norte de la propiedad donde mi papá le había cedido una parcela para la construcción de su casa. Mis sobrinos y yo éramos inseparables, ya que solo existían unos pocos años de diferencia de edad entre nosotros. El apodo al vehículo estaba fundado en el hecho de que mi padre tenía dos Ford Modelo A, la actual, y un coupé que usaba mi hermano José Porfirio, para viajar a la escuela en Aztec. A este último lo llamamos "La Charpa Nueva".

Recuerdo esperar siempre con ansia el regreso de mi padre. A veces se quedaba por más de dos semanas y todos nos preocupábamos ya que no había manera de saber si estaba bien o no. Mi mamá siempre se intranquilizaba porque hubiese podido sufrir algún accidente. Estando sólo era imposible saberlo. Sin embargo, ella había aprendido a esperar. Me acuerdo que en una ocasión y a pesar de que mi padre siempre le decía a mi mamá que no debía preocuparse, no aguantó más y envió a mi cuñado, Fidel Chávez, a la granja para averiguar sobre su prolongada ausencia. Acertado su presentimiento de que algo le había sucedido, Fidel encontró a su padrastro en cama con una aguda infección de muela. Lo subió al auto, lo regresó a Blanco y de allí a Aztec, al dentista, donde le extrajeron la muela. Según el doctor Chadwell, el dejar la infección sin tratamiento le hubiese causado serios problemas.

A veces mi padre llegaba de noche y me acuerdo de que escuchaba el ruido de la charpa cuando daba vuelta a la casa para detenerla sobre la pendiente que bajaba al garaje. Si estaba despierto, no aguantaba quedarme en cama, rogándole a mi mamá que me dejara saludar a mi padre. El siempre paraba allí porque la charpa carecía de motor de arranque y una vez sobre terreno plano era muy difícil ponerla en marcha. Para hacerlo, mi padre la dejaba rodar cuesta abajo y, a su tiempo, engranaba el motor y salía por el otro lado. A veces no lograba arrancar. En esas ocasiones todos teníamos que salir y empujarla cuesta arriba para hacer otro intento. Nosotros, los niños pensábamos: —¡Qué cosa más divertida!

Durante la primavera y el verano, toda la familia participaba en el trabajo de la huerta. La "escarda", o sea, cortar hierbas y a la vez mover la tierra, era la tarea que más nos ocupaba. En esos años yo todavía estaba demasiado chico como para empezar a trabajar. Esta responsabilidad me llegaría más tarde, ¡y era lo que más temía por lo que hacía todo lo posible para evitarla! Pero con mi papá no había salida. ¡Manos a la obra! Sin duda la tradición de trabajar juntos en la huerta la habían incorporado y afinado en la granja del Carrizo. Esta rutina la continuaríamos en la finca que mis padres compraron de Eduvigen Jacques en 1946. En ese año cumpliría nueve y la edad en que ya podría salir con mi padre y mis hermanos a trabajar en la finca. Recuerdo como mi padre nos despertaba muy temprano durante el verano para salir a la escarda del maíz. —¡Dios mío! — pensaba yo viendo esas hileras de más de 150 metros de largo: —¿Cuándo vamos a terminar esto?. Sin embargo, con esfuerzo, lográbamos llegar a la otra orilla. Madrugar tenía su razón, ya que para las nueve de la mañana, el calor empezaba a pegar de lleno. Para las once, la hora en que solíamos terminar, el calor era casi insoportable. Los más chicos sabíamos que las once de la mañana era la hora clave y desde unos minutos antes empezábamos a mirar a nuestro padre y a nuestros hermanos mayores, en espera de la seña para terminar. Al aproximarse la hora, mi padre se erguía, se quitaba el sombrero y miraba hacía el sol. Luego dejaba caer el excavador y con ese gesto como señal, todos salíamos corriendo hacía la casa y el fresco de la sombra de los árboles. Regresábamos a eso de las cinco de la tarde y trabajábamos dos horas más. Después volvíamos a casa, a encerrar a las vacas lecheras, las borregas y luego, a prepararnos para la cena.

Con el fin de darle al lector una idea de cómo la comunidad de Blanco se organizó, pensemos primero en el conglomerado que se formó alrededor de la escuela, iglesia y estafeta. Después, imaginemos pequeñas vecindades unidas por callejones comunales, todo disperso en un área de varios kilómetros. Eran estas vecindades las que le daban forma a una zona compuesta por granjas unidas bajo el nombre "Blanco", solo por la existencia de las mencionadas propiedades. La diversión para la juventud consistía en los bailes de los sábados por la noche, en el salón al lado de la única cantina , donde se servían bebidas alcohólicas , frente a la antigua granja Burns. Esa era la casa donde vivimos el segundo año en Blanco, después convertido en cantina y salón de baile. Lamentable, la combinación de alcohol y muchachos jóvenes siempre terminaba en algún altercado. Sin embargo y por lo general, éstos no pasaban más allá de algunos moretones y heridas de sentimientos, pues a la luz del día casi toda agresión se perdonaba.

Nuestros vecinos al lado oeste eran la familia de Don Manuel Martínez. Éste era un hombre de estatura media, con ojos azules y de tez blanca. Estaba casado con Cristina Archunde, la hermana del esposo de mi hermana, Cordelia. Al lado opuesto y a unos 100 metros, estaba la finca de la familia de Don Fidel Chávez. Mi hermana, Loyola, contrajo matrimonio con Fidel, hijo. A otros 100 metros quedaba la finca de Sabino Chávez, hermano de Don Fidel. Sabino y su esposa, Josefina Valencia, tuvieron dos hijos, una niña y un niño. El menor, Nicanor, unos meses mayor que yo, se convirtió en mi mejor amigo. Amistad que conservamos hasta hoy día aunque ya no tan cercana. Esto por las distancias que nos separan desde que llegamos a la madurez, cada cual por su camino. Nuestra vecindad, pues, consistía en esas tres familias a las que nos unimos cuando llegamos al valle en 1940.

En 1944, Martínez vendió la parcela de al lado de la nuestra y se mudó a otra propiedad a un kilómetro de distancia. Allí construyó casa. El comprador de la parcela y la casa de Martínez, era el Señor Larkin Skinner, un anglosajón recién casado con la viuda Alicia Pilón de Aragón. El primer marido de ésta había sido abatido en Francia durante los primeros años de la guerra. Alicia era hija, con otros cuatro hermanos más, de la pareja Pilón, francoparlantes que llegaron a Nuevo México desde Canadá a principios del siglo 20. A través de los años, perdieron el idioma Francés y se asimilaron a la comunidad hispana. Mary, la hija mayor de aquellos abuelos Pilón, era la suegra de mi hermana Loyola, casada con Don Fidel Chávez.

El señor Skinner era un hombre grande y fornido, con pelo rubio y ojos azules. Era de carácter tranquilo, de movimientos deliberados. Fue un buen vecino. Me acuerdo que le había tomado bastante afecto a mi hermano, José Porfirio. En varias ocasiones, mi hermano lo ayudaba con alguna tarea u otra en su propiedad. A veces, en algún trabajo con ganado, mi hermano solía usar el caballo favorito de Skinner, un alazán con mucho brío. Skinner siempre se maravillaba de la destreza de mi hermano con el caballo, especialmente cuando él, con fuerza superior, luchaba para dominarlo. Me acuerdo como en una ocasión Skinner le pidió a mi hermano que saliera a buscar un toro de raza Hereford que se le había escapado. Mi hermano salió por la mañana y a eso de las tres de la tarde, se lo vio llegar con el toro por delante. El alazán, sudado y dócil, siguiendo las órdenes de mi hermano mientras empujaba al toro hacia el corral. Mi hermano recuerda cómo lo encontró después de una minuciosa búsqueda, pero el animal se negaba a caminar. En vez, se refugiaba entre unos matorrales. ¿Cómo sacarlo de allí? Mi hermano rodeaba los matorrales, gritando y capoteando, pero el animal se negaba a salir. Frustrado, José Porfirio se bajó del caballo, tomó una piedra de unos 100 gramos de peso y la ató al cabestro. Se montó de nuevo y girando el invento sobre su cabeza lo lanzó hacía el toro. Acertó. Giró y lanzó de nuevo una y otra vez, acertando con cada lanzada, hasta que el animal salió corriendo. Después de una buena carrera, el animal se calmó y se dejó llevar por delante. Cuando le contó a Skinner como lo sacó de entre el matorral, éste no pudo contener la risa, y le golpeó la espalda a mi hermano, diciendo: "Bien hecho, bien hecho".

Alicia tenía dos hijos de su matrimonio con Aragón, cuyos

nombres eran Shelia y Ronald. Ronald, un año menor que yo, pronto se convirtió en un gran amigo. Era un chico inteligente y muy listo. El único problema para mí era ¡qué Ronald no hablaba ni una palabra de español! A pesar de que yo hablaba un poco de inglés, por el contacto diario con mis hermanos, no era suficiente como para conversar. Sin embargo, como todos los niños y por medio del juego, rápidamente empecé a entender; y luego, a hablar con fluidez. Ronald, sin embargo, nunca aprendió el español. Para cuando inicié mi primer término de escuela, a la edad de siete años ese otoño, ya podía hablar inglés bastante bien. Esto me dio una gran ventaja sobre mis compañeritos, ya que la mayoría no lo hablaba. Y las monjas, en su afán de que los niños lo aprendieran cuanto antes, prohibían el uso del español en toda forma, incluso en las de intercambio social. Esto causaba dificultades a aquellos niños con poco o nada de inglés. Sin embargo, poco a poco y a través de los años, todos los niños se adaptaron al nuevo régimen. El resultado fue que simultáneamente vimos disminuir el uso del español y llegó el momento en que el inglés lo reemplazó por completo entre la juventud.

Después de unos años en Blanco, Skinner vendió la propiedad y se llevó a su familia a San Isidro, un pueblito sobre la carretera entre Cuba y Bernalillo, Nuevo México, a una distancia de unos 200 kilómetros de Blanco. Allí abrió un taller de mecánica – su profesión – con el que permaneció unos años. Aparentemente inquieto, después de ese tiempo allí, el hombre mudó su familia a Albuquerque, Nuevo México, donde permaneció hasta su muerte, unos diez años más tarde. Perdí contacto con Ronald después de esa última mudanza. Sin duda todavía vive en Albuquerque. Digo eso porque mi hermano José, se enteró que Ronald había estudiado odontología, estableciendo consultorio en esa ciudad.

En 1946, mi padre vendió la mayor parte de su ganado y la granja en Carrizo y cumplió parcialmente su sueño con la adquisición de una granja más grande, la finca de los Jacques. Pero antes de entrar en ese capítulo de nuestra vida en la nueva propiedad, debo relatar el sufrimiento de mi mamá por la ausencia de mi hermano Isaac, durante la guerra.

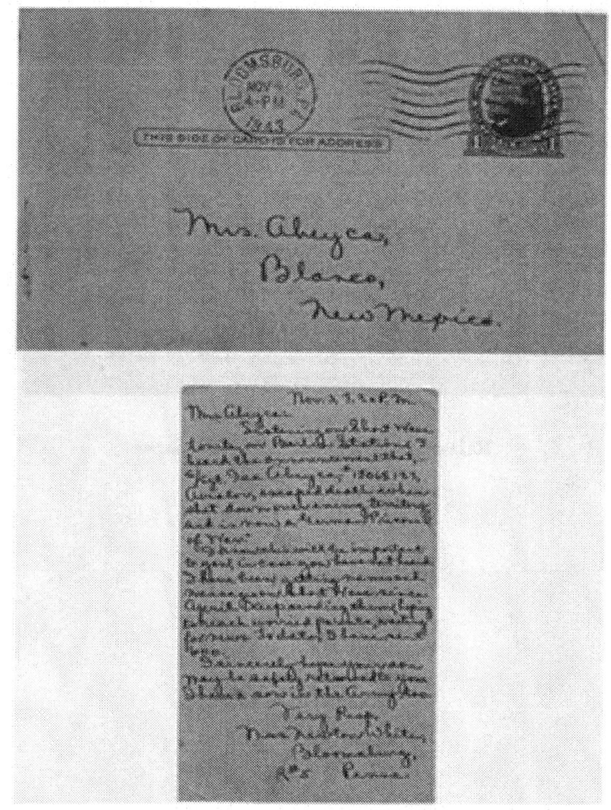

BLOOMSBURG PA.
NOV 4
4-PM
1943

THIS SIDE OF CARD IS FOR ADDRESS

Mrs. Abeyta,
Blanco,
New Mexico.

Señora desconocida reporta la captura de Isaac por los alemanes, 4 noviembre de 1943

José Porfirio y su esposa aceptando condecoraciones otorgadas a su hijo Isaac por derribo de aviones caza alemanes durante la Segunda Guerra Mundial- 1945

Segunda Guerra Mundial

La Pesadilla de una Madre

El evento de ese oscuro día 12 de Diciembre de 1941 cambiaría la vida de las familias de todo del país para siempre. Fue cuando las fuerzas japonesas atacaron la base americana de Pearl Harbor, Hawái, destruyendo la mayoría de la flota anclada en la bahía y los aviones en tierra. Con ese golpe, el país declaró la guerra contra Japón y Alemania. Desde entonces, en adelante, no hubo familia que no fuera afectada, con hijos, sobrinos, tíos y esposos en edad militar, conscriptos o voluntarios, respondiendo todos a aquél llamado que se hizo famoso en cartulina, con el "Tío Sam", vestido con la bandera de EEUU, señalando con la mano y diciendo: "Te Necesito".

Para mi mamá, la segunda guerra mundial empezó cuando su hijo mayor Isaac, ingresó al ejército como voluntario en 1942. Isaac había revelado su intención de ingresar así al servicio militar, a los pocos días de recibirse de la secundaria ese año. Mi mamá, sin embargo, le rogó que no lo hiciera. Al principio y viendo el impacto negativo que causó su anuncio, pospuso su plan. Pero a las pocas semanas anunció que su intención era irrevocable. Su razonamiento estaba basado en que si no se iba voluntariamente, sería llamado conscripto, eliminando su opción de elegir su área preferida: aviación. Él estaba interesado en ese recién formado cuerpo aéreo del ejército e ingresando como voluntario, tendría ventaja sobre el conscripto. A principios del verano ingresó al ejército y en pocas semanas fue aceptado por el cuerpo aéreo, donde recibió entrenamiento como artillero de popa.

Terminado su entrenamiento básico en el recién formado cuerpo aéreo, Isaac fue asignado al Grupo 66 de bombarderos pesados, a bordo de un B-24 Libertador, avión de cuatro motores. La tripulación de cada avión consistía en diez hombres, cinco de ellos asignados a una ametralladora cada uno. Las ametralladoras estaban colocadas estratégicamente, una en cada costado, una en una burbuja sobre el techo del avión, otra debajo de la cabina del piloto y la última en la popa. El puesto de artillero de popa era muy importante, ya que desde esa posición tenía una vista de más de 180 grados, ofreciendo protección a sus compañeros contra los aviones caza que solían entrar por detrás de los bombarderos. La única desventaja para el artillero era que en la popa del avión quedaba aislado del resto del mando. Pero sin esa posición los artilleros de cada lado y del centro del avión, quedaban vulnerables a los cazas alemanes que trataban de atacar esas zonas con rango de visibilidad limitada.

El puesto del artillero de popa era de láminas de plástico en forma de burbuja. Dentro de esta, el artillero tenía un pequeño asiento, desde donde operaba su ametralladora calibre 0,50. Isaac cuenta que para ingresar a su sitio, tenía que ponerse de rodillas y entrar a gatas. El sitio era muy estrecho y recuerda que cada vez que entraba, daba gracias a Dios por ser de estatura media. Mi hermano aún describe el estruendo de la ametralladora durante las batallas como una explosión sin fin y el olor de la pólvora áspero, casi inaguantable. Desde esa posición Isaac logró derribar tres aviones caza enemigos durante sus numerosos vuelos contra objetivos de interés militar.

El Grupo 66 de bomberos B-24 estaba asentado en la enorme base aérea Wheelus, en la península de Benghazi, en Libia, en el norte de África. Desde ese punto estratégico, los aviones Americanos volaban sus misiones sobre terreno europeo ocupado por los alemanes. Fue desde allí que lanzaron los numerosos ataques que finalmente destruyeron las refinerías petroleras de Plóiesti, en Rumania. Los alemanes habían tomado el control de estas, al principio de la guerra y desde allí abastecían gran parte de su máquina de guerra. Isaac cuenta que los B-24 entraban a menos de tres mil metros de altitud, con el fin de tratar de eludir el radar de los alemanes y a su vez, recortarles espacio de maniobra a los aviones caza del enemigo. Sin embargo, esto los ponía en gran peligro ante las baterías antiaéreas terrestres. Para minimizar sus pérdidas, los americanos llevaban a cabo operaciones nocturnas contra puestos importantes. Muchos bombarderos fueron derribados durante esas misiones. Afortunadamente, el avión de Isaac logró salir ileso.

Pero la suerte los abandonó y durante una misión sobre Austria, cuando el escuadrón de bombarderos trataba de destruir fábricas de

cojinetes de precisión, el avión de Isaac recibió impactos letales de las baterías terrestres. Isaac cuenta que sintió los impactos, con algunos trocitos metálicos que dieron contra su espalda y su nuca, causándole heridas leves. Trató de llamar por el sistema de comunicación pero no recibió contestación. Cuando el avión siguió su trayectoria de ascenso y se niveló, no le prestó más atención y se dedicó a vigilar por si aparecían aviones caza. Después de varios minutos, sintió que el avión empezó a sacudirse y los motores a fallar. Trató de llamar nuevamente, pero no logró contacto alguno. Con esto abandonó su puesto y al salir, vio que el avión estaba vacío, volando por piloto automático y perdiendo altitud. La línea del intercomunicador había sido cortada por algún impacto, lo que explicaba que nadie se hubiera conectado con él, a lo mejor porque sus compañeros lo habían dado por muerto. Mientras, el avión seguía cayendo. Rápidamente, Isaac se colocó su paracaídas y se lanzó al vacío. Unos minutos más y no hubiese logrado saltar ya que el avión iba perdiendo altitud rápidamente y dejaba cada vez menos oportunidad de que su paracaídas se desplegara antes de impactar contra tierra. Cuenta que en ningún momento sintió pánico:
—Pensé sólo en los pasos de emergencia que había repasado un sinfín de veces con mis compañeros y me lancé al vacío casi sin pensar.

Su descenso fue rápido y sin control pero afortunadamente no recibió herida alguna. Su aterrizaje, dio sobre un manzanar y quedó con su paracaídas enganchado en un árbol. Isaac trató de liberarse y finalmente logró abrir las hebillas de su equipo y caer a tierra. En esos momentos un agricultor austríaco se aproximó con una horquilla en la mano. Con movimientos amenazantes, le indicó que caminara. Lo llevó a un pueblo a unos kilómetros donde lo entregó a un puesto de soldados alemanes. De allí lo trasladaron como prisionero de guerra al campo de concentración Stalag 17, uno de los campos más famosos, en territorio de la parte este de Alemania. Los siguientes diecinueve meses Isaac quedó prisionero en ese campo.

El telegrama informando a mis padres de la desaparición de su hijo les dio un fuerte golpe, pero especialmente a mi mamá. Recuerdo verla llorar sin consuelo, torciendo las manos angustiada y suplicando a Jesús Cristo y a la Virgen María que lo encontraran con vida. Mi padre aceptó la noticia con estoicismo, pero a pesar de que trataba de ocultar su dolor, su sufrimiento era aparente en su cara. Mi mamá ofrecía misas y novenas, encendía velas y rezaba el rosario constantemente. Para un niño de seis años, la experiencia era aterradora. Simplemente, no entendía la gravedad de la situación. Sabía que el gobierno había reportado que el avión de mi hermano había sido derribado pero no lograba entender que posiblemente hubiese fallecido. No, no era posible. No mi hermano Isaac. Con angustia, le rogaba a mi mamá, preguntando:

—¿Qué le pasa? ¿Por qué llora?

Observando mi aparente terror de niño, mi mamá me tomó en brazos y me dijo:

—Hijito, tenemos que rogarle a Jesús Cristo y a la Virgen María que nos regrese a tu hermano con vida.

El silencio que cayó sobre nuestra casa fue aterrador. Yo seguía a mis padres por todos lados, tratando de conseguir la tranquilad que gozábamos antes de la partida de mi hermano. Sin embargo, no lo lograba. Mi mamá se movía como robot, su rosario entretejido en sus dedos, ocupándose de los oficios de la casa sin ánimo, su corazón deshecho.

Pasarían varias semanas antes de la llegada del segundo telegrama. Mientras, nuestra vida seguía la rutina de oraciones, con mi mamá flotando por la casa como fantasma. El telegrama llegó por teléfono a la estafeta de Blanco donde estaba el único teléfono de la comunidad. Los dueños de la tienda que guardaba la estafeta, habían instalado la línea desde Aztec , a unos 22 kilómetros de distancia , por su cuenta. La línea no era de alta calidad y por lo tanto, carecía de buen audio. La única persona autorizada a usar el teléfono era la señora Grace Black, la esposa del administrador de correos. Era divertido, ya que lo hacía a gritos, la única manera de que ambas personas pudiesen captar la conversación. Cuando llegó el telegrama, la señora Black recibió la información y salió corriendo a la residencia de los Candelaria, a unos 100 metros de distancia. Allí encontró a los niños de Pablo y Eulogia, compadres de mis papás, y con el contenido del telegrama en manuscrito, le indicó al mayor, Leopoldo, de unos 12 años de edad, que corriera el kilómetro y medio hasta la casa de los Abeyta con la noticia de que habían encontrado a Isaac con vida. Había sobrevivido al derribo del avión y se encontraba preso en Alemania.

Me acuerdo como si fuera ayer de ver a Leopoldo con dos hermanos menores a varios metros detrás, venir corriendo por el callejón con el papelito en mano, gritando:

—Tía Carmelita, tía Carmelita, encontraron a Isaac. Está vivo.

En ese instante, Leopoldo, tartamudo desde niño, olvidó su impedimento; tal era su alegría. Mi mamá, salió de la casa y con un grito lo recogió en sus brazos. Recordaba después con alegría verlo venir corriendo, gritando en voz alta y sin tartamudear.

—¡Cómo quise a mi ahijado en ese momento! ¡Por el resto de mi vida le guardaría un amor muy especial! —decía.

La noticia que recibieron mis padres ese día fue que la Cruz Roja Internacional había conseguido una lista de nombres de prisioneros, entre ellos, Isaac Abeyta. Por los siguientes 15 meses, mi mamá escribiría cartas y enviaría paquetes por medio de la Cruz Roja a la dirección de Stalag 17.

Isaac contaba que los alemanes no les daban suficiente de comer. La comida que les daban a los prisioneros consistía principalmente en repollo. Esto lo suplementaban los prisioneros con cáscara de papa que ellos mismos, forzados a trabajar como ayudantes de cocina, lograban sacar sin que los alemanes se dieran cuenta. Decía que los ayudantes en la cocina pelaban las papas con cortes gruesos a propósito, dejando bastante pulpa como resultado. Los prisioneros guardaban este material y lo sacaban de la cocina, para colocarlo en la olla junto con el repollo, preparando una sopa caliente. Los alemanes no les daban carne y solo les daban comida decente cuando llegaba una rara visita de inspección del personal de la Cruz Roja Internacional. Por lo general no les daban verduras o frutas, de manera que sufrían de malnutrición constante. Otra vez, mi hermano daba gracias de ser de estatura media, ya que los hombres grandes eran los que más sufrían el hambre, con varias muertes como resultado. Isaac cuenta que pesaba 63 kilos cuando entró al campo de concentración y sólo 45 kilos cuando salió. Su estómago se había encogido más de la mitad. Tardaría más de un año después de su regreso en recuperarse completamente.

A más o menos un año de su cautiverio, mis padres recibieron noticias de que el gobierno le había conferido cuatro medallas a Isaac. La primera era la Cruz Voladora de Distinción, con racimo de hojas de roble (Distinguished Flying Cross with Oak Leaf Clusters);

la segunda fue la Cruz Voladora, en duplicado, con racimo de hoja de roble; la tercera fue la Medalla Aérea, con tres racimos de hojas de roble; y la cuarta fue El Corazón Morado, por heridas recibidas en combate. Cada uno de los tres racimos de hojas de Roble de la Medalla Aérea representaba un avión enemigo derribado. Recuerdo haber presenciado cuando un Mayor del ejército llegó a Blanco y en la entrada de la escuela hizo entrega de las medallas a mis padres. Muchas de las familias de Blanco presenciaron la ceremonia. El orgullo en los ojos de mis padres brillaba menos porque sabían que su hijo todavía seguía prisionero en el campo de concentración alemán, con su libertad incierta.

La guerra en el teatro europeo siguió su terrible avance sin piedad, con ciudades alemanas devastadas por los bombardeos continuos. Fue a fines del segundo año que las tropas rusas lanzaron su ofensiva desde el este contra las líneas alemanas. Con estos asaltos, los alemanes empezaron a desmantelar sus campos de concentración, moviendo a los prisioneros hacía el oeste. Cuando desmantelaron el Stalag 17, sin camiones para trasladarlos, llevaron a los más de cien prisioneros a pie. Isaac cuenta que los sacaron temprano por la mañana, enfilados por un camino estrecho pero asfaltado, con soldados alemanes a unos 50 metros entre cada uno. Caminaron todo el día y al atardecer, en un momento de descuido del soldado de guardia, Isaac y un amigo aprovecharon la falta de luz y vigilancia para salirse de la fila frente a un caño de desagüe que atravesaba la carretera. Se introdujeron en el caño y esperaron la alarma. Pero ninguno de los guardias se dio cuenta de la fuga; el resto de los prisioneros continuó su camino. Isaac y su amigo esperaron hasta que oscureciera. Salieron y después de caminar a través de campos de agricultura por varias horas, encontraron una casa abandonada. Se refugiaron en el sótano y decidieron esperar hasta el amanecer antes de evaluar su situación. Era otoño y el frío era penetrante. Con poca ropa, pensaron que quizás morirían de frío. Cuenta que fue una de las noches más largas de su vida. Sin embargo, sobrevivieron y al amanecer escucharon el estruendo de artillería pesada que se aproximaba. Pasaron unas horas y, temerosos de salir, continuaban en su sitio. A eso del medio día escucharon voces, y pensaron: —Estamos perdidos. Nos van a encontrar los alemanes—. Pero no eran estos, sino soldados Rusos. Varios de ellos se introdujeron en el sótano, probablemente en busca de comida y en cambio encontraron a dos individuos, temblando de frío y miedo, mal vestidos y hambrientos. La sorpresa de los soldados rusos se convirtió en alegría cuando mi hermano y su compañero gritaron: —¡Americanos, americanos! —. Los rusos bajaron sus armas, los abrazaron y los besaron, gritando quién sabe qué en ruso. Mi hermano contó luego que los soldados estaban bastante ebrios, pues cado uno llevaba una botella de vino en el bolsillo. Sacaban trozos de pan negro y las botellas de vino y les ofrecían comer y tomar tragos de celebración. Isaac decía con una sonrisa que con solo un trago quedó ebrio ya que no había comido por varios días, por no decir que no había probado licor por más de dos años. De allí los rusos los llevaron al próximo pueblo, donde los entregaron a la Cruz Roja Internacional. Isaac cuenta que siempre guardó un sentimiento especial para con los rusos. Nunca volvió a saber del paradero del resto de sus compañeros.

Después de dos meses de recuperación en un hospital de Inglaterra, el ejército regresó a Isaac a los Estados Unidos. Unos meses más tarde le dieron su baja definitiva. Con ese último paso burocrático, Isaac regresó a la vida civil. Estaba libre para regresar a casa, para reunirse con la familia. Mi mamá, incapaz de contener su alegría, lo abrazaba, lo acariciaba, lo besaba y lloraba, todo al mismo tiempo. Mi padre lo recibió con un abrazo, sus ojos llenos de lágrimas. Los hermanos lo recibimos con emoción. Ese otoño de 1945, Isaac, aprovechando el G.I. Bill (asistencia monetaria federal para veteranos de guerra), ingresó a la Universidad de Nuevo México, en Albuquerque, para iniciar sus estudios. En Diciembre 24, 1946, contrajo matrimonio con Fabiola Chávez, su novia desde antes de su ingreso al ejército. En 1949 se recibió de la universidad con título de ingeniero en electrónica.

Muchas familias de la comunidad tienen historias similares a la nuestra, con el regreso de sus seres queridos de esa terrible guerra. Otro veterano en la familia que regresó con vida fue Herminio Archunde, esposo de mi hermana Cordelia. En sus casi tres años en el teatro del Pacífico contra los Japoneses, luchó en una de las campañas más arduas y difíciles de la guerra. La batalla fue por la posesión de la isla de Atú, la más sureña de la cadena Aleutian, archipiélago que se extiende en arco desde el sur de Alaska, hacia el oeste, en dirección a la península Rusa de Kamchatka. Los japoneses habían tomado la isla en Mayo de 1942, utilizándola como base para sus aviones en su esfuerzo por desalojar a las fuerzas americanas en el Pacífico. La Séptima División de Infantería, a la cual pertenecía Archunde, invadió la isla, tomando tierra en Massacre Bay (Bahía Masacre). Los próximos meses siguieron con fuertes batallas y muchas pérdidas por parte de ambas fuerzas, pero especialmente de las tropas americanas. Los japoneses estaban muy bien atrincherados y desde sus posiciones lanzaban contra ataques feroces. Sin embargo, finalmente, los americanos lograron liberar la isla en Mayo de 1943, un año después de la invasión. El esposo de mi ya fallecida hermana Celina, Lorenzo Sánchez, también lucho en esa guerra. A él le tocó el teatro Europeo, contra los alemanes. Él también regreso ileso.

Otros dos veteranos de Blanco que sobrevivieron la guerra fueron Valentín Archuleta y Lázaro Chávez. Estos dos hombres fueron apresados por los Japoneses en el teatro del Pacífico, sobreviviendo a la terrible marcha forzada de muerte de Batan, donde cientos de prisioneros, americanos y filipinos perecieron. Ambos regresaron con orgullo al seno de sus familias, sin grandes celebraciones.

En total, la guerra infligió altas y bajas entre los jóvenes de las familias hispanas del norte de Nuevo México y del sur de Colorado. La zona perdió más de sus jóvenes que cualquier otro grupo étnico. Los más afortunados regresaron a sus familias, para reiniciar sus vidas. Muchos volvieron, pero no a Nuevo México, descubriendo otros lugares dentro el país donde establecerse. Los menos afortunados regresaron en ataúd, con la bandera de los estados unidos cubriéndolos. Uno de estos fue José Valdez, un primo lejano de mi mamá. El gobierno de Estados Unidos le confirió la medalla de honor póstumo, por heroísmo durante una batalla en Francia donde luchó a perdida de su vida para salvar a sus amigos. En ceremonias solemnes, en distintas iglesias de la región, familias y amigos enterraron a sus seres queridos, las banderas dobladas y entregadas a las enlutadas madres o a las esposas de los fallecidos.

De interés histórico Para nuestra familia es una tarjeta postal que encontramos entre los papeles y retratos religiosos de mi mamá después de su muerte. La tarjeta, escrita por la señora Newton White, de Bloomberg, Pennsylvania, con fecha Noviembre 3, 1943, relata lo siguiente:

"Estimada señora Abeyta. Sintonicé mi radio de banda corta hoy por la mañana en la estación de la BBC en Londres, donde reportaron que el Sargento Isaac Abeyta, número de serie 18068133, aviador, había escapado con vida y ahora es prisionero de guerra después de que su avión fue derribado sobre territorio enemigo".

Aunque la señora White no dice como supo dónde comunicarse con mi mamá, supongo que la noticia incluía detalle sobre los sobrevivientes americanos. También encontramos entre sus retratos religiosos una carta escrita por Isaac desde Benghazi, Libia, el 24 de Septiembre de 1944. Esta carta es de interés por su tono conversador, limitado a lo familiar. Es evidente que Isaac trataba de tranquilizar a mis padres a propósito, ignorando hablar sobre el peligro que corrían cada vez que salían en misiones sobre territorio enemigo. Su tono es ligero, con preguntas y observaciones sobre la familia. La carta dice así:

"Mis queridos padres:

Me avergüenza encontrar tan poco que decir, de manera que solo he escrito dos cartas desde que llegue aquí. Confieso que hemos estado bastante ocupados desde que llegamos. Sin embargo, es mi deseo que no se sientan demasiado tristes al no recibir noticias frecuentes.

Lamentablemente, sus cartas tampoco me han llegado a tiempo. Sospecho que el sistema no funciona tal como nos gustaría. Pienso también que a lo mejor puede ser por lo mucho que nos hemos movido de un lugar a otro y el correo no ha tenido tiempo de alcanzarme.

Me entero por su carta que a mi hermanito no le gusta la escuela.

Sí espero que pronto se interese, ya que sería una lástima tener que forzarlo. Creo que el problema es que está demasiado mimado por Usted, mamá. ¡De seguro ese es su problema y sin duda no ve la hora de salida para estar a su lado!

Supongo que Marta sí sigue tan enloquecida por la escuela como siempre. ¿Y Celina?, se recibe esta primavera, ¿verdad? Y José está en tercer año. Y José Porfirio en el siguiente. Que diferencia hacen unos cortos meses. Parece como si fuera ayer que salí de casa. Pero muchas cosas han sucedido desde ese entonces. ¡Lo siguiente será que me vea envejeciendo!

Lamento haber perdido mi libreta con direcciones, de manera que cuando escribas, me envían las direcciones de Carlos y Francisco (primos hermanos muy amigos). Apenas estaba reiniciando nuestra amistad cuando perdí la libreta. No he recibido noticia de ninguno de los dos.

Mamá, no quiero que diga que daría su vida por poder volver a verme. Se lo que quiere decir pero a mí me suena demasiado literal. Y me pongo muy triste solo de pensar en tal acontecimiento. Estoy seguro que Nuestro Señor será misericordioso y no demandará tal sacrificio por algo tan insignificante. ¿Cómo puedo aminorar su tristeza? Lo único que puedo ofrecerle es que no se preocupe tanto. Sé que es su naturaleza tomar todo tan en serio. Pero recuerde que todo desaparece con el tiempo, incluyendo hábitos que pesan sobre nosotros. En este sentido me siento afortunado, ya que soy totalmente opuesto en carácter. Pues soy más de creer como en el dicho que: "ausencia causa olvido". Que no los olvidaré. Me sería imposible olvidarlos. Nunca podría.

Con amor,

Isaac

PD: No olviden usar siempre la misma dirección de antes.

Mi mamá añadió dos notas manuscritas a la carta, con las siguientes oraciones:

"Comunión sagrada. Toda la familia. Visitar la catedral en Santa Fe y de allí el santuario del Santo Niño de Atocha. Misa sagrada a San Antonio y la sagrada familia.

Confiaré en el Sagrado Corazón de mi querido Jesús Cristo hasta que mi hijo regrese con nosotros. Jesús, salvador de la humanidad, ten piedad de mí.

Tu humilde servidora,

María Carmen Sabina"

Estas plegarias, altamente personales, nos ofrecen una idea más sobre la personalidad de mi mamá. Una persona emocional, muy religiosa y fuerte en sus convicciones.

Primos, Mojones, Muelles, Ejes Rotos Y Guarda Barros Agrietados Y Abollados

Por varios años después de nuestro cambio permanente a Blanco, los viajes a la granja en Carrizo fueron un consumo continúo de tiempo para mi padre. Esto porque a pesar de haber mudado la familia a Blanco, mantenía su ganado allá. Con el fin de evitar la dispersión del mismo, lo concentró en el cañón del Jaramillo, un lugar donde tenía permiso del gobierno federal para pastar sus animales. El cañón, era angosto y de unos 10 kilómetros de largo dese su nacimiento hasta el enlace con el cañón del Carrizo, tenía agua y buenas cercas. De manera que una vez adentro los animales quedaban bastante seguros. Sin embargo, era necesario verificar su estado por lo menos dos veces por mes. Esto implicaba viajes a la granja por carreteras y caminos en mal estado, especialmente en invierno o durante las épocas de lluvia. En estos viajes, mi padre hacia su parada en la casa del Carrizo, en la que habían dejado muebles básicos.

Sin embargo, mi padre no era el único que afrontaba dificultades con las carreteras. Mi tío Amado Abeyta había vendido su granja en Carrizo, comprando una finca en Tiffany, Colorado. Dos de sus hijos, Carlos y Francisco, viajaban de vez en cuando a Blanco, con el propósito de conseguir alimento para su ganado, abastecido por el gobierno federal bajo programas de asistencia a ganaderos. El alimento llegaba a Aztec por ferrocarril desde puntos al este del país. Mis primos aprovechaban la oportunidad de sus viajes a esta ciudad como pretexto para visitar a mis padres. Ambos jóvenes, cercanos en edad a mis hermanos, mantenían una amistad muy estrecha con mis padres y sus primos hermanos. Mis padres, a su vez, les dispensaban un cariño especial, pues su mamá había fallecido cuando nació su hermanita Josefina. Con el fallecimiento de su cuñada, mi padre y mi mamá se acercaron a la familia de mi tío aún más, dándole todo el apoyo posible. De manera que cuando viajaban a Aztec, primero llegaban a Blanco. Y por lo general se quedaban cuando menos una noche.

Para mí las visitas de mis primos hermanos eran especialmente excitantes. Ambos eran muy guapos, especialmente Carlos, con su pelo negro y ondulado. Siempre llevaba su guitarra consigo, y no esperaba que se le rogara por una canción. Llegaban y Francisco, el más calmo de los dos, se sentaba y entablaba conversación con sus tíos. Carlos, el más sociable, abrazaba a su tía y luego se lanzaba a tocar y a cantar. Las chicas del valle lo adoraban.

Esta atracción para con las chicas, sin embargo, casi le cuesta la vida. Un año antes habían llegado a tiempo para asistir al baile del sábado por la noche. Durante la noche, varios jóvenes del valle, celosos por la atención de una de las chicas, lo asaltaron cuando abandonaba la sala. Mientras dos hombres lo trataban de sujetar, otro sacó su navaja e intentó degollarlo. Sin embargo, otros intervinieron, y no logró dar un corte fatal. No obstante, la herida fue profunda y de inmediato lo llevaron al hospital en Farmington. Mi padre se dio cuenta y salió tras ellos. Carlos llegó al hospital casi inconsciente por la pérdida de sangre y los médicos decidieron que necesitaba una transfusión de sangre urgentemente. Rápidamente tomaron muestras de sangre a varios de sus amigos, incluyendo a mi padre, para determinar si había un donante compatible entre ellos. Afortunadamente, él y mi padre resultaron ser del mismo tipo y allí mismo, en la sala de emergencias, le hicieron la transfusión. A no ser por la coincidencia de que poseían el mismo tipo sanguíneo, probablemente Carlos no hubiese sobrevivido. El asaltante fue detenido, pero en poco tiempo salió libre. Me acuerdo de tocar la cicatriz en el cuello de mi primo, a su vez fascinado y temeroso, especialmente cuando por primera vez me contaron como la recibió.

Recuerdo una vez en especial cuando mis primos llegaron con el propósito de siempre. En esta ocasión había llovido bastante, unos días antes, poniendo las carreteras sin asfalto, casi imposibles de transitar. Después de cargar el alimento para ganado en Aztec, trataron de tomar la ruta más corta hacia el Colorado. Esta ruta, no asfaltada, atravesaba la pronunciada subida de la mesa de los Manzanares. El piso en gran parte de la región contiene grandes brechas de barro azul que cuando se humedece se convierte en un lodo pesado y pegajoso.

Con la camioneta cargada, mis primos desafiaron la subida pero les fue imposible, ni con cadenas. Trataron varias veces, pero no lograban subir. Cada vez, regresaban a Blanco, para intentarlo de nuevo al día siguiente. Era muy entrado el otoño y me acuerdo que mi padre aconsejaba a mis primos, diciéndoles que la única manera de vencer la subida era esperar una noche que helara. Al tercer día, la temperatura cayó lo suficiente como para congelar el barro. Me acuerdo de los preparativos, muy temprano esa mañana, cuando mi padre despertó a sus sobrinos, con instrucciones de proceder cuanto antes. Aquella vez sí, lograron la subida sin inconvenientes. A mí, la partida de mis primos siempre me dejaba un poco triste. Especialmente porque Carlos siempre nos dedicaba una canción, acompañándose con su guitarra. Siempre le guardé un cariño muy especial a través de los años.

Durante los primeros años en Blanco, la carretera principal desde Bloomfield a Blanco no estaba asfaltada. El estado las mantenía, pero no fue hasta 1945 que colocaron una capa de grava. Mientras, los granjeros forzosamente se veían obligados a luchar con las carreteras en mal estado, especialmente durante las épocas de lluvia, o de nieve en invierno. La ruta de Blanco a la granja en Carrizo tenía sus trechos especialmente difíciles. Por ejemplo, esa temible subida de Los Manzanares. Pero la parte más difícil llegaba cuando se abandonaba la carretera en Gobernador y se entraba allí a un camino sin mantenimiento profesional. La ruta, de solo 22 kilómetros, tenía trechos de barro azul, por el que ya sabemos, era casi imposible transitar estando húmedo. El sitio más difícil de esta ruta era el lomo que separaba el cañón del Gobernador del Carrizo. El único paso era una brecha entre los cerritos Magdalena y Tío Santos. Pero el obstáculo mayor era que en el terreno predominaba aquél terrible barro azul.

Conservo perfectamente el recuerdo de la ruta en mi mente. A pesar de que cuando empecé a viajar con mi padre, ya habían mejorado aquel tramo del Gobernador al Carrizo. Sin embargo, todavía recuerdo cuando salíamos de la ruta principal. Mi padre me decía: "Préndete bien". Y aceleraba para atravesar el primer obstáculo, la pasada del arroyo del Gobernador. Mi padre pisaba el acelerador, forzaba los cambios y nos lanzábamos saltando de un lado a otro hacia el cruce. Saltando y patinando sobre las huellas resecas, duras y profundas, mi padre guiaba la charpa vieja, tratando de conducirla por el mejor surco para conseguir la tracción necesaria y así dominar la subida del lado opuesto. Cargada hasta los ejes, la charpa vieja, con los guarda barros agrietados y abollados daba aletazos como si éstos fueran alas. Brincaba de un lado a otro, levantando una nube de polvo. Mientras me sujetaba del bastidor de la puerta con una mano, con la otra trataba de mantener mi sombrerito sobre la cabeza; todo mientras saltaba como muñeco sobre el asiento. Sin embargo, los saltos no me preocupaban. Es más, era divertido. Lo que más me afectaba era el tufo de los gases que emitía el motor y que se filtraban por el piso agrietado. Al respirarlos, siempre me mareaba. A veces me provocaban vómitos y dolor de cabeza. Sin embargo, a mi padre no le afectaban. Ahora se la razón. Como él era más alto, le llegaba el aire libre que pasaba sobre el parabrisas. Afortunadamente, la charpa vieja era descapotable, pues de no ser así, ¡ambos nos hubiésemos asfixiado! Le comentaba años después a mi padre que había sido un milagro que no me causara graves problemas de salud. Él decía:

—Si hijo, ahora entiendo. De milagro no te enfermates en serio.

No era inusual sufrir por lo menos un reventón de un neumático durante el viaje. Pero mi padre, sin preocuparse, sacaba el gato, levantaba la charpa y quitaba la rueda. Sacaba la cámara y le aplicaba un parche. Mientras él trabajaba, yo me empeñaba en buscar trocitos de ollas de barro, dispersos por toda la región, con sus colores rojos y cafés, y algunos pedernales. Mi padre, trabajaba rápidamente, inflaba el neumático con la bomba de mano, lo colocaba y seguíamos en menos de media hora. A veces, me quedaba observando la aplicación del recientemente inventado "parche caliente". Este parche era especialmente eficaz ya que el calor lo vulcanizaba a la cámara. El sistema consistía en un aparato metálico que sujetaba el parche a la camera. El parche venia pegado a una tapita metálica que contenía un material combustible. Una vez en posición sobre la grieta y sujetado con el aparato metálico, se le acercaba un fósforo o cerillo. ¡Encendía como pólvora y el calor vulcanizaba el parche! La preparación de la cámara para recibir el parche siempre era la misma, o sea, se limpiaba el sitio con acetona, y se cubría con cemento antes de aplicar el parche.

Un elástico, lo que es hoy un amortiguador roto, era problema serio, pero afortunadamente eso no sucedía frecuentemente. Sin embargo, eran susceptibles, especialmente a causa del mal estado de las carreteras. Mi padre había reforzado los muelles de la charpa vieja añadiendo hojas adicionales y ruedas más grandes para poder transportar más carga. No obstante, esta previsión no evitó la frecuente rotura de alguna que otra hoja. Mi padre estaba al tanto de otro problema que podía causar la sobre carga: la rotura de un eje. De todos modos, eran riesgos que se veía obligado a aceptar, pues era necesario mover los abastecimientos para el ganado lo más eficientemente posible. Por lo general, cuando se rompía un muelle, solucionaba el problema cambiando la posición de la carga. Con suerte, lograba llegar hasta la granja. Un eje roto, sin embargo, era mucho más grave.

Recuerdo una ocasión en que un elástico roto nos causó un trastorno total, con la charpa inmovilizada. Una semana antes había llovido, y llegamos al borde de un arroyo que había que cruzar, vimos que el agua había cortado el fondo, dejando un borde de unos cinco centímetros en cada lado. Mi padre decidió que podía pasar sin más ni más. Con un grito:

—¡Préndete bien! —nos lanzamos.

La charpa pegó fuerte, con un golpe tan duro que la hoja principal del muelle trasero no aguantó. La carga nos llevó hacía un lado, casi causando la volcadura. Mi padre se rio mientras yo quedaba aturdido. Se bajó para inspeccionar el daño y de inmediato se dio cuenta que el peso total de la carga apoyaba sobre la rueda y el diferencial.

—No me queda otra—, me dijo. —Tengo que ir a píe al rancho, por el carro y los caballos. Tú te quedas aquí.

Mi respuesta fue:

—Pero papá, tengo miedo de quedarme solo. Déjeme ir con Usted.

A lo que él respondió:

—No tengas miedo hijito. Nada te va pasar. Aparte, tengo que ir de prisa y no podrás aguantar el paso. No tardo.

Después de la eternidad que fue para mí, llegó con el tiro y el carro. Transferimos la carga y dejando la charpa, nos fuimos al rancho. Al día siguiente regresó a caballo y con el gato (cricket) logró elevar la carrocería, insertando unas cuñas de madera entre ésta y el diferencial.

Una vez sujetada con alambre, pudo mover la charpa.

Más grave , como dije, era la rotura de un eje. Más de una vez se vio obligado a caminar hasta el entronque del Gobernador y de allí conseguir un aventón con algún viajero. De Blanco viajaba a Aztec, donde iba con su amigo Floyd Rhodes, el dueño de Aztec Motors, la agencia de la Chrysler. Rhodes no sólo era dueño de la agencia, sino que también era un mecánico maestro. Mi padre le había tomado bastante afecto a Floyd, sentimiento recíproco. Me acuerdo ver al señor Rhodes, fornido, chaparro, serio y con lentes como vidrio de fondo de botella de coca cola, recibir a mi padre, en inglés, con un:

—¿En qué puedo servirte, Joe?

Mi padre le contestaba:

—Necesito un eje pa mi Ford.

Floyd le contestaba:

—Ay Joe, no puedes ponerle tanta carga a esa Ford. Los ejes no aguantan. Debes conseguir una camioneta más grande.

Mi padre se sonreía y le contestaba:

—Oh, algún día. Ahora no puedo.

Floyd indicaba que entendía y procedía a sacar un eje del almacén. El señor Rhodes era para mi padre no sólo el mejor mecánico en la región sino también un buen y fiel amigo. Rhodes estaba al tanto de los terribles inconvenientes de las averías frecuentes que sufría mi padre y siempre estaba dispuesto a charlar con él sobre cualquier asunto. Mi padre aceptaba sus atrasos en las reparaciones con un:

—Sea por Dios—y sin queja adicional.

Estos años eran especialmente difíciles, pero con sacrificio mi padre había logrado vender bastante bien sus becerros. Con parte del dinero logró el enganche de una camioneta Ford de 1941, casi nueva. Me acuerdo como si la viera. Era negra y brillaba con la luz del sol. ¡Bellísima! Algo lamentable: más o menos en 1943, uno de mis hermanos, en un viaje de regreso del rancho de Las Tapiecitas, trató de cruzar el arroyo del cañón Largo en el cruce de las cinco millas, después de una fuerte corriente de agua de lluvia. El cruce se hacía sobre un trecho de más de trescientos metros, en un lugar donde el cañón ofrecía un sitio sin altas subidas a cada lado. Para poner el cruce en perspectiva, el arroyo tiene más de dos kilómetros de ancho en su desembocadura. Mi hermano logró llegar hasta la mitad del cruce cuando la camioneta se hundió en una veta de arena movediza. Varios días después lograron extraer la camioneta con el apoyo de una grúa. Sin embargo, la arena había infiltrado el motor, la caja de cambios y el diferencial. La llevaron a la agencia, pero el seguro se negó a declarar la pérdida total. En lugar de esto, la lavaron y le cambiaron los lubricantes. Pero desde ese día en adelante la camioneta nunca quedó bien. A veces era imposible ponerla en marcha. O, salía bien sólo para dejar a mi padre en mitad camino. Por fin tuvieron que abandonarla. Mi padre dio un paso hacia atrás y regresó con su charpa vieja. Todos los años, durante las épocas de lluvia, el cruce de las cinco millas se cobraba uno o dos automóviles a las personas que no sabían que las arenas movedizas los estaban esperando.

Siendo el más joven de la familia, mis padres me consentían bastante así que cuando mi padre viajaba a la granja, si iba sólo por uno o dos días, me dejaba acompañarlo. A pesar de que nos habíamos mudado a Blanco, mi padre continuó con su ganado en la granja hasta 1946. Los hermanos Esquivel, parientes por parte de mi padre, eran borregueros fuertes, con bastante terreno en Tierra Amarilla y sus alrededores. Cuando los pobladores del Carrizo empezaron a vender, los Esquivel compraron varias granjas, hasta llegar al terreno contiguo al nuestro. Cada primavera, durante la época de parto, llegaba a sus propiedades del Carrizo con su gran rebaño de borregas. Recuerdo haber visitado a Perfecto en el campamento en una ocasión. Carentes de edificios, montaban una enorme tienda de campaña. En esa ocasión, llegamos a la hora de la comida, ¡siempre bien calculado por mi padre! Perfecto nos recibió y nos ofreció pan casero y un plato de chile colorado con carne de borrega. Para mí fue imposible comer el caldo, y sólo logré comer algo de la carne quitándole el chile pues era demasiado picante. Pero mi padre, él que nunca comía chile en casa, ¡aparentemente tenía bastante hambre porque se comió varios platos! En 1946 mi padre vendió la granja a Perfecto Esquivel y sus hermanos.

Durante aquellos viajes con mi padre, anteriores a la venta de la granja, recuerdo que pasábamos e identificábamos los dos cerritos, o mojones, los puntos que más resaltaban en la trayectoria entre el Gobernador y el cañón del Carrizo. Mientras mi él conducía a toda velocidad yo los identificaba a cada cual con un grito: —¡Cerrito Tío Santos, Cerrito de Magdalena! —, con voz llena de orgullo por el hecho de conocer esos puntos, en mi mente, tan importantes. Esos dos "mojones" son dos cerros completamente cortados de la mesa principal. Es por el espacio entre ellos que corre el camino que cruza de un cañón al otro. Altos y majestuosos, la erosión los dejó huérfanos, cada cual con su corona de piedra arenisca, sus costados rayados con vetas rojizas y situados sobre tierra de barro azul purpúreo. Cada cerro ofrecía una vista única, especialmente durante el atardecer, cuando el sol tiraba sus últimos rayos. En aquellos momentos se convertían en un caleidoscopio de colores sin igual. Eran hermosos. Cuando aparecían ante mi vista, soñaba con la visión de escalarlos algún día para allí descubrir pueblos abandonados, nunca vistos ni tocados por mano ajena. Mi padre sabía que tales pueblos no existían pero nunca trató de desanimar mi imaginación y mis sueños de niño, ni trató de convencerme de lo contrario.

Cuando tenía unos doce años, mi padre me llevó por primera vez a ver el Pueblito Anasazi, situado en la mesa del pueblo. Hicimos un viaje especial porque cada vez que viajábamos al Carrizo, yo hablaba de escalar los cerros para encontrar un pueblito. Él quería mostrarme un verdadero pueblito. Después de organizarnos en la casa en Carrizo, ensillamos los caballos y cabalgamos por el cañón de Jaramillo hasta su nacimiento. Subiendo por la única vereda, llegamos al sitio donde mi padre había colocado una tranquera que atravesaba una separación de la corona arenisca. El portón tenía por finalidad prevenir que el ganado escapase hacía la mesa del pueblo, manteniendo a los animales en el cañón. Subiendo los últimos tramos, llegamos al tope de la mesa que es relativamente plana, poblada por junípero, piñón, y chamizo en las brechas. Desde allí cabalgamos unos kilómetros hasta llegar al lado este de la mesa. ¡Ahí, en un promontorio de piedra arenisca, estaba la más increíble estructura imaginable!

El pueblito constaba de varias estructuras de piedra, estratégicamente colocadas sobre un pico del mismo material que tenía solo una entrada. Mi padre me explicó que los ancianos habían construido en este sitio por la obvia protección que ofrecía contra cualquier atacante, pues la piedra era imposible de escalar por cualquier lado. Yo imaginé que también lo habían puesto allí para aprovechar la vista pues, mirando hacia el este, uno alcanzaba a ver la celeste y semicircular figura de la sierrita de Cuba, perteneciente a la sierra de Jemez, a una distancia de más de 100 kilómetros. ¡Era una vista inolvidable! Me sentí muy cerca de mi padre ese día mientras quedamos en silencio, aprovechando esa vista tan hermosa. Luego me empeñé en buscar trocitos de olla de barro pintado para añadir a mi colección. Los colores, recuerdo, eran predominante ocre, café, y rojo, con rayas en blanco y negro. Eran hermosos en su simplicidad. Ojala el pueblito aun sobreviva. Si sobreviviese, ahora sería accesible por un camino cortado por las empresas petroleras por el mismo lugar en que antes solo subíamos a caballo.

Por una razón u otra, nunca me di el tiempo necesario para escalar mis mojones, y con el paso de los años me fui enfocando hacia el mundo exterior que se me abrió a través de los libros. Tal vez solo era un sueño de niño. Presentado a la lectura por mis hermanos y aconsejado por mi mamá, me lancé a esta nueva aventura. Casi todos los libros a mi disposición eran libros leídos por mi hermana Martha o los que caían en mis manos por las monjas Ursulinas del colegio en Blanco. En la secundaria, descubrí la biblioteca de la escuela y la pública de la ciudad de Aztec. Años después, como alumno universitario, donde me recibí con la especialidad en Asuntos Latinoamericanos, tomé varios cursos en antropología, con el fin de entender mejor a los indígenas que construyeron aquellos pueblitos tantos años antes.

No fue hasta 1946 que mi padre adquirió un vehículo nuevo. Con suerte, el mercado del ganado vacuno fue bastante bueno ese año y cuando vendió ese otoño, recaudó lo suficiente como para cumplir con el sueño de comprar automóvil nuevo. De manera que en Albuquerque, donde entregaron los becerros mi padre y mi hermano Isaac, eligieron un Jeep marca Willys, semejante a los usados por el ejército durante la guerra. Lo pagó al contado, en la cantidad de u$s 500 dólares. Por esa suma compró el modelo básico, ¡sin capota y sin calefacción!

Recuerdo cómo mi padre se reía cuando hablaban del viaje de Albuquerque a Blanco. Era Noviembre, cuando la temperatura baja casi a cero grados centígrados. Decía mi padre: "Por poco no me congelo, pues venía sentado sobre el asiento metálico, detrás del pasajero". Esto porque Isaac era el chofer y su esposa ocupaba el único asiento. Sin capota ni calefacción, todos sufrieron, pero no como mi padre. Cada tanto, cuando no aguantaba el frío, paraban y mi padre encendía una fogata para descongelarse. Al año siguiente, Isaac construyó una capota para el Jeep utilizando un diseño propio. Sin embargo, nunca instalaron calefacción.

Desde aquél día en adelante, mi padre haría casi todos sus viajes al rancho de las Tapiecitas, donde trabajaba como capataz, en su nuevo jeep. (En el próximo capítulo detallaré cómo y cuánto tiempo trabajó para el dueño, el norteamericano Paul Williams). ¡Ya no tendría que lidiar con ejes rotos! No obstante, el nuevo jeep no suplía a una camioneta. Muchos de sus viajes implicaban el transporte de forraje y grano y el jeep no tenía la capacidad para las cargas necesarias. Al principio trato de usar un remolque, pero este no le funcionó. De manera que en 1948, con mucho sacrificio, logró el enganche para una camioneta Studebaker nueva. Compró ésta porque no tenía lo suficiente como para el de una Ford, que era su preferida.

Lamentablemente, mi padre nunca logró dominar completamente el arte de hacer los cambios con la caja de cambios. Mi mamá decía que era porque no aprendió a manejar hasta más de los 50 años. Pero el problema no era que no pudiese mantener el automóvil en la ruta. Más que nada, era la sordera, su gran pérdida del sentido auditivo que le causaba problemas. En principio, no escuchaba cuando el motor engranaba. Después, con mucha presión sobre el acelerador, no lograba engranar la caja de cambios sin un gran crujido de metal contra metal. En fin, era divertido para nosotros los niños ver a mi padre salir a ¡brincos y pujidos, con ese tremendo crujido de engranes! También había adquirido el hábito de no mirar a la ruta mientras pasaba los cambios. Peligroso bajo cualquier situación.

Me acuerdo de una ocasión dónde bajar la vista para hacer los cambios nos causó que volcáramos. Viajábamos de Blanco a Aztec, en el jeep, cuando empezó a llover. Llegando a la última bajada, a menos de un kilómetro del límite de la ciudad, trató de reducir la velocidad maniobrando los cambios. Quitó la vista unos instantes, pero lo suficiente como para perder el control en el barro azul, tirando el jeep hacia la izquierda y sobre la inclinación de la loma. Trató de corregir, pero con eso causó que el jeep entrase en un giro rápido y vertiginoso, terminando por volcar. Afortunadamente, todo ocurrió en cámara lenta y ninguno de los tres sufrió herida alguna. Más que nada fue un susto para mi mamá y para mí, con lodo y polvo del interior del vehículo, regando sobre nosotros, que habíamos quedado, los tres, uno sobre el otro. Con mucha calma, mi padre nos sacó uno por uno; yo con lágrimas y mi mamá orando a nuestro señor misericordioso. De allí, mi padre se fue a píe para regresar con su amigo Floyd Rhodes y la grúa. El señor Rhodes se aproximó y le preguntó a mi padre en inglés:

—¿Joe, como lograste esto?

—¡Oh! —le contestó mi padre: —Fue el lodo que me hizo perder control.

En pocos minutos el jeep estaba sobre las cuatro ruedas, sin daño alguno a la carrocería. Sólo fue necesario agregar unos litros de aceite. De regreso a Blanco, mi mamá lo obligó a regresar vía Bloomfield, más lejos pero más seguro. Reflexionando sobre este incidente, creo que en ese momento mi padre se enfrentó con su incapacidad, pues desde ese día en adelante trató de no quitar la vista de la carretera cuando quería engranar un cambio.

A pesar de que mi padre nunca fue un hombre que demostrara sus emociones abiertamente con los hijos, hubo momentos en que lo hacía con gran ternura. Me acuerdo cuando mi hermana Loyola y su marido, decidieron abandonar Blanco y mudar su familia a Santa Fe, Nuevo México, donde mi cuñado había conseguido trabajo. Yo tenía nueve años, y estaba muy ligado a mis sobrinos, Adoree, Johnny y Raynel, pues éramos casi de la misma edad y siempre habían vivido cerca de nosotros. Es más, yo consideraba a mi hermana como mi madre sustituta y de pequeño prefería quedarme con ella. De manera que el día en que partieron, un domingo por la tarde, se me cerró el mundo. No pude controlar las lágrimas. Viéndome tan angustiado, mi padre, en vez de regañarme por llorar, me abrazó y me dijo:

—Vamos hijo, no llores. Se lo difícil que es para ti la partida de los niños de mi hija. ¿Qué te parece si nos vamos al juego de pelota?

Nos montamos en el jeep y partimos hacia la cancha donde había partido. Después de algunas horas, se me disolvió el nudo que llevaba en la garganta.

Sé ahora que mi padre también tuvo que extrañar a sus nietos.

El más pequeño, Raynel, era el consentido de mi padre y el niño le tenía un afecto especial a su abuelo. Le había dado el apodo de "mi huevo castaño" a su abuelo, nombre del que nunca supimos el por qué. Suponemos que era porque mi padre tenía la piel tan tostada por el sol que resultaba de color castaño. Mi querida sobrina, Adoree, contrajo fiebre reumática a la tierna edad de cinco años, enfermedad que le costó la vida a sus diecisiete. Había sido admitida en el hospital un día antes, para que le practicaran una operación reparatoria de la válvula deficiente de su corazón, pero falleció antes que la pudiesen intervenir. Otra vez se me llenan los ojos de lágrimas. Su muerte nos afectó profundamente.

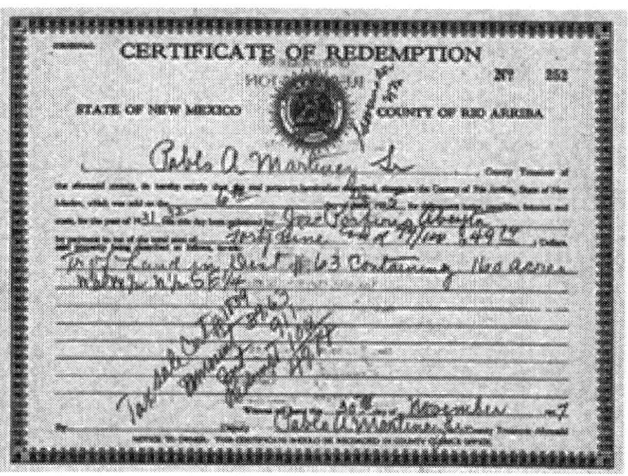

CERTIFICATE OF REDEMPTION

STATE OF NEW MEXICO COUNTY OF RIO ARRIBA

Pablo A. Martinez Sr.

Certificado de redención- compra de terreno- 1937

José Porfirio y Carmen. Cabaña en la Floresta - 1938

José Porfirio y Paul Williams. Cabaña de la Floresta-1938

José Porfirio e hijo Isaac junto al ganado. Campamento de la Floresta-1940.

El Moro, José R. con hermanita Martha junto al ganado-1940

Las Tapiecitas

El Rancho del Sombrero Riscado
Sobre el Número Nueve

Antes de entrar a los pormenores de este capítulo creo que vale la pena describir el nombre del rancho, con el fin de ofrecer una explicación detallada sobre el significado del subtítulo que le he dado ya que cualquier traducción del inglés no expresa el significado deseado. El dueño, el señor Paul Williams, tal como era requisito para todo ganadero, adoptó y registró su marca con un número nueve entre cuatro espigas en forma de "W" extendida. Las espigas ascendentes quedaban a unos 35 grados de la horizontal, dando la impresión de un sombrero vaquero con el ala "riscada" hacia arriba. En efecto, el inglés se presta para describir el nombre en una frase simple. Decido pues, con el fin de simplificar, tomar mi licencia de autor y aplicar esta traducción. En adelante, cualquier referencia al rancho la haré sólo llamándolo "Las Tapiecitas".

La palabra "riscado" que no existe en español, se usaba en nuestro lenguaje o jerga local, para describir la forma dada al borde del sombrero vaquero. Puede ser que provenga de la palabra que sí es del diccionario, arriscado/da: participio pasivo de arriscar || Adjetivo: Formado o lleno de riscos; verbigracia: Monte arriscado, altura arriscada || Atrevido, resuelto || Ágil, gallardo, libre en la apostura o en la manera de presentarse o de caminar. Dícese de personas o animales || América o americanismo: Dícese de lo que está levantado o erguido || Dícese de la nariz remangada o respingada3 .

Ahora bien, aprovechando el deseo de algunos granjeros de abandonar el Carrizo después de la nevada de 1931/32, mi padre logró

3 Diccionario Enciclopédico Salvat. Salvat Editores, S. A. Barcelona, 1955. Tomo II, Págs. 372/3.

, con gran sacrificio , comprar tres granjas que añadidas a la suya le dieron posesión de una sección de terreno; o sea, 256 hectáreas. En 1934, el Congreso de los Estados Unidos aprobó la ley "Taylor Grazing Act", legislación que tuvo por finalidad reducir el sobre pastoreo de animales en terreno público. Desde entonces, fue necesario obtener un permiso especial para poder pastar en dichas tierras. De un plumazo, el gobierno le cortó el acceso a áreas antes disponibles. El resultado fue que una vez más, mi padre se vio obligado a reducir su rebaño bovino.

De manera que para fines de la década de 1930, mi padre otra vez se encontró con el dilema de siempre. Como conseguir lo suficiente para mantener su familia. Sin otra opción, aceptó el puesto de capataz en el rancho "Sombrero Riscado", localizado a unos 20 kilómetros al sureste, en el cañón de Las Tapiecitas. Vale la pena incluir el origen del nombre de este cañón que tomó su nombre de una formación de piedra volcánica que corre desde el sur de Colorado. La formación asemeja en algunos lugares una tapia y cuando se pierde al sudeste del cañón, se ve solo en ciertas partes, de donde deriva el nombre "tapiecitas". El dueño del rancho, el individuo arriba mencionado, era un hacendado que además poseía propiedades y ganado en Chihuahua, México. Mi padre conoció al señor Williams por medio del actual capataz del rancho, Everret, que era uno de sus amigos. (Nunca supe si este era su nombre cristiano o su apellido). Éste era oriundo del este del país; un hombre muy amigable y que había aprendido a hablar español bastante bien, aunque con acento fuerte. Como pasaba meses solo en el rancho, viajaba de vez en cuando al Carrizo con el fin de visitar a los pobladores. Allí se hizo amigo de mi padre, más por la afición que ambos tenían para con los buenos caballos.

Mi mamá comentaba que Everret era un verdadero caballero, de muy buen corazón y siempre llegaba con algún regalo para los niños. Que mi mamá dijera algo positivo sobre un extranjero era indicativo de que en realidad el aludido era una fina persona. En una visita en Septiembre del 1937, éste llegó como siempre saludando a todo el mundo en su español especial. Mi padre le pidió que pasase, diciéndole, —Ven Everret, pa que veas lo que tengo aquí—. Pasaron al dormitorio donde mi mamá estaba en cama con su niño recién nacido en los brazos. Mi padre apartó la manta para descubrir a un niño, con su cabeza cubierta de pelo negro. Everret exclamó: —¡Oh, Porfirio, puro, puro indito! El niño era nada menos que un servidor, el último en nacer a la pareja José Porfirio y Carmen Sabina. A mis padres les hizo mucha gracia el comentario y todos profirieron una buena carcajada. Mi mamá decía que nunca se sintió ofendida por las palabras de Everret, sabiendo que no era capaz de un comentario discriminatorio. Añadía mi mamá: —Pues era verdad hijito, parecías un indito, con tanto pelo negro.

Durante esta visita, Everret le contó a mi padre que intentaba regresar a su estado natal al este del país y que le gustaría recomendarlo como sucesor en el rancho de Williams. A mi padre le cayó como pan caliente, pues estaban muy necesitados y sin opciones. Mi padre aceptó entrevistarse para el puesto. Durante la entrevista, mi padre le propuso sus propias condiciones al señor Williams que reconoció a mi padre como hombre serio y ganadero de mucha experiencia. Los requisitos bajo los cuales aceptaría el puesto serían: oportunidad de dedicar tiempo prudente a sus propios asuntos; invernar sus 35 vacas con las de Williams, proporcionando los alimentos de invernadero para éstas de sus propios recursos; mano libre en el manejo del rancho; mano libre en la contratación de personal durante las épocas de la marca de becerros en verano y reunión en otoño y finalmente, el sueldo: cien dólares por mes. Doce años más tarde, su sueldo sería aumentado de aquella cifra a u$s150.- cantidad que se mantuvo hasta que renunció a su puesto en 1953. Por su parte, Porfirio se comprometió a poner el esfuerzo necesario para que el rancho prosperase. El señor Williams aceptó y se firmó el contrato. Mi padre asumió sus responsabilidades en 1938. Desde aquel entonces en adelante, Williams se convirtió en "el patrón", y mi padre siempre lo nombró así. Durante los siguientes dos años, mi padre hizo el viaje a caballo desde el Carrizo al rancho de las Tapiecitas dos veces por mes.

Después de la mudanza a Blanco en 1940, mi padre viajaría los 75 kilómetros al rancho en las Tapiecitas varias veces por mes; todo por su cuenta ya que esta parte del acuerdo no fue incluida en el contrato. Mi padre lo justificaba explicando que tenía sus vacas con las del patrón, una ventaja que anulaba cualquier deuda a su favor. Sin embargo, le salió costoso ya que los caminos eran rudimentarios y por consecuencia muy desgastadores para con los vehículos. Durante el verano, viajaba desde Las Tapiecitas a caballo los 20 kilómetros al Jaramillo a vigilar su ganado, el cual permanecía en la floresta federal bajo permiso, en el cañón con el mismo nombre. En otras ocasiones, especialmente durante la marca de becerros, viajaba directamente a la granja del Carrizo y al cañón del Jaramillo, donde hacíamos esa tarea. En el otoño, mudaba sus vacas a las Tapiecitas.

Aquellos años presentaron nuevos desafíos para mis padres. Por una parte, mi padre se ausentaba hasta por dos semanas cada vez dadas las necesidades del ganado. Para mi mamá, sus ausencias implicaban quedar como responsable de los hijos y de la casa. Sin embargo y como siempre, lograron superar todo obstáculo. Una razón por la que mi padre se ausentaba a veces por varias semanas, era que el ganado, por su naturaleza, siempre buscaba la manera de derribar cualquier barrera construida por el hombre. Otra en especial, era la necesidad de inspeccionar los aguajes. El ganado pasaba desde muy entrada la primavera hasta principios de Noviembre en una área de la "Carson National Forest", donde Williams tenía un permiso para pastar sus 200 vacas; aunque su raza principal era Hereford, se habían degenerado a tal punto que solo el color las identificaba con la misma. Estas vacas eran más delgadas, nerviosas y portadoras de una cornamenta impresionante. La única ventaja era su resistencia al clima. El problema más grave, sin embargo, era el cruce interno, resultando en ganado bastante degenerado. Sin embargo, Williams no era partidario de comprar y/o introducir toros desde afuera. Todos los años mi padre se veía obligado de seleccionar uno de los mejores becerros machos y dejarlo entero. El resultado era la continua degeneración del rebaño. Por otra parte, el cruce las había convertido en menos dóciles que sus congéneres de pura sangre.

En la floresta, el agua para el ganado era indispensable y había que proteger los pocos buenos aguajes, nombrados "ojos" por los pobladores, que estaban bajo presión constante. Mi padre los cercaba, colocando abrevaderos firmemente anclados lejos del origen del agua. Sin embargo, siempre lograban tumbar las cercas, causando derrames de agua por el pisoteo. A veces llegaba transcurrida una semana y encontraba la cerca derribada y los abrevadores tumbados. El resultado eran charcos contaminados, con poca agua bebible. Mi padre siempre llevaba una cajita de grapas, una pinza/martillo multiuso en sus alforjas y una pala mango corto que cargaba sobre el hombro. Con estos instrumentos reparaba cualquier daño.

Durante los meses de invierno en Las Tapiecitas, había que romper el hielo que se formaba en los aguajes y reabastecer los comederos donde dejaba un suplemento derivado de la semilla del algodón proveniente de las enormes plantaciones del noreste del estado de Texas. Mi padre le había recomendado a Williams proveer este alimento, después de darse cuenta que el ganado llegaba en mal estado, al dejar el invierno atrás, con la consecuencia de una disminuida reproducción de becerros. Williams compraba este producto – varias toneladas a la vez –, altamente nutritivo, directamente de una fábrica en el sudeste del estado de Nuevo México. De allí lo transportaban por camión hasta llegar al rancho de los Truby, a 12 kilómetros del que supervisaba mi padre. Estos vecinos tenían su casa central donde el cañón de las Tapiecitas desemboca sobre cañón Largo. El camión de transporte llegaba solo hasta ahí porque era imposible entrar ya que el camino al rancho era precario y no adecuado para vehículos pesados. De manera que mi padre hacía varios viajes con el carro de caballos y acopiaba el alimento en el almacén de la casa principal. Los hermanos Truby: Robert y Herald, herederos del rancho por parte de su padre, eran excelentes vecinos. Nunca dejaban de invitarnos a su casa cuando pasábamos durante nuestros viajes al rancho de las tapiecitas. La esposa de Robert, el mayor, siempre tenía café o algún plato listo para nosotros.

En una visita que hicimos desde Blanco para "dar vuelta", mi padre decidió que debíamos visitar un sitio muy especial a unos kilómetros al noreste del rancho de los Truby, sobre el cañón del Cíbolo. No recuerdo la razón por la que decidimos ir a ese sitio especial pero tal vez fue por alguna conversación sobre los "ancianos". El hecho es que llegamos a un lugar donde un antiguo artista Anasazi, sin duda más de mil años antes, dibujó una enorme figura de un "Cíbolo" – nombre dado por los lugareños al macho del búfalo americano –, sobre la superficie de la piedra arenisca. Por lo que sé, el dibujo todavía existe como centinela de una época pasada. Aparte, prueba que los ancianos, a pesar de la distancia, tenían conocimiento de la existencia del Cíbolo, cuyo hábitat natural eran las praderas al este de la cordillera rocosa, ahora demarcado por el sitio de la ciudad de Denver, Colorado.

Durante el invierno mi padre reponía el alimento en los comederos construidos a mano. Para reaprovisionar los comederos habían llevado una cantidad importante a un lugar estratégico, evitando la necesidad de transportarlo cada día desde el almacén del rancho. Para mí, siempre era una aventura acompañar a mi padre cuando salía por las mañanas a colocar el alimento en los comederos. Mi padre llegaba y empezaba a disponer el alimento. Siempre había algunas vacas esperando, pero otras quedaban ocultas en el monte. Para atraerlas, mi padre soltaba un llamado fuerte y sonoro, emitido desde el fondo de sus pulmones. ¡Era maravilloso escuchar esa llamada y ver a las reses acudir corriendo!

De noche, mi padre armaba una fogata en la chimenea de la casa antes de iniciar los preparativos para la cena. Después de la comida, armaba su pipa con buen tabaco y se sentaba frente a la chimenea, la vista fija y pensativa sobre las llamas. Su silla favorita era una de esas plegables, tal como las que usan los directores de cine. La silla era antigua, pero de buena madera, dejada años atrás por Williams. El asiento y el respaldo de lona habían sufrido mucho desgaste a través de los años y mi padre los había reparado con trozos de cuero curtido y lona nueva. Después, los cubrió con una piel de borrega, resultando que había conseguido una silla muy cómoda. Recuerdo con nostalgia que la silla había asumido su olor de hombre, mezclado con su tabaco y la fragancia de la leña de piñón de aquel fuego brillante en la chimenea. Siempre asociaría ese olor con su persona, con su identidad como hombre acostumbrado a la soledad y a las privaciones. Para mí aquellos días en el rancho con mi padre pasaban sin sobresalto alguno. Creo que mi padre también los gozaba, especialmente al tener a uno de sus hijos a su lado.

Cuando se trataba de contratar vaqueros, ya fuera para la hierra o la junta en otoño, mi padre tenía mano libre y Williams le reembolsaba los sueldos sin pregunta alguna. A través de los años, mi padre contrató a muchos individuos, todos hombres jóvenes de la región. Todos se habían criado en ranchos y eran expertos en el manejo tanto de caballos como de ganado. Uno de los vaqueros favoritos de mi padre era Amadeo Herrera, un hombre pequeño de estatura, tranquilo de carácter y altamente confiable. Al ver a Herrera por primera vez, uno no lo identificaría como buen vaquero; sin embargo, era un excelente jinete, con conocimientos profundos sobre los caballos y el ganado. De modo que cuando mi padre salía en busca de vaqueros, Amadeo era el primero en su lista. Siempre sostuve una amistad cercana con el. Era un buen hombre.

Los periodos cruciales eran, primero el traslado del ganado que se llevaba a cabo por lo general por uno de mis hermanos, mi padre y yo, desde el rancho de las Tapiecitas hasta la floresta, donde pasaban más de seis meses. Antes de iniciar la travesía, pasábamos varios días reuniendo el ganado en un rincón que mi padre había cerrado con una cerca. No era tarea difícil ya que el ganado sabía que era tiempo de hacer la caminata hasta la floresta. Me acuerdo que el desplazamiento nos llevaba todo el día. Cuando llegábamos a un lugar llamado "Las Norias", sitio en la reserva donde el gobierno federal había dispuesto el ahora abandonado cuartel general para la reunión y separación de ganado destinado para los Apaches. Se habían construido una moderna casa y una gran red de corrales y encerraderos impresionantes. El sitio había servido también como invernadero para los toros de pura sangre. Estos los colocaban en un sitio que mi padre nombraba el "rincón de los toros". Toda esta infraestructura se abandonó cuando los Apaches mudaron su cuartel general al pueblo de Dulce, al noroeste del estado de Nuevo México. A unos cinco kilómetros de la entrada a la floresta, mi padre me decía, —Me voy adelante para preparar la cena pá cuando llegues. Ustedes traigan las vacas y no dejen ninguna atrás—. En esas ocasiones me sentía un vaquero verdadero, a pesar de que yo no era el responsable.

El segundo periodo crucial era la hierra (marca a fuego) y castración de los becerros en junio. Para llevar esta última tarea a cabo, era necesario contratar vaqueros. También era necesario abastecerse con alimentos para dos semanas para el personal. Recuerdo cuando mi padre empezaba los preparativos con la compra de los comestibles enlatados, harina, manteca y otros, en la tienda de Blanco, propiedad de los señores Black. Estas compras entraban en una cuenta especial que el patrón reembolsaba con un cheque a nombre de mi padre una vez presentada la factura. El apogeo se alcanzaba con la presencia del patrón que hacía una gran aparición cada dos años. El viaje lo hacía desde Albuquerque en una camioneta por lo general de último modelo. Williams era un buen hombre , observación de mi padre , con rasgos románticos sobre el viejo oeste. Williams no era vaquero en el sentido técnico de la palabra. Usaba botas vaqueras y vestía la ropa del vaquero. Pero solo era "vaquero de butaca", alguien que asume los jaeces y adornos sin los conocimientos. Nosotros los niños quedábamos atemorizados por la presencia de este "gringo" alto y con su olor muy distinto. (¡Me imagino lo que él pensaría al olfatear a nuestro grupo de vaqueros, todos sin la bendición de un baño por varios días!).

Me acuerdo de verlo llegar al campamento en la floresta, con su camioneta cargada hasta el tope con camas, sillas, tienda de campaña, comida, etc. Por encima de toda la carga, llevaba su montura, hecha a mano en México. Era una montura enorme, que mi padre decía que pesaba más que él. Su primera pregunta, después de saludar a todo el mundo, era si mi padre le tenía preparado el Smokey, su caballo favorito, en el corral y listo para montar. Aquí vale la pena describir al caballo: un animal de color gris con manchitas semejantes a pluma de ganso, pero azules, por todo el cuerpo. Era un caballo hermoso. Aparte, había sido propiedad de Everret, el cual lo había entrenado en el trabajo del ganado. En manos de mi padre, era una belleza verlos trabajar en el corral aparejando animales. Mi padre se lo acercaba y el patrón se aproximaba con pasitos pequeños e inciertos, con la mano extendida, y murmurando en inglés: —Hola Smokey, ven conmigo—. El caballo, no acostumbrado, retrocedía asustado con un bufido. Mi padre intervenía y con buena mano le acercaba el caballo. Después, venía la tarea de colocar la montura. Como era tan grande y pesada, mi padre se veía obligado a tomar manos en el asunto y llevar a cabo la tarea. Una vez la montura sobre el lomo del caballo, venía el apretón del cincho. ¡Pobre Smokey! ¡El apretón era tan fuerte que casi le cortaba la respiración al caballo! Pero esto no era lo peor. El cincho tenía una hebilla enorme, que con el movimiento de la montura y paso del animal, le causaban una enorme grieta en el costado. Mi padre, que amaba a ese caballo por ser uno de sus favoritos, sólo podía observar sin decir nada. Después de dos semanas, el pobre caballo casi no podía caminar. Después de la hierra y cuando el patrón se regresaba a Albuquerque, mi padre se pasaba semanas curando la herida. Sin embargo, evitaba intervenir directamente, justificando su decisión en que el maltrato al caballo era por ignorancia y no intencional. Hasta que finalmente mi padre no aguantó más y con una sonrisa, sugirió colocar un trozo de piel de borrega por debajo de la hebilla. El patrón contempló la situación por unos momentos y luego aceptó. Desde ese día en adelante, el caballo dejó de sufrir.

En otras ocasiones cuando teníamos el ganado en el corral y los vaqueros trabajaban entre polvo y bramidos, tratando de lazar algún becerro, Williams aparecía como un fantasma en el centro del corral. Se doblaba por la cintura y con los brazos abiertos los aleteaba dando voz a un: —¡Alí, Alí, Alí! ... ¡Parecía un enorme pájaro, batiendo sus alas! — A mi edad, no sabía que pensar, pero el instinto me decía que el patrón no debería estar allí cuando los vaqueros trataban de trabajar. Aparentemente, nunca se le ocurrió que estar en medio del corral causaría caos y confusión. Mi padre después me explicó que solo quería ver sus becerros de cerca; y agregó: —Lo que no reconoce es que no sirve pa más que estorbo.

Hasta que un día de mucho calor, repitió su intromisión con el caos y confusión de siempre. Mi padre no aguantó más y con un grito le dijo: —Señor, ¿pero qué diablos tiene? ¡Hágame el favor de retirarse de inmediato! —. Williams, asustado, corrió y se refugió detrás, entre las rocas, al lado del fuego donde descansaban los hierros para marcar. No tardó, sin embargo, en regresar, esta vez tratando de aplicar ungüento a las quemaduras del hierro incandescente. Con un suspiro, mi padre se lo permitió. Viendo que mi padre estaba molesto y que el trabajo se atrasaba, el patrón le entregó el frasco con ungüento a mi padre, diciendo: —Ten, Porfirio, aplícalo tú—Con el tiempo escurriéndose entre los dedos, mi padre pronto abandonó la tarea.

¡Estas épocas eran las que yo esperaba ansiosamente durante todo el año! Desde niño, me permitían viajar al rancho en esos períodos. No aguantaba las ansias de salir con mi padre a juntar las reses. Salíamos de Blanco, la camioneta cargada, los vaqueros en otro vehículo, cañón Largo arriba hasta llegar a las Tapiectas. De allí viajábamos los últimos 22 kilómetros al cañoncito de Los Álamos, donde teníamos una choza y corrales. El cañoncito tomó su nombre de un bosquecillo de álamo nativo que crecía sobre el arroyo. La choza y los corrales estaban situados en la cima de una cañadita y para llegar había que atravesar un monte de cedro rojo y pasar ante un árbol hermoso, típico de la región. Era un sitio tranquilo, silencioso y ofrecía una vista inolvidable. Me encantaba atravesar ese último kilómetro, ver la choza y los corrales, ambos como si siempre hubieran existido en ese sitio, en estado natural y atemporal.

No era el único que gozaba estos días, aunque ahora sé que para mi padre, mis hermanos y los vaqueros era trabajo duro. Mis hermanos, José R. y José Porfirio, ambos de suficiente edad, se contaban entre los mejores vaqueros y mi padre siempre los dejaba a cargo de uno o dos hombres del personal contratado. A veces José Porfirio actuaba como guía del patrón; esto porque, por un lado, el patrón se perdía en el monte si salía solo y, por otro, porque le tenía mucho cariño a mi hermano. Para mis hermanos el beneficio adicional era que el patrón les pagaba por su trabajo, algo que les venía muy bien con sus gastos de colegio. Mis hermanas, Celina y Martha, que nos acompañaban a veces, también la pasaban de maravilla montando a caballo cuanto quisieran.

Amaba la junta del ganado, pero en especial la hierra en el mes de Junio todos los años. Para mí eran especiales las mañanas cuando todavía con sueño y entre las mantas, escuchaba a mi padre mientras preparaba el desayuno. Interesa saber que en casa, con mi mamá, mi padre no se ocupaba de las tareas de la cocina. Sin embargo, en el campo, era otra persona. Cantaba y bailaba frente la estufa , según él para amainar el frío , mientras preparaba pan casero y hervía el café. Años después me di cuenta que en estos momentos, se sentía libre y lejos de los problemas que lo preocupaban. El café lo preparaba en una ollita de bronce de dos litros que había heredado de su padre. Todavía conservo esa ollita, su exterior negro por la acumulación de hollín a través de los años. Es el único recuerdo que me une, tanto a él como a mi abuelo y cada vez cada tanto que le echo una mirada me retrotrae a aquellos días de mi juventud, tan alegres y emocionantes.

Todos los días y entre todos los vaqueros, reuníamos entre 20 y 30 de las más de 200 cabezas, todas dispersas por un área de más de 500 kilómetros cuadrados. Parecería que esta vasta región fuese demasiado grande para sólo 200 cabezas de ganado; sin embargo, hay que tener en cuenta que la región es semi-árida y el cálculo que se hacía era de entre 20 a 30 hectáreas por cabeza. Limitada a este número aseguraba la conservación de la zona. El ganado, afecto a las costumbres, se dispersaba hacía sus partes favoritas de la floresta. Algunos se iban hasta el cañón del Ahogadero, a más de 15 kilómetros de distancia. Allí, la floresta había construido un corral natural, donde reuníamos las 15 a 20 vacas que pastaban en la zona. Uno de los eventos más excitantes era cuando salíamos a perseguir unas cinco vacas que se habían convertido en animales mesteños (silvestres). Mi padre se refería a ellas como "las vacas huidoras". Por alguna razón, tal vez debido a su romanticismo, el patrón no permitía descornar las reses durante la hierra. El resultado era que todas las vacas maduras portaban una cornamenta impresionante.

La dificultad en manejar el ganado había resultado en que una vaca en particular , la nombrada "huidora" , se había convertido totalmente en un animal salvaje, buscando refugio en la mesa de la Choza, en el lado este del cañón del Carrizo, a la altura del cañón del Ahogadero. Después de varios años de no poder bajar aquella vaca – la que ahora tenía por lo menos cinco crías, también huidores , el guardabosque le había dicho a mi padre que era necesario sacar esos animales ya que estaban violando el permiso federal. Aparte, mi padre no aceptaba verse derrotado por una vaca, a pesar que era como un fantasma. Al sentir la presencia de algún vaquero, se esfumaba en el bosque. Mi padre había hecho varios intentos, pero estando tan atareado, nunca había asumido un esfuerzo total. Por aquél año, sin embargo, decidió sacar a la "huidora" y sus descendientes como fuese. A sabiendas del peligro presentado por vacas salvajes, equipadas con cuernos impresionantes, mi padre y sus vaqueros prepararon su plan de ataque. Los vaqueros habían estimado que de las quince originales, unos años atrás, habían logrado bajar más de la mitad, dejando a la "huidora" y al primogénito de unas cuatro, como las últimas. Mi padre dedujo que por lo menos había cinco que no se darían por vencidas fácilmente cuando las persiguiesen.

Para mí, los preparativos para la captura de las vacas salvajes fueron momentos excitantes. Primero, mi padre les explicó a los vaqueros que si no las podían bajar de la mesa, el personalmente haría uso de su carabina para ponerles fin. "No pueden ser más difíciles que cazar un venado", explicó. Yo seguía los planes, ¡imaginando como mi padre les pondría fin con su carabina calibre 30.

El grupo salió del campamento de los Álamos antes del amanecer pues había que recorrer más de 15 kilómetros a la mesa donde se hospedaban la "huidora" y sus crías. Llegaron temprano y, con la suerte de su lado, encontraron al grupo de cinco reposando al lado del único aguaje , una laguna , construida por el gobierno federal. Cada cual identificó a un animal, con mi padre encargado de la "huidora" que se apartó del resto inmediatamente. Mi padre la persiguió cortando por entre monte denso detrás de ella. Después de una persecución furiosa de más de media hora, logró su salida a una brecha. Con el lazo en su mano, lo remolineó una vez y lo lanzó, acertando sobre la cornamenta de la vaca. —¡Yiii, como bramaba!" —, decía mi padre— "La maldita vaca, regada de cagada, se lanzó contra mi caballo y con una pasada feroz, le dejó un rayón sobre el costado—. Eso fue el colmo, dijo: —Logré sujetarla contra un árbol de piñón, saqué la pistola y le tumbé los cuernos a balazos—. Con cuidado atendió la cornada a su caballo viendo que solo había cortado cuero, sin causar una herida interna. Sin embargo, era un corte serio que necesitó sutura cuando regresaron al campamento.

De allí, mi padre la sacó arrastrando por el monte, hasta llevarla a un lugar donde pudiera llegar con la camioneta y la dejó atada. Mientras, los otros vaqueros lograban lazar la becerra más pequeña y otra de un año. Otras dos lograron bajarlas al cañón, donde las reunieron con ganado manso. La última, una vaca de ya unos tres años, no pudieron capturarla ni bajarla al cañón. Mi padre tomó su carabina y, regresando donde la vieron por última vez, salió siguiendo su huella, con el comentario: —No puede ser más difícil que seguir y cazar un venado—. En menos de una hora la tuvo a la vista y con un tiro la tumbó. La descuartizaron en el sitio y con la ayuda de varios, sacaron la carne. Me acuerdo como se reían maravillados los vaqueros al ver a la "huidora" con su cornamenta desecha. También recuerdo a la "huidora", ahora montada en la camioneta de mi padre. ¡Capturada pero no vencida! Con sus cuernos hechos hilachas, bramaba y trataba de brincar por encima de la redecilla de la camioneta. Una vez más, el vaquero había logrado su objetivo. Mi padre le dio la noticia al patrón y como la carne de la vaca muerta que se vio obligado de sacar, la usamos en casa, prometió un becerro de los suyos como reemplazo.

El patrón no aceptó. La "huidora" se vendió, dando por terminada la saga.

Mi padre demostraba su maestría sobre su ambiente en todos los aspectos. Era un vaquero y un jinete extraordinario, rasgos evidentes, ya fuera en su manejo de un caballo mesteño, de una vaca "huidora" o con su carabina o pistola. Sin embargo, era un hombre sencillo y sin pretensión. Aún tengo presente en mi imaginación como logró la captura de aquella vaca ese día; esto porque recuerdo otro día en que mi padre , esta vez en mi presencia , trataba de sacar varias vacas de una zona de matorrales densos del bosque. Lo veo como si fuera ayer, con su pala de mango corto sobre el hombro. La llevaba ese día porque tenía en mente limpiar un ojo donde las vacas habían logrado tumbar la barrera y habían entrado para destruir la salida del agua. Aquel día, me ordenó esperarlo en un sitio mientras trataba de bajar las vacas a la cañada. Después de casi una hora, logró bajarlas a un cañoncito angosto, donde los otros vaqueros se harían cargo. Regresó hacía mí y entonces lo veo acercándose, su caballo completamente cubierto de sudor con las ventanas de la nariz abiertas al máximo y los pulmones bombeando como fuelle. Recuerdo ver el sudor del caballo que se acumulaba en el centro de la barriga para gotear hacia el piso. Nunca me olvidaré de ver a mi padre, ¡con la espalda recta y con su pala de mango corto todavía sobre el hombro, como si fuera parte de su ser! Había cabalgado por terreno quebrado y monte casi impenetrable, guiando a su caballo sólo con las piernas y su mano izquierda.

Cada día los vaqueros regresaban con 15 o 20 cabezas de ganado, cada cual con su becerro. Cuando reunían unas 30 vacas, suspendían la búsqueda para proceder con la marca y la castración. Mi padre ordenaba a dos de sus mejor lazadores entrar con sus caballos en el corral, ambos diestros en capturar los becerros por las patas traseras. La tarea era trabajo arduo, llevado a cabo entre nubes de polvo, sudor y bramidos de las víctimas que luego eran arrastradas hasta donde estaban mi padre y otro vaquero esperando para sujetar al animal – con otro caballo si aquél era grande – y con los hierros calientes, listo para marcarlo y castrarlo. Mi padre tenía un recipiente de dos litros con agua salada donde colocaba los testículos que separaba con un corte quirúrgico de cada animal macho. Estos "ostiones", como los nombraba mi padre, los freía con papas, cebolla y chiles verdes, ¡con el resultado de un plato exquisito! Por lo general, comíamos este plato por lo menos dos días por semana. ¡Eran deliciosos! Sin embargo, el señor Williams, sentado con nosotros, los apartaba fastidiosamente. Sin embargo, en lo que éste se superaba era en la preparación del café. Siempre llevaba una olla especial que colocaba sobre la parte más caliente de la estufa hasta que el agua hervía. Rápidamente le agregaba un puñado de café molido y cuando subía la espuma, retiraba el recipiente del fuego. ¡La combinación de café con agua caliente creaba una nube de aroma increíble! —Sabe cómo hacer café—, decía mi padre.

Daré otras razones por las que adoraba la época de la junta y marca de los becerros. La oportunidad de mejorar mis conocimientos sobre los animales y el terreno, sobre todo los caballos, me animaban a poner atención y salir con mi padre en toda oportunidad que se presentase. Durante nuestras cabalgatas, mi padre me mostraba mojones y otros signos, de cómo orientarse en un mundo cubierto de cañadas, quebradas y monte tan espeso que era difícil maniobrar sin recibir algún golpe de una rama. El me enseñó cómo usar el sol para saber la dirección y la hora del día; como leer una huella para estimar su frescura; como disparar con su carabina; como lazar y, finalmente, montar cómo vaquero. A veces, cuando la noche nos atrapaba lejos del campamento, identificaba la estrella polar, con el fin de que buscara un punto de referencia importante si alguna vez me encontraba solo en el monte. Ser guiado en este entrenamiento, sobre todo en la disciplina de pensar independientemente, me ha servido toda mi vida.

Mi padre tenía mucho cariño para con todos sus sobrinos. Sin embargo, los dos hijos varones de mi tío Ramón Sandoval, tal vez por ser hijos de su cuñado y porque por muchos años después de abandonar el Carrizo, vivieron cerca de nosotros, gozaban atención especial. Y, sin duda su favorito de los dos era Samuel, el mayor. De manera que de vez en cuando mi padre invitaba a Samuel a alguna actividad en el rancho. Aquí es importante destacar que mi tío Ramón trasladó a su familia a la ciudad cuando los mayores todavía estaban bastante jóvenes. De manera que no tenían las oportunidades de mis hermanos, de montar a caballo y menos adiestrarse en el la ciencia del jinete y del vaquero. Sin embargo, Samuel conservaba bastante de sus años en el Carrizo, de modo que conocía a los caballos bastante bien.

Los caballos que usábamos en el rancho, con excepción de dos o tres, eran propiedad del patrón. Y siempre que viajábamos a la floresta para la marca de becerros, mi padre llevaba la tropilla primero, encerrándolos en un sitio de unas 10 hectáreas que él había acondicionado con una cerca de alambre de púas. Los caballos favoritos eran "El Charger," un hermoso alazán – el favorito de mis hermanos - ; "Smokey,", el caballo del patrón; "Fire Cracker", un bayo nervioso y pedorro; "El Cuervo", negro como la noche; "El Bole", propiedad de mi padre; "Sesos", un recambio de mi padre, caballo grande y cabezón de color gris que también podía utilizarse como caballo de tiro; "El Pardo", uno de los favoritos de mi padre; "La Chicharra", una yegüita alazana, propiedad de mi hermano José R., que formaba un alboroto con su corcoveo todas las mañanas pero que para medio día ya apenas caminaba. Todos estos entre otros. Mi teoría era que la Chicharra se agotaba con su corcoveo y quedaba sin energía para trabajar todo el día. En realidad, mi hermano solo la usaba para divertirse y no para trabajo serio. No me acuerdo el año exacto, pero cuando tenía unos 10 años, mi padre, en un viaje a Durango, Colorado, me compró una montura fabricada especialmente para jóvenes menores de trece años. ¡No lo podía creer! Utilicé esa montura por varios años, hasta graduarme a una adulta a la edad de quince. A los dieciséis, mi padre me permitió montar "El Charger", ya bastante viejo pero, como siempre, con su brío característico. Desde ese día en adelante, me permitió montar cualquier caballo que me gustara.

En una ocasión, mi padre invitó a mi primo hermano Samuel a acompañarnos a la floresta durante la marca de becerros. El joven, ya de unos 19 años, aceptó. La primera mañana, después de nuestra llegada al campamento de Los Álamos, estaba ansioso por comprobar que podía hacer lo que se le ordenara. Esa mañana ordenó a uno de sus hijos que saliera a recoger la tropilla. Llevando un morral con avena en la mano, mi hermano pronto atrajo al "Bole" (llamado así por la mancha blanca sobre su frente y nariz, y porque tenía un ojo zarco o celeste claro); era un caballo bayo, bastante manso y siempre de los primeros en aceptar el morral. Sin embargo, el "Bole" no era cualquier caballo. Alto y fornido, tenía fama de ser el caballo más veloz entre los de mi padre. Pero no sólo eso, era el más difícil de manejar una vez que tomaba carrera. De manera que mi padre le daba poco uso fuera de trabajo en el corral durante la marca de los becerros. Mi hermano le colocó el freno, lo montó en pelo y se puso por delante del resto de la tropilla. Los entró en el corral, colocó las varillas de la puerta y se llevó al Bole", atándolo a lado de la choza.

De repente, los caballos en el corral tumbaron las varillas y salieron corriendo. Mi padre gritó: "¡Los caballos se salen, alguno de ustedes, pronto, atájenlos!" Samuel fue el primero en salir, diciendo: —¡Déjeme a mi tío, yo los atajo! — Partió corriendo y de un salto se montó sobre el "Bole", el cual estaba sin montura. Tomó las riendas y lo golpeó con los talones. Era todo lo que necesitaba el caballo. Se lanzó como flecha, a toda velocidad, cañoncito abajo. Duro de boca y con tanta velocidad, el muchacho no logró darle dirección. El caballo pasó por debajo de la rama de un cedro rojo a toda velocidad, barriendo a Samuel al piso. Todos nosotros nos quedamos mudos y como estatuas, observando lo que se desarrollaba frente a nuestros ojos. Mi padre fue el primero en reaccionar y salir corriendo hacia su sobrino, mientras Samuel se ponía de píe, se sacudía el polvo y, con pasos medidos, cubría los 100 metros entre él y su tío.

Recuerdo verlos regresar, ¡Samuel empolvado pero sano! y mi padre con el brazo derecho sobre sus hombros, diciéndole: —Si no hubiera sido por ese maldito gancho los atajas—. Ni una palabra de recriminación pasó por los labios de mi padre. Mis hermanos, sin embargo, no aguantaron y soltaron la carcajada. Samuel, siempre buen deportista, se rio con ellos. Días después, en la misma semana, el pobre Samuel sufriría otro percance. Esa vez fue algo más serio, siendo necesario regresarlo a Aztec al médico y con sus padres.

Guardo en la memoria el incidente como grabado en mi mente. Salimos los cinco aquella mañana, temprano como de costumbre. Ese día mi padre quería recorrer la zona del "ojo del "fierro", un lugar hermoso, con muchas cañaditas, empedrados de piedra arenisca y el majestuoso pino Ponderosa en abundancia. Aquél lugar siempre fue mi favorito. Al llegar al tope del cañoncito que guardaba el ojo, fue necesario detenerse para escuchar el silencio del lugar quebrado sólo por el murmullo suave del follaje de los pinos agitado por la brisa. El ojo recibió su nombre por el alto contenido de hierro en el agua, pues cualquier objeto que tocara esa agua que pasaba asumía el color rojo del moho característico de la misma.

Llegamos a unas rocas planas, a unos metros del ojo, donde Samuel detuvo su caballo y desmontó. El estribo de su montura necesitaba ajuste, pero ya no tenía ojales. Le dijo a mi padre: —Tío, présteme su navaja, necesito abrir otro ojal—. Mi padre le pasó su navaja de tres hojas, marca "Tree." Era una fina navaja, la que mi padre usaba para la castración de los becerros, con filos como de navaja de afeitar. Samuel abrió la hoja más delgada, perforó la trabilla y colocó la navaja sobre el asiento de la montura, sin cerrarla. Luego, tiró hacia abajo para asentar la trabilla sobre la nueva perforación. El esfuerzo hizo que el caballo cambiara de pie y la navaja se deslizó con la punta hacia abajo. La trayectoria fue tal que acertó con el pie del joven, hundiéndose hasta la empuñadura. Samuel soltó el alarido. Yo estaba observando a Samuel y vi la navaja, como en cámara lenta, cuando cayó. Mi padre no se había dado cuenta pero reaccionó de inmediato. Saltó de su caballo y corrió hacia su sobrino. Con cuidado extrajo la navaja y le ordenó quitarse la bota. Al hacerlo, vimos que tenía el píe bañado en sangre. Mi padre se quitó el pañuelo que llevaba al cuello y le vendó el pie. De allí nos regresamos de inmediato al campamento y ambos partieron hacía Aztec a ver al médico. Noté a mi padre muy preocupado y ahora que escribo estas frases entiendo la razón. El temió algo semejante a lo que le ocurrió a su sobrino Miguel, años antes, y no quería arriesgarse al tétanos u otra infección que pudiese afectar la herida. Samuel se recuperó sin problemas.

Tal vez uno de los incidentes más serios en que se vio involucrado Williams con el ganado, ocurrió en el otoño de 1944. Había sido inusualmente lluvioso y las precipitaciones continuaban esporádicamente durante los preparativos para embarcar los becerros. El patrón había vendido la producción del año a un comprador que había prometido llegar con sus camiones hasta el rancho. Sin embargo, las lluvias habían sido tales que era imposible transitar los 80 kilómetros desde el entronque de la carretera pavimentada. Esta entrada quedaba a 25 kilómetros al noroeste del pueblo de Cuba, Nuevo, México, en un sitio identificado con el nombre "Lindrith".

Para llegar hasta el rancho, los camiones tendrían que haber transitado unos 60 kilómetros de camino de tierra, para luego entrar en uno más estrecho y rudimentario de unos 20 kilómetros una vez en el cañón de las Tapiecitas, hasta el rancho. En tiempo seco, hubiese sido posible. Sin embargo, con lluvia el piso de la región, barroso de color café oscuro, se convertía en un mar de lodo pesado y pegajoso. Cualquier vehículo encontraba dificultad, pero para los camiones pesados era imposible. Ni con cadenas, ya que el lodo se pegaba, convirtiendo las ruedas del camión en enormes obstáculos.

Mi padre recibió la noticia de que los camiones no podrían llegar hasta el rancho, por lo tanto, sería necesario llevar los becerros a "Lindrith", punto donde los esperaban. El gobierno federal había construido corrales para embarcar ganado de los Apaches, de manera que una vez allí, sería relativamente fácil cargarlos en los camiones. Mi padre, sin embargo, no estaba nada conforme con la idea de llevar el ganado hasta Lindrith. Argumentaba que los becerros perderían peso, reduciendo la recaudación. Sin embargo, el patrón se opuso a la idea de posponer la transferencia hasta que el tiempo mejorase y permitiese la entrada de los camiones. Enfrentado con este imperativo, mi padre aceptó. Pero otra vez, el patrón intervino. Objetó el plan de llevar a las madres con los becerros. Argumentó que sería doble trabajo tener que traer de vuelta las madres al rancho.

Mi padre dijo después que debió oponerse completamente. Para él, era casi imposible empujar becerros, todavía mamones, dejando las madres atrás. Sin embargo, cedió y se encargó de los preparativos. Decidió llevar al rebaño completo hasta la última cerca, a unos 10 kilómetros de distancia del rancho. Allí separarían los becerros , unos ochenta animales , dejando a las madres. El plan funcionó hasta llegar a esa barrera. Porque una vez separados, los becerros se negaron a continuar y trataban de volverse en repuesta a los bramidos de sus madres.

Mi padre describió ese primer día como un infierno. Tanto los hombres como los caballos terminaban exhaustos y apenas habían recorrido 20 kilómetros. Al empezar a cerrarse la noche, se adelantó buscando un lugar donde poder acorralar a los becerros. Él sabía que si no encontraba un lugar seguro, lo animales se regresarían. Por suerte encontró un arroyo angosto y con una profundidad de unos dos metros. El agua había cortado hasta unas piedras, dejándolo con una sola entrada. Con bastante trabajo, los cinco vaqueros lograron encerrar a los animales, construyendo una puerta rudimentaria con ramas atravesadas en la entrada. Esa noche, la lluvia regresó. Mi padre ordenó montar una guardia y el patrón se ofreció como voluntario para el turno de media noche. Con mucha reserva, mi padre aceptó. Se preguntó: —¿Qué puede pasar, si solo tiene que quedarse sobre la entrada? — Aparte, pensó para sí que los vaqueros habían trabajado demasiado y estaban exhaustos, con necesidad de descansar para poder seguir al día siguiente. Williams se retiró, el impermeable batiendo como alas al viento.

Poco después de la media noche, la lluvia intensificó, con truenos y relámpagos. Mi padre dedujo luego que un trueno con relámpago tocó tierra bastante cerca y causó la estampida de los becerros. El patrón, que había buscado refugio bajo la saliente de unas rocas, había olvidado su tarea de guardia. Los becerros se lanzaron contra la barrera y salieron corriendo, dispersándose por un área de varios kilómetros cuadrados. Alguien dio la alarma y los vaqueros montaron sus caballos, hombres y cabalgaduras cansados pero preparados para la ardua tarea que debían enfrentar. El resto de la noche se lo pasaron tratando de localizar los animales. Al amanecer solo habían reunido unos cuantos, ¡de los más de ochenta! El resultado fue que sólo lograron embarcar veinte becerros. El resto se volvió al rancho. Cuando mi padre regresó al rancho al día siguiente, encontró a la mayoría pegados a la cerca donde los esperaban sus madres. Esas crías se quedaron hasta el año siguiente.

Cuando pregunté a mi padre durante su relato porque había aceptado los deseos del patrón de llevar a los becerros sin las madres, a sabiendas que les costaría mucho trabajo, él me contestó con las siguientes palabras: —Bueno hijo, yo sabía que sería muy difícil, si no imposible, llevar a cabo los deseos del patrón y que llevaríamos una güena friega. Sin embargo, él es el dueño, el que nos paga. Yo le di mi opinión, se lo advertí pero no me hizo caso. Mi única salida era renunciar, y para mí era imposible. Necesitaba el trabajo—. Para mi padre hubiese sido un abuso de confianza negarse a llevar a cabo lo ordenado por su patrón.

Otra historia relacionada con el embarque de becerros llevó a mi padre hasta Los Ángeles, California. Este episodio, sin embargo, resulto positivo, ¡tal vez porque el patrón no lo acompañó! Ese año, Williams vendió los becerros a un comprador en California que quiso asegurar el traslado. El patrón ordenó a mi padre acompañar al ganado para garantizar una travesía sin complicaciones. Mi padre contaba luego que fue en aquél viaje que probó por primera vez el plátano. Contaba que un hombre que acompañaba un embarque de plátanos de Los Ángeles hacía el este, todos los días sacaba la fruta madura y la distribuía entre sus hombres. Mi padre quedó maravillado con esa fruta desconocida, de la que sólo tenía una vaga idea sobre su origen. Años más tarde, volviendo de un viaje a la ciudad de México adonde fuimos a visitar a mi hermana Celina, por la ruta al puerto de Matamoros, vería dicha fruta en sus racimos, colgando del árbol que le daba vida.

A finales de la década de los 40, mi padre concluyó que le era imposible atender el rancho sin ayuda, especialmente durante los meses de invierno. Después de discutir las ventajas de tener un empleado a tiempo completo durante esos meses, el patrón finalmente se puso de acuerdo. El primer empleado fue un joven Navajo, de nombre Reynaldo Castillo, recién egresado del ejército. Castillo trabajó varios años, pero finalmente probó no ser de confianza. Primero, falsificó la firma de mi padre en un cheque por cien dólares. Después le robó un prismático alemán que mi cuñado, Lorenzo Sánchez, le había regalado. La autoridad detuvo a Castillo y lo encarcelaron. Sin embargo, el prismático nunca se recuperó. El reemplazo de Castillo fue otro Navajo, éste de nombre Rubén Martínez. Rubén probó ser un hombre de magnifico carácter, trabajador y de confianza. Martínez trabajaría con nosotros por muchos años.

Los otoños eran una época hermosa en la floresta. Era cuando todos los árboles y matorrales de hoja caduca, cambiaban de color. Además, las noches eran frías, con la escarcha cubriendo el paisaje con su blancura. ¡El amanecer ofrecía una vista maravillosa, con el pasto y los arbustos cubiertos por un manto blanco que relucía a los rayos del sol y cuando la brisa movía las ramas, la caída de la humedad cristalizada asemejaba una lluvia de diamantes! Por aquellos tiempos, después que habíamos retirado el ganado, a mi padre le gustaba regresar a pasar unos días, antes de la apertura de la cacería del venado. En una ocasión invitó a su amigo y vecino, Don Ramón Córdoba, a viajar con nosotros. Cuando lo conocí, era un señor que tendría unos 90 años de edad. Sin embargo, parecía un hombre por lo menos 20 años más joven. Era alto, delgado y usaba una barba larga y completa. También llevaba un sombrero blanco de pico, similar al que usaba el actor de cine Tom Mix. ¡Ahora sé de dónde sacó Hollywood la idea de ese tipo de sombrero! A Don Ramón le encantaba salir a lugares como la floresta. Por la tarde en aquél viaje, después de la cena, se sentó a deleitarnos con historias sobre sus tiempos juveniles en el sur de Colorado donde se crió. Un excelente cazador, nos contó que cuando salía de cacería llevaba solo su carabina y un salero. Al matar un venado, encendía una fogata y extraía el hígado para asarlo sobre las brasas. Nunca lo vi cumplir esa hazaña pero jamás dudé de su veracidad. Lo que si observé con mis propios ojos, fue las cicatrices que exhibía en los bíceps de cada brazo y en los costados. Aunque mi padre conocía la historia, le pidió recordarla para mi beneficio. Sentado en una silla mecedora que tenía mi padre, relató cómo llegó a recibir esa herida que de milagro no le quitó la vida.

Cuando tenía unos 25 años de edad, viajaba a caballo de visita con unos amigos por el norte de Nuevo México hacia su pueblo en el sur de Colorado. Faltando todavía unos 15 kilómetros y andando al paso sobre el filo de una colina, sintió un impacto sobre su brazo y costado derechos. Sin embargo, el impacto no lo tumbó del caballo. Todo sucedió en un instante. Observó sus bíceps sangrando, con el del lado izquierdo mostrando una salida que había roto el tejido y dejaba parte del músculo colgando. Sintió que casi no podía respirar, con un dolor como tizón quemándole todo el pecho. Mientras, el caballo, al sentir el disparo, salió corriendo. Don Ramón se mantuvo montado, nunca supo cómo, con el caballo ahora a rienda suelta. El animal galopó hasta llegar al pueblo, donde se dieron cuenta que Ramón estaba herido. Lo bajaron del caballo y rápidamente lo llevaron al médico del pueblo, donde se descubrió que la bala, una calibre 30, había atravesado su cuerpo de lado a lado, rosando sus pulmones y sin tocar hueso alguno. La bala pasó entre dos costillas, encontrando salida por igual lugar en el lado contrario. Fue un milagro que no afectara los pulmones y ningún hueso, pues si hubiese sido así la bala se habría desintegrado, causando un terrible daño interno. Del pueblo lo trasladaron al hospital en Durango, Colorado, donde los cirujanos lo intervinieron. El asaltante fue un indígena renegado de la tribu Ute que fue detenido por la autoridad y encarcelado. Don Ramón se recuperó, para seguir viviendo una larga y fructífera vida.

El otoño también era una época que esperábamos, pero ya para salir de cacería. Todos los hermanos aficionados al deporte, hacíamos preparativos para salir a veces desde el rancho de las Tapiecitas o de la choza en la floresta. Todo dependía donde mi padre calculaba que sería la mejor zona para encontrar venados grandes ese año. Cuando nos quedábamos en el rancho, caminábamos unos 10 kilómetros a una zona donde casi siempre encontrábamos buenos venados. Cuando cazábamos en la floresta no era necesario ir muy lejos, pero llegó el momento en que mi padre prefirió cazar desde el rancho. Esto porque llegaban muchos cazadores a la floresta y no le gustaba cazar entre tantos. De cualquier manera, era maravilloso pasar esos días con mi padre y mis hermanos.

Estoy convencido que mi padre en particular, gozaba más la oportunidad de vincularse con sus hijos que la cacería en sí. Todos los años, durante aquella época de caza, mis hermanos , menos Isaac que vivía demasiado lejos , se reunían con nosotros para compartir una semana en el campo. Mi padre denotaba una alegría especial. Por ejemplo, por las mañanas era el primero en salir de la cama para preparar café y el desayuno. Me encantaba verlo ocupado, encendiendo primero el fuego y después, haciendo los preparativos mientras yo me quedaba en la cama, envuelto entre las mantas calientes. Y antes de salir, él siempre se aseguraba que me abrigara bien contra el frío matutino.

Recuerdo una cacería en particular cuando encontramos el rastro de un venado herido por un cazador. Era obvio que el tirador había abandonado el rastreo y mi padre, disgustado, decidió seguir la huella hasta dar con el animal. Optó por seguir a píe ya que el monte era muy denso y dificultaría demasiado continuar a caballo. Atamos los caballos y salimos a pie detrás del venado. Mi padre estaba convencido de que pronto daríamos con él y regresaríamos por los caballos. Había unos treinta centímetros de nieve sobre el piso, de manera que no era demasiado difícil seguir el rastro de sangre a píe. Sin embargo, no malamente herido, el animal siempre se mantenía distancia de nosotros. Ya era tarde cuando iniciamos el rastreo y finalmente, ya casi oscureciendo, el animal bajó al cañón de las Ciruelas, a la altura del rincón del Maíz, cerca de la granja del Carrizo. Finalmente, como el rincón estaba libre de monte, logramos ver al venado cuando trataba de volver a la espesura a unos 150 metros de distancia. Mi padre elevó su carabina y disparó. El venado cayó al piso. Eran ya casi las cinco de la tarde y el sol tiraba sus últimos rayos. El tiro del primer cazador había acertado sólo contra la rodilla en una pata delantera. Tal vez el animal hubiese sobrevivido, aunque mi padre opinó que había perdido mucha sangre, más el frío y mucho depredador, dificultarían su recuperación. Rápidamente, colgamos el animal, con una impresionante cornadura de ocho puntas. Para cuando terminamos, había oscurecido. Dejamos el animal colgado lo suficientemente alto como para protegerlo de los coyotes y salimos cañón arriba hacia el campo, a unos 10 kilómetros de distancia, abandonando cualquier idea de regresar por los caballos. Eso lo haríamos el día siguiente.

Mi padre pronto se dio cuenta que yo no iba llegar al campo, caminando sobre una acumulación de 30 centímetros de nieve, con hambre y cansado de andar toda la tarde, sin comer ni descansar. Comida no llevábamos, pero sí un trozo de carne de venado. Lo que mi padre hizo en seguida fue algo que solo un hombre con control total de su ambiente lograría. Me dijo: —Vamos a hacer una lumbre pá que te calientes, y pá asar carne—. Nos apartamos del camino y en seguida encontró un junípero viejo. Separó las primeras láminas húmedas para encontrar corteza seca. Arrancó unos trozos y siguió su búsqueda hasta dar con un árbol de piñón caído sobre el piso, cubierto de nieve. Separó varios ganchos con los pies y apartando la nieve, liberó una zona donde dispuso con cuidado los semi-secos. Frotando y moliendo un trozo de corteza del junípero entre las manos, construyó un bulto que introdujo debajo de su montón de leña de piñón y le aplicó un fósforo. Todo el mundo que conoce el piñón sabe que su madera tiene un alto contenido de resina. En pocos minutos, entre la nieve y los palos medio húmedos, ¡tuvimos fuego! Con cuidado, agregó más leña hasta armar una gran fogata. En seguida se convirtió en un lugar húmedo pero libre de nieve. Después cortó una vara verde con la que pinchó la carne. En pocos minutos, apartó brasas sobre las que sostuvo la vara con carne. ¡No tardamos en tener carne asada!

Mi padre se dio cuenta que no podía continuar la caminata. Me dijo: —Tú te quedas aquí. Me voy hasta el campo y enviaré a Rubén con los caballos—. No pasaron dos horas cuando escuché que alguien venía sobre nuestra huella. —¡Era Rubén que había encontrado nuestros caballos y después de seguirnos toda la tarde, había bajado por la misma ruta que nosotros! —¡Había encontrado el venado y lo había cargado sobre uno de los caballos! Lo primero que me dijo al aproximarse al fuego, fue: —Tu hacer jueya como tejón—. ¡Esto porque sólo logré arrastrar los pies esos últimos kilómetros! Montamos los caballos, camino hacia el campo. A unos dos kilómetros encontramos a mi padre que al no encontrar a Rubén, volvía para rescatarme. Todos le dimos gracias a Rubén por tener tan buen juicio.

A través de los años, Williams le había tomado bastante cariño a mi hermano, José Porfirio, que ya con unos 18 años de edad, se había convertido en el brazo derecho de mi padre. Williams nombraba a mi hermano con el apodo "Sonny" y nunca se cansaba de ponerlo por las nubes por su destreza con los caballos y su ética de trabajo. Era un joven inteligente, muy serio y humilde de carácter. En verdad, mi hermano honraba esta descripción pues era un joven con rasgos de hombre maduro que nunca se daba por vencido. Estaba siempre dispuesto a enfrentar cualquier desafío. En pocas palabras, era astilla del palo que lo engendró.

Reconociéndole talento innato, Williams trató de recompensarlo en cada oportunidad. Por ejemplo, le pedía consejos sobre el ganado y otros asuntos ligados con el rancho. En efecto, "Sonny" se convirtió en intermediario, llevando consejos y misivas de mi padre directamente a Williams. Durante sus días en la floresta, éste siempre pedía que lo acompañara mi hermano. Cuando mi hermano se recibió de la secundaria y decidió matricularse en la universidad de Nuevo México , colegio de ingeniería –,el señor Williams se ocupó de conseguirle un puesto de medio tiempo en los Laboratorios Sandia, donde mi hermano trabajó hasta terminar sus estudios cuatro años más tarde.

La recompensa para mi hermano, José Porfirio, por su dedicación, empeño y trabajo, fue que en 1950, cuando ingresó a la universidad, mi padre le regaló un flamante Studebaker sedan de último modelo. Mi padre hizo el enganche con mucho sacrificio, aceptando las mensualidades de los siguientes dos años. Para él y para mi mamá, era un gesto de amor retribuido sólo con ver a su hijo aceptado en el prestigioso colegio de ingeniería electrónica de la universidad.A pesar de que mis padres nunca esperaron recompensa monetaria alguna, mi hermano continuó enviando dinero a nuestros padres por el resto de sus vidas. Es más, la generosidad de todos los hijos aseguraron que mis padres no tuviesen que enfrentar problemas de dinero durante sus últimos años de vida.

Mientras, mi padre continuó trabajando para Williams, puesto que ocupó hasta 1955. Finalmente fueron varios factores que lo empujaron a renunciar. Primero, la finca demandaba su dedicación a tiempo completo. Por otra, había vendido casi todo su ganado, incluyendo su permiso para pastar en la floresta. Por último, y a pesar que Williams le había incrementado el sueldo a u$s150 dólares por mes, no cubría los gastos de los múltiples viajes necesarios cada mes para mantener todo en orden en el rancho. Le comunicó su decisión al patrón que le escribió una carta llena de recriminaciones, entre ellas acusando a mi padre de ser un malagradecido. Mi padre, altamente ofendido, se puso triste, preguntándose el porqué de tal reacción. Mi mamá, su puso furiosa. Mi padre le rogó que no lo tomara a pecho, diciéndole: —Déjalo que diga lo que quiera. Qué ganamos con contradecirle. Sabe que siempre miré por sus intereses y que nunca tomamos lo que no nos pertenecía—. Sin embargo, mi mamá, por primera vez se negó a aceptar el deseo de su marido y preparó una aguda carta, en la que incluyó un desglose de los gastos mensuales sólo para atender el rancho. Se me ocurre ahora que escribo estas frases, que tal vez Williams, hasta ese día, ignoraba la realidad del manejo de un rancho. Encontrándose con la renuncia de mi padre y enfrentado por primera vez en muchos años con el hecho de tener que contratar un nuevo capataz, reaccionó con amargura y sin pensar, golpeando al hombre que dio su totalidad en la atención de sus asuntos. Williams no respondió y el asunto quedó bajo esos términos.

Unos años después, mi padre se enteró que Willliams había vendido el ganado y después el rancho. Aparentemente nunca logró conseguir personal de confianza, viéndose obligado primero a desprenderse del ganado. Otro factor que posiblemente lo empujó a vender fue que el gobierno federal, implementando una nueva agrimensura, cambió la línea de propiedad con la reserva Apache, moviéndola más de medio kilómetro dentro de lo que antes era propiedad de Williams. Este paso le quitó una parte importante del terreno, tal vez el golpe final.

Años después, ya de adulto, hice un viaje con mi padre a Las Tapiecitas con la intención de recuperar algunos de esos momentos tan alegres vividos con él y mis hermanos. Vimos con nuestros propios ojos la decadencia del rancho. Las casas habían desaparecido, reemplazadas con una casa rodante. Mi padre soltó un suspiro, murmurando: —¡Qué lástima! —. La mente se me llena de recuerdos tan agradables y positivos, que los mantendré por siempre. En mi memoria, siempre conservaré a Las Tapiecitas y al Rancho del Sombrero Riscado tal como los conocí. Me imagino que mi padre, a pesar de sus palabras de aquél día, conservó el mismo sentimiento.

Celina y Martha Abeyta. Blanco 1946

José Porfirio con “Randy”. Blanco, 1947

Venta De La Granja – Un Nuevo Inicio

En el otoño de 1946, José Porfirio y Carmen vendieron su granja del Carrizo. Los compradores fueron los hermanos Esquivel, primos por parte de mi padre. La compra se llevó a cabo por la suma de u$s 4.500,00 – o sea, u$s 17,00 por hectárea. Con el dinero de la venta, mis padres hicieron el enganche de una finca de 37 hectáreas, una de las mejores en Blanco, cuyo precio de venta fue u$s 12.000,00. La finca hasta entonces había sido propiedad de Eduviges Jácquez. Jácquez aceptó que el saldo de u$s 7.500,00 se hiciera en mensualidades, por un período de diez años, a un porcentaje de interés favorable. Mi padre, sin embargo, nada predispuesto a desprenderse de su ya reducido ganado, retuvo su permiso federal sobre el cañón del Jaramillo con el propósito de tener dónde pastarlo durante el verano. Sin embargo, a principios de la década de los 50 decidió reducirlo aún más y vendió el permiso a su ahijado, Leopoldo Candelaria, que ya manejaba por cuenta de su madre, los bienes de su padre fallecido. La propiedad de los Candelaria quedaba solo unos kilómetros cañón abajo de dicho cañón del Jaramillo. Mis padres, por su parte, permanecerían en la finca de Blanco hasta su muerte cincuenta y dos años más tarde.

La venta de la granja rompió todo contacto físico y legal con ésta. Sin embargo, mis padres jamás lamentaron su decisión. Mi padre me diría años más tarde que no fue una decisión difícil.

Dijo: —En esta vida uno hace lo necesario pa' beneficiar a la familia. Reconocimos que nuestro futuro estaba aquí y que la única manera de mejorar nuestra situación era vender pa' poder invertir en una propiedad que reflejara algo de nuestros sacrificios. Y en especial pa' compensar a tu mamá por sus años de privación y sufrimiento en el Carrizo. De manera que dimos el paso definitivo y nunca nos arrepentimos.

—Recuerda, hijo—, me aconseja: —Nunca te ates a lo material, pues al fin la familia es la que cuenta.

El consejo me ha servido muy bien a través de los años y he tratado de mantenerme fiel a ese grano de sabiduría paternal.

Desafortunadamente, la compra de la finca de Jacques no estuvo libre de inconvenientes y problemas. A poco tiempo de firmar los papeles de compra, mi padre se enteró que Jacques había sacado una segunda hipoteca sobre el terreno, información que no reveló durante la venta. De manera que el arreglo con él de financiar el saldo de u$s 7.500,00 a un plazo e interés favorable, se evaporó. A cambio mi padre se tuvo que enfrentar con el señor Willy Hare, un empresario y granjero fuerte en el valle, que tenía el compromiso de aquella segunda hipoteca. Pero como mi padre ya había entregado el enganche a Jacques y no era partidario de un litigio que les hubiera costado dinero no disponible, se decidieron tratar con el señor Hare. Este último probó ser un hombre honorable y acordó aceptar la transferencia de la hipoteca de Jacques - por la suma adeudada de u$s 8.000,00 - a nombre de mis padres y dividirla en diez años, con los pagos a vencerse en el mes de Noviembre de cada otoño. Mis pobres padres. Tanto que habían trabajado, sólo para volver a encarar otro problema. Sin embargo, era aceptar estos términos o perder todo por lo que habían trabajado. Por los próximos veinte años mi padre lucharía contra el peso de esa deuda. Hubo años que solo lograba pagar los intereses de la hipoteca. Afortunadamente, el señor Hare probó ser hombre comprensivo y aceptaba esos pagos en lugar del pago debido. Lamentablemente, tal arreglo solo extendía la vida de la hipoteca, añadiendo más interés sobre el saldo. Fueron muchos años en que la finca no generaba lo suficiente como para pagar el interés y mi padre se veía obligado de vender algún ganado del que trataba de conservar.

Lo único que los salvó fue su empleo como capataz con el señor Williams, puesto que le generaba u$s 100,00 por mes. La angustia de mi padre era visible, pero nunca se dio por vencido. A veces lo observaba triste, y le oía exclamar: —Dios mío, no sé, de alguna manera tenemos que salir de esto—. Por desgracia, mi padre había aceptado la palabra de Jacques sin imponer como requisito una búsqueda en el registro de la propiedad. Si hubieran pedido dicha búsqueda, habrían encontrado la segunda hipoteca y tal vez, conseguido términos más favorables. O, a la mejor, no hubiesen realizado la compra, modificando su futuro en el valle de San Juan. Le pregunté a mi padre años después porque no hicieron la búsqueda en los archivos del registro.

Me contestó: —Cuando un hombre da su palabra no es necesario ir más allá. Yo le tenía confianza a mi compadre Eduvigen, y por lo tanto acepté su palabra. Cuando nos enteramos, pensamos contratar a un abogado para iniciar un juicio contra ellos, pero el daño se había hecho. Aparte, Willy Hare se portó como hombre y no cambió los términos a un nivel inaccesible.

Pero a veces lo escuchaba murmurar: —Está uno siempre tan atrancao—. O sea, el dinero no alcanzaba... Pero en seguida cambiaba de tono y seguía adelante con su tarea. Estos momentos eran transitorios, nada más.

Sin embargo, y a pesar de que el dinero parecía no alcanzar, siempre encontraban la manera de reducir en un área para cubrir otra. Y nunca se dieron por vencidos. Su vista siempre se mantuvo en esa meta de educar a sus hijos. Por aquél entonces ya habían cumplido con una buena parte de dicha meta. Ya, lo que les quedaba de sus vidas, serían el uno y el otro. Con el tiempo, los hijos, casi todos mayores y en nuestras respectivas carreras, les haríamos llegar remesas de dinero, aliviando sus modestos compromisos.

En 1962, mi padre, encontrándose en una situación monetaria mejorada gracias a la ayuda de los hijos, contrató la construcción de una nueva casa, cumpliendo con su promesa para con mi mamá. Recuerdo cuando el agente del Banco de Farmington vino a casa para formalizar el préstamo de los u$s 12.000,00 ,importe total de la compra ,. Les dijo a mis padres: —Señor y señora Abeyta, mi banco ha investigado su crédito y lo encontramos intachable. Con mucho gusto les hacemos este préstamo—. Mis padres, halagados, aceptaron el cumplido con una sonrisa. La casa era pequeña , apenas de 100 metros cuadrados construidos , pero moderna, con pisos de madera y baño. Lo primero que hizo mi padre al recibir las llaves fue viajar al almacén de Montgomery Ward en Farmington, dónde compró en mensualidades máquinas de lavar y secar ropa. ¡Nunca más tendría mi mamá que lavar a mano y tender ropa a la intemperie! Con ese paso, lo único que les faltaba era un televisor. Hacia 1965, las empresas de televisión por cable lograron extender su red hasta Blanco, dándoles la oportunidad a mis padres de recibir, por primera vez, las imágenes del resto del mundo civilizado.

Mi Mamá: Cuentos Y Recuerdos

Mi mamá era una excelente cuentista. Tenía el don de contar historias o repetir eventos, a veces añadiendo un "toquecito" de adorno como para rendirlos más interesantes. Tenía un repertorio de historietas que repetía de memoria cuando nosotros los más jóvenes le rogábamos por un "cuento". La época de contar cuentos solía ser durante el invierno cuando el oscurecer llegaba temprano y las noches se alargaban. Su fuente favorita era "Las Mil y Una Noches", historias que nunca nos cansábamos de escuchar. De niño, esperaba esas noches ansiosamente, a sabiendas que una vez reunidos alrededor del fogón y cuando mi mamá tomaba su caja de madejas de lana para continuar algún proyecto no terminado, era el momento cuando a coro mi hermana y yo , o si estaban presentes, también mis sobrinos , le pedíamos un cuento. Con una sonrisa, dejaba su cajita y preguntaba: —¿Cuál quieren oír? —. Al unísono y a viva voz, todos le decíamos cual queríamos que recitara. Cabe mencionar que sin duda memorizó estas historias durante sus años en la Academia de Lourdes en Santa Fe, Nuevo México.

Muchos años después y ya su vida avanzada, recitaría estas mismas historias y cuentos a mis tres hijos con el mismo brío de siempre. Adiestrados en el idioma, a éstos les encantaba oír el cuento del "Coyote y el Zorro". En este cuento el coyote logra capturar a su enemigo el Zorro y lo amenaza con convertirlo en su próxima comida del día. Pero el muy inteligente y tramposo Zorro le suplica:

—¿Para qué quieres comerme? Estoy muy flaco y tengo la carne correosa. Mejor déjame traerte gallinas gordas. Yo sé donde conseguirlas. Pero primero tienes que dejarme vendarte los ojos y colocarte entre este carrizal, donde no te vea la gente. Esto de conseguir gallinas gordas es muy peligroso y no te puede ver nadie.

El hambriento y codicioso Coyote se pone de acuerdo y permite que el Zorro le vende los ojos y lo ponga entre el carrizal. Ya sabemos que el Zorro nunca tuvo la intención de cumplir con su palabra. Para cubrirse, le dice al Coyote que habrá fiesta en el pueblo y que lanzarán muchos fuegos artificiales.

—No te asustes, — le dice, —si oyes las detonaciones cerca de ti, pues es así como el pueblo se divierte.

Luego procede a encender el carrizal, alejándose unos metros para observar el resultado. Cuando el carrizo enciende, revienta con el calor, semejando la explosión de fuegos artificiales.

—¿Qué es ese sonido? —, pregunta el Coyote al oír las primeras detonaciones.

El Zorro le contesta:

—Son los pobladores que lanzan sus fuegos artificiales. Es ahora cuando entro y me robo las gallinas gordas. Cuando escuches el ruido aproximarse y a sentir que el calor se aproxima, es seña que ya vengo con las gallinas y que el fuego para asarlas está casi listo.

El Zorro se larga, dejando al Coyote en medio del carrizal encendido. Mientras, el estruendo del carrizal reventando por el calor se intensifica, y el Coyote, anticipando gallinas gordas, empieza a afilar los dientes.

—¡Mmmm, qué delicia! —, dice, frotando la lengua de lado a lado:
—¡Siento la carne tierna! ¡Las gallinas se asan, siento el calor muy cerca!

En este momento mi mamá sonaba sus dientes postizos, imitando el crujir de los dientes del coyote. ¡Los niños soltaban un chillido de risa, maravillados de ver a su abuela tomar el papel del coyote! ¡Cómo se divertían! Y los niños la adoraban.

A veces alguna conversación o fiesta religiosa la inspiraba para contar otro de sus cuentos favoritos. Por ejemplo, la historia que voy a relatar involucra a dos niños de unos 10 años de edad tomados cautivos por los indígenas. Tal como la historia de la conquista del sudoeste lo sostiene, la práctica de tomar rehenes para convertirlos en esclavos era una que los indígenas habían llevado a cabo contra sus enemigos desde tiempo inmemorial. Por aquellos tiempos del relato, el enemigo eran los pobladores españoles y pronto adoptaron la misma práctica contra éstos. Cuando los indígenas llevaban a cabo una incursión, los pobladores reaccionaban, haciendo incursiones al igual contra las rancherías de los indígenas. O, simplemente lo hacían sin finalidad de represalia y sólo cuando se presentaba la oportunidad.

Esta historia descansa sobre esa práctica, añadiendo una connotación profundamente espiritual y religiosa. O sea, los mitos y creencias que rodeaban las incursiones. El hecho es que sucede a fines de los años 1700, cuando los pobladores españoles y las tribus indígenas se encontraban en escaramuzas constantes de baja intensidad. O sea, sin enfrentamientos donde los batallones se enfrentan uno contra otro sino con ataques de tipo guerrilla, llevados a cabo por unos pocos hombres. A veces, sin embargo, los conflictos entre ambos grupos estallaban en guerra abierta, involucrando contingentes numerosos en cada lado, pero estos conflictos eran raros.

La tribu que en el sudeste de Colorado todavía lanzaba incursiones de vez en cuando era la de los Ute, hombres de las montañas de las que no se alejaban. Los Ute eran particularmente feroces y se habían convertido en adversarios particularmente resistentes a cualquier intento de dominio por parte de los pobladores españoles. Era a este grupo que éstos, entonces, habían designado como el objetivo sus incursiones. Por lo general, cada parte trataba de capturar niños, ya que estos no eran difíciles de subyugar. La mayoría se convertían en esclavos al servicio de una u otra familia. A estos niños los pobladores los llamaban "cautivos", y por lo general con el correr del tiempo las cautivas, al entrar en la madurez, se convertían en concubinas o esposas de algún poblador español. Desafortunadamente, los historiadores de esta época nos contaron que los captores, tanto indígenas como pobladores , trataban a sus cautivos con crueldad, con pocas excepciones. De modo que pocos alcanzaban el privilegio de entrar a la comunidad como iguales.

No pasaba mucho tiempo entre que uno u otro lanzasen una incursión. En la historia que sigue fueron los Ute que la llevaron a cabo. Sucedió que aquél día, los dos niños cuyo trabajo era cuidar el rebaño de cabras del pueblo, se habían alejado bastante lejos en busca de pasto para sus animales. Cuando se dieron cuenta, el sol estaba bastante bajo en el horizonte. Serían las cuatro de la tarde, y si se daban prisa llegarían al pueblo antes del anochecer. Rápidamente, ordenaron a los perros reunir el rebaño. En ese momento, y sin alerta alguna dos Ute a caballo entraron a todo galope y cada cual tomó a un niño por el pelo y lo subió, colocándolo adelante del jinete.

Cuando para el anochecer los niños no habían regresado, los pobladores salieron en su busca. Lo único que encontraron fue el rebaño, con los perros de guardia y la huella de dos caballos que aparentaban dirigirse hacia las montañas distantes. Los pobladores trataron de seguir el rastro pero la noche los hizo abandonar la búsqueda, regresando al pueblo con las manos vacías.

Mientras, los captores con varias horas de adelanto, siguieron su camino hacia la montaña a paso deliberado. Caminaron así hasta tarde, a sabiendas de que la noche los ocultaría de cualquier grupo que tratase de rescatar a los niños. Faltando pocas horas para el amanecer, se detuvieron en una depresión y encendieron una pequeña fogata. Sin conversación alguna, los indígenas le dieron agua y un trozo de carne seca a cada niño. Luego pusieron una manta sobre el piso y ordenaron a los niños, exhaustos, que se acostaran sobre ella. Los cubrieron con otra y cada indígena se acostó a cada lado sobre esta última, sujetándolos firmemente. Agotados, los niños no tardaron en dormirse.

Antes del amanecer los indígenas los subieron a los caballos y continuaron su camino hacia el norte y las montañas. Anduvieron todo el día y al anochecer se encontraron con las primeras colinas que rodean el píe de la montaña. Repitieron lo de la noche anterior, atrapando a los niños con la manta. Los captores no tardaron en conciliar el sueño, con ronquidos profundos y sonoros. Uno de los niños, a pesar de su cansancio, solo pretendió estar dormido. Poco a poco, empezó a moverse de lado a lado hasta que logró librarse de la manta que lo aprisionaba. El otro niño, sin embargo, siguió su sueño profundo. El primero trató de despertarlo pero no lo logró. Temeroso de despertar a los hombres no insistió, pero se quedó unos momentos cerca del fuego ya casi extinguido. Se dio cuenta que verdaderamente dormían y a paso sigiloso se alejó en la dirección que calculó estaría el pueblo. Empujado por el miedo y el frío, corrió por varias horas hasta extenuarse. Cuando se aproximaba a una elevación del terreno, vio la silueta de un hombre a caballo.

—Son los Utas—, pensó: —Me descubrieron.

Trató de ocultarse detrás de un matorral, pero el jinete se aproximó directamente a su escondrijo. Le dirigió una sola palabra en español:

—Sígueme—, le dijo.

El corazón del niño casi revienta de alegría al escuchar una voz en español.

—¿Quién es? —, preguntó.

—Soy Juan—le contestó el jinete.

Pero en vez de subir al niño con él, sobre el caballo, se dio la vuelta y retomó el camino a paso largo. El niño, exhausto, imploró:

—Espéreme, mano Juan, estoy muy cansado.

Pero el jinete no volvió a hablar, ni redujo el paso del caballo. El niño se mantuvo, nunca supo cómo, siempre con la vista fija sobre el jinete a varios metros por delante. Así caminó el resto de la noche, manteniendo contacto visual con el que cabalgaba.

Al entrar el alba y los primeros rayos del sol asomaron, el niño se dio cuenta que el terreno que atravesaba le parecía familiar. Pero, pensó para sí: —Es imposible, pues caminamos casi dos días a caballo. No puede ser que en una noche este sobre terreno conocido—. Con la vista fija sobre el jinete, este superó la cima de una colina y desapareció. Con una última reserva de energía el niño corrió asustado porque el jinete, aparentemente, había desaparecido. Y al superar la colina, efectivamente, se dio cuenta que hombre y cabalgadura ya no estaban. Pero para su gran sorpresa, alcanzó a ver el pueblo a la distancia, con el humo de las primeras chimeneas empezando a extenderse sobre el pequeño valle. Corrió hacia su casa. Su mamá, tempranera como siempre, estaba atizando el fuego para iniciar los preparativos del desayuno cuando el niño se tiró contra la puerta con toda su fuerza.

—Mamá, mamá —gritó.

La mujer, asustada, abrió para encontrar a su hijo casi desvanecido.

—¡Hijo mío! —, gritó la mujer: —¿Cómo llegaste? ¡Si haces dos días que te capturaron los indios!

El niño respondió:

—Mano Juan me trajo.

Sucedió entonces, ya que la familia conocía a un vecino de nombre Juan, que salieron corriendo hacia su casa. Pero resultó que Juan… ¡no había salido de su casa por varios días ya que estaba engripado y se lo había pasado en cama todo ese tiempo!

Fue así que reconocieron, sin duda alguna, que fue San Juan, el

Santo Patrón de la familia, el que rescató al niño. La mamá, muy devota de dicho Santo, le había encendido velas desde el día que capturaron a su hijo, implorando su intervención en su regreso sano y salvo. A falta de otra explicación, para ellos fue obvio que San Juan había escuchado sus súplicas y los había bendecido con un milagro.

Muchas familias hispanas, hasta entrado el siglo XIX, tenían niños cautivos en sus casas, capturados por miembros de los pueblos. Era una práctica cruel, pero la justificaban aplicando el concepto: "Ojo por ojo". En el caso de nuestra familia, por ejemplo, se cree que mi abuela paterna era hija, o tal vez nieta, de una cautiva. Pues mi mamá describía a mi abuela como una mujer bajita, fornida y de piel oscura, todos rasgos distintivos de algunas tribus de indígenas americanos.

Otra historia que contaba mi mamá, en la cual supuestamente participó mi bisabuelo, José Gabriel Abeyta, trata la cacería del "Cíbolo" o búfalo norte americano, en las praderas situadas al este de la cordillera de las montañas rocosas. Esta historia narra un suceso de coraje y fe.

Los pobladores hispanos, muchos de los cuales habían tomado tierras sobre la ribera del Río Grande y sus afluentes, organizaban cacerías de Cíbolo por lo menos una vez al año. Para llegar a la zona donde habitaba el Cíbolo primero había que cruzar la línea divisora de la cordillera, probablemente por el paso de la Costilla, entrando así a lo que ahora es el estado de Colorado. Una vez cruzada la cordillera, frente a ellos se iniciaban los enormes llanos que se extendían cientos de kilómetros hacia el este. Era en estas praderas que el Cíbolo todavía se encontraba en cantidades numerosas. Los cazadores hacían la travesía montados sobre sus mejores caballos, llevando carretas tiradas por bueyes. Las carretas servían a un doble propósito. A la ida, para cargar sus provisiones y luego, para regresar la carne y cueros al volver. Antes de salir, sin embargo, era costumbre hincarse y ofrecer una oración, cada cual a su manera y a su santo favorito. Otros simplemente oraban a "nuestro señor en el cielo".

Los caballos usados para perseguir al Cíbolo eran los más veloces y estaban especialmente entrenados con el fin de colocar al jinete en posición de disparar su arma. De por sí era necesario que fueran muy rápidos y de pulmones fuertes ya que el Cíbolo tiene la capacidad de distanciarse fácilmente hasta del mejor caballo. De manera que los cazadores sabían que sólo los mejores caballos lograrían alcanzarlo una vez que éste entrara en carrera. El arma única que se utilizaba era una lanza, con mango de metro y medio, que tenía una punta de acero muy filosa de unos 15 centímetros de largo. Viene al caso mencionar que este tipo de cacería del Cíbolo lo perfeccionaron los Comanches, tal vez la tribu indígena más adiestrada en el uso de caballos y la lanza corta. Cuando los cazadores encontraban un rebaño, utilizaban todas las ventajas del terreno para acercarse lo más posible. Una vez en posición, salían y emprendían la persecución. Este tipo de cacería era muy peligrosa, ya que un toro pesaba el doble que el caballo y su jinete; cualquier desvío del animal podía causar una caída fatal. Y si el caballo no lograba acercarse en unos 300 metros, el cazador no lograba su meta. El Cíbolo simplemente lo dejaba atrás. Pero los cazadores se animaban unos a otros, apostando sus caballos contra los de sus amigos.

En aquella cacería, un joven de unos 18 años formaba parte del grupo, acompañando a su padre por primera vez. Como era su primera cacería estaba ansioso de mostrarse capaz de tumbar un toro. Su padre, un hombre muy respectado y de medios, le había regalado uno de sus mejores caballos "Cibolero". El grupo encontró un pequeño rebaño de Cíbolos y cuando el líder dio la señal, todos se lanzaron tras ellos, cada cual eligiendo un animal para perseguir. El "modus operandi" era alcanzarlo, poniendo el caballo a su costado derecho y a medio cuerpo de aquél. El caballo del joven acortó la distancia con el toro elegido y se colocó en posición para que el jinete arrojara su lanza. El blanco era un pequeño espacio detrás de la joroba, entre las paletas. Esta era una zona sin hueso y si el cazador acertaba, el arma podía penetrar hasta el corazón del animal. El joven puso el ojo, pero en ese instante el animal se tiró contra su caballo, causando una caída catastrófica. Cuando su padre y otros acompañantes se aproximaron, encontraron al joven sobre el suelo pero consciente, con la lanza atravesándole el pecho de lado a lado. La lanza había penetrado por el lado derecho, con salida por debajo de la paletilla.

Su padre saltó del caballo y con la ayuda de sus compañeros, levantó al joven con cuidado. Los otros cazadores, la cacería olvidada, se reunieron para dar su apoyo. Viendo la herida, todos pensaron que el joven no duraría más de unas horas. Sin embargo, el joven estaba lúcido y no perdió la conciencia. Su padre decidió ni intentar remover la lanza ya que cualquier esfuerzo podría provocarle una hemorragia interna. Se dio cuenta de la seriedad de la herida y se preparó para lo peor. Sin embargo, siendo un hombre muy devoto no olvidó que su Ser Supremo tenía la vida de su hijo en sus manos. Con angustia y lágrimas en los ojos, se puso de rodillas y oró:

—Dios todo poderoso, te ruego a nombre de tu hijo, Jesús Cristo, que le concedas la vida a éste, mi único hijo. Sé que tu hijo dio su vida por nosotros los pecadores y que ahora descansa a tu lado. A cambio te prometo rezar el rosario a tu nombre a diario por el resto de mi vida si me concedes esta súplica. Te hago esta petición con toda la humildad de mí ser. Por favor, escucha y concede mi petición.

Abandonada la cacería, parte del grupo se preparó para regresar al pueblo de Taos, Nuevo México, a varios días de distancia, con el joven y su padre. Los compañeros fabricaron una camilla especial entre dos caballos y colocaron al joven sobre ella. Andando lo más rápido posible, cubrieron la distancia en menos de dos días. En Taos un cirujano observó que la lanza no había tocado algún órgano vital y logró quitar la lanza sin provocar una hemorragia seria. El joven se recuperó rápidamente, una vez en manos de los médicos. Su padre cumpliría su promesa, rezando el rosario a nombre de Dios todos los días por el resto de su vida. Mi mamá añadía: —Fe y creer en Dios es el misterio más grande de todos.

La última historia de mi mamá que evocaré se refiere a los enlaces culturales y comerciales de los pobladores. Sin embargo, como en cualquier historia de la época, nunca falta una referencia a la Fe en Dios, rasgo inseparable que guiaba la vida de la mayoría de la gente en todos sus quehaceres.

Está claro por lo que está asentado en los archivos de la región que mucho antes de que la ciudad de Denver, Colorado fuese entidad viable, a la que recurrirían los pobladores españoles años después, realizaban viajes de abastecimiento a Chihuahua, México, el centro comercial más cercano donde conseguían todo tipo de mercancías no disponibles en la frontera. Sin embargo, dos razones empujaban a los pobladores hacia Chihuahua. Primero, el hecho que en ésta encontraban mercancías a las que estaban acostumbrados; y segundo, porque siendo centro de habla española, todo se llevaba a cabo en el idioma de los pobladores. De manera que aproximadamente entre 1860 y 1880, la ciudad de Chihuahua era el centro comercial que abastecería los pueblos de la frontera norte. Entre los productos que conseguían era hierro crudo para sus fraguas, monturas, cuero curtido para reparar todo tipo de material fabricado con dicho material, mantas, ollas de cocina, hachas, cuerdas de yute, ropa y telas finas para las mujeres. En fin, todo lo necesario para la vida en una área carente de fábricas.

Finalmente, las visitas a Chihuahua servían para mantener contacto con aquellos familiares que se habían negado a seguir a los adelantados a la frontera. También hubo familias que no aguantaron la vida de la frontera y la abandonaron, para fijar residencia en ese centro urbano. El individuo que conseguía espacio en la caravana gozaba la oportunidad de reanudar contacto con la civilización. Por ejemplo, allí encontraban a mano las últimas noticias de la capital Mexicana y de España.

Según mi mamá, los viajes se realizaban en caravanas, a caballo y con carretas tiradas por bueyes. Los viajeros tardaban hasta seis meses ida y vuelta. Un cura siempre acompañaba la caravana para dar misa y para atender a los enfermos y a aquellos que fallecían en el camino.El viaje era peligroso y siempre sufrían ataques de indios renegados o de los bandidos. De manera que muchos iniciaban la travesía pero no todos regresaban con vida. Al que caía lo enterraban en el sitio. Según María Dolores Abeyta de Acosta , una parienta que descubrí durante mi último nombramiento diplomático en la ciudad de México, en 1999 , y que ahora reside en Campeche, indígenas de la tribu Yaqui mataron al hermano menor de su bisabuelo cuando la familia realizaba un viaje por caravana a Sonora desde Taos, Nuevo México. Esto ocurría más o menos en 1880. La familia había decidido fijar residencia en Hermosillo, Sonora. El papá de María Dolores, que en el año 2000 contaba ochenta y cinco años de edad, todavía entonces mantenía su residencia en Hermosillo.

Esta historia describe claramente la fe y tenacidad de los pobladores para con aquellos momentos en que debían afrontar el peligro y la adversidad. Según mi mamá, ella oía hablar a los mayores sobre esas caravanas a Chihuahua. Los organizadores por lo general eran hombres de negocios que necesitaban reabastecer sus comercios. Pero no faltaba el aventurero que viajaba sólo por el placer de conocer un lugar hasta entonces inaccesible por cualquier otro medio. Los pobladores formaban comitivas para organizar y atender todos los detalles, desde el personal de guardia y las armas hasta la cantidad de caballos, bueyes y carretas, que se necesitarían. Las carretas las colmaban de provisiones, cueros de Cíbolo y otras pieles de animales naturales del territorio de la frontera. Nombraban un tesorero, cuya labor era llevar cuentas corrientes para poder descontar los costos de las ganancias de cada cual, una vez terminado el viaje.

Todo el mundo esperaba ansiosamente el retorno de la caravana. Cuando se corría la voz de que estaba cerca, muchos salían a su encuentro. El resto se quedaba en espera, siempre rogando que el marido, el hermano o un pariente, estuviese entre los afortunados que regresaban bien. Al volver los viajeros, el primer paso era reunirse en la iglesia para ofrecer una misa a favor de los fallecidos y para dar gracias a Dios por otro viaje exitoso. Después armaban la fiesta del regreso, la que podía durar varios días.

Reflexiones

Uno de mis pasatiempos favoritos, durante nuestras breves visitas a Blanco entre mis frecuentes nombramientos diplomáticos en el extranjero, fue el sentarme con mis padres a charlar sobre cualquier tema. El hecho era ponernos cómodos en un sitio agradable. Me encantaba escuchar a mi padre relatar cualquier evento con esa voz firme y sonora que lo caracterizaba. En una ocasión, tarde templada de verano, nos encontrábamos los tres sentados en el portal de la casa charlando y gozando la calidez de aquel momento de dicha estación. La hermosa vista ofrecida por los brillantes colores del atardecer, reflejados contra las majestuosas mesetas al lado sur del río San Juan, por aquél sol que descansaba sobre el horizonte hacia el oeste, le ponía un toque perfecto.

La granja donde pasé todos mis años de adolescencia estaba situada sobre la carretera número 64, al lado noroeste del río San Juan y a un kilómetro de la estafeta y de la iglesia Católica. Estas dos entidades definían la parte central del pueblo de Blanco. Estaban situadas sobre un codo del terreno y pegadas a las colinas de piedra arenisca que corren de noreste a sudoeste y que demarcan la base del valle. El río San Juan corre valle abajo a unos tres kilómetros al sureste, dejando una franja de terreno perfecto para la agricultura. Por encima, sobre estas colinas hay una veta de tierra y barro azul, mezclado con piedras de granito pulidas y de diversos tamaños, arrastradas y modeladas por algún Río o tal vez por los glaciares. Geográficamente, la zona es semiárida con pasto nativo, chamizo azul, Junípero y piñón dispersado, conformando así la vegetación. La altura en es parte del valle es de unos mil seiscientos metros sobre nivel del mar.

Chamizo azul y chico era la vegetación predominante en la franja de terreno entre las colinas y el río San Juan. Este terreno fluvial fue formado a través de miles de años. Tierra muy fértil solo necesitaba agua para convertirse en terreno agrícola. Y esto se materializó a principios del siglo XX cuando los pobladores construyeron una acequia, por la que desviaban agua del río y la hacían llegar hasta allí, con el fin de regar miles de hectáreas, para dedicar aquella enorme zona a la agricultura.

Aquella tarde, sentados ante el portal de la casa en la granja, quedaba a nuestra vista el panorama ofrecido por las mesetas y cañones del sudeste del valle. Mientras charlábamos, observábamos el cambio de colores que iba produciendo el sol a medida que se ocultaba detrás de las colinas por el oeste, convirtiendo sus últimos rayos del atardecer en una combinación que iba desde rojos y anaranjados hasta purpúreos, todo contrastado al sur por los parapetos areniscos de la meseta más alta. Era una vista increíble pero a la que estábamos acostumbrados y que aun así, siempre nos llenaba de admiración por su belleza.

Directamente frente a nosotros, veíamos también la imponente desembocadura del arroyo del cañón Largo. Este cauce tiene su origen en la línea divisoria del continente, a unos 170 kilómetros al sudeste del estado y es uno de los más extensos de Nuevo México. Cuenta con el cañón del Carrizo y el cañón Blanco como dos de sus tributarios más importantes. El cañón de Las Tapiecitas , a unos 60 kilómetros de distancia de Blanco , también es uno de sus tributarios. El ancho de la desembocadura del arroyo es de más de un kilómetro y medio, ofreciendo una vista amplia y panorámica de su piso de arena y de sus paredes blancas salitrosas características de ese químico que resalta en la zona y que a veces parece nieve. Con esos últimos rayos de sol la luz trémula jugaba en el piso, tiñéndolo con una combinación de colores que resplandecían. El salitre existe abundantemente en la zona y se dice que fue lo que le confirió el nombre al pueblo. La tremenda expansión de arena pone en evidencia la potencia de este arroyo cuando bajan las grandes corridas de agua.

Durante ciertas épocas del verano, cuando las fuertes lluvias azotan las elevaciones más altas de la sierra de Cuba al sudeste, el arroyo baja con enormes cantidades de agua. A veces su caudal es tal que al desembocar en el río San Juan, detiene la corriente de este, causando un embalse que cubre varios kilómetros río arriba. Durante esos períodos el estruendo del arroyo - arrastrando árboles, piedras y otros escombros - se oye a varios kilómetros de distancia. Me acuerdo de niño, estar en mi cama a la noche escuchando el estruendo del arroyo embravecido, con temor de que llegara hasta la casa. Pero mi mamá siempre me aseguraba que no, no iba a recorrer esos cuatro o cinco kilómetros que había hasta donde estábamos.

Entre los escombros, arrastradas por el agua, iban unas bolas de barro que crecían hasta del tamaño de una pelota de baloncesto antes de quedar depositadas por su peso sobre la arena. De niños nos encantaba descubrir estos fenómenos que producían las crecientes de agua. Cuando le pregunté a mi padre por primera vez qué eran estas bolas, me contestó: —Son Barro. Ese es el material que usaban los indios para hacer sus ollas.

Pero en aquél entonces el arroyo estaba silencioso, ofreciendo solo su fondo resplandeciente. Con el día terminando, como si el tiempo se hubiese suspendido, era un momento perfecto para charlar y recordar tiempos pasados. El silencio y la paz que caían sobre el valle a aquellas horas, con el aroma de alfalfa recién cortada que traía la brisa desde los campos, nos relajaba y nos ponía en un estado ideal, propicio para las confidencias. Mientras estábamos sentados uno al lado del otro con la vista fija sobre los campos de agricultura, observé una mirada distante y profunda en el rostro, en los ojos de mi padre; e intuí que tenía ganas de reflexionar sobre algo ocurrido en el pasado. Era uno de esos momentos que esperaba con anticipación, a sabiendas que abriría su corazón para contar algo tal vez nunca antes divulgado. En tales momentos me empeñaba en tomar notas mentales de sus aventuras, con el fin de algún día poder escribirlas. Por lo general era mi mamá la que exponía, pero en aquel instante se mantuvo callada, dejando sólo oír el chasquido de sus agujas de tejer, destacándose en el silencio mientras mi padre se preparaba para hablar.

Desafortunadamente, mi padre perdió casi todo su sentido de audición cuando fue afectado por la fiebre en 1920. Esta condición hacía nuestras conversaciones bastante difíciles, pero yo había aprendido a orientar la conversación con alguna frase o pregunta expuesta en voz alta, para dejarlo luego asumir la palabra. Este impedimento lo entristecía, aunque como era una persona bastante visual, había hecho la conexión con las personas y con la naturaleza por este medio. Un par de auriculares le prestaban cierto alivio y con su ayuda captaba el sentido de una pregunta o de una conversación. Con una sonrisa, entonces, se hacía cargo de la misma.

En aquella ocasión espontáneamente decidió recordar aquél primer verano en que su padre lo dejó por primera vez en el campo de borregas en la mesa del Cabrestro , situada sobre la franja oeste de la ahora floresta federal "Carson National Forest" , donde mi abuelo tenía su finca. A pesar que había oído esta historia en otras ocasiones mi padre inició esta conversación con la observación de que ése fue un momento decisivo en su vida. Sorprendido, le interrumpí para preguntar:

—Pero como pudo ser momento decisivo, si apenas tenías diez años.

Me contestó:

—Bueno, tal vez para ti parece un poco extraño, pero para nosotros se podía decir que a la edad de 10 años uno ya asumía responsabilidades de hombre. Para mí esto quedó claro cuando mi padre me dejó a cargo de las borregas.

Mi padre continuó con su observación, la misma que tuvo siempre sobre muchas cosas y dijo que fue en ese momento que decidió seguir la profesión de ganadero, poniéndose como meta una finca y muchos hermosos caballos. ¡Todo esto a la tierna edad de 10 años!

Mi padre continuó con su relato:

—Mi papá siempre separaba las borregas viejas del rebaño principal, con el fin de sacarlas del invernadero antes que al resto. Estas las llevábamos a la mesa del Cabresto unas dos semanas antes que al resto del rebaño para que pudieran ser las primeras en pastar sobre el pasto nuevo. El arreo de estas borregas nos llevaba una semana, días que gozaba en el camino. Yo me dedicaba a la tarea del arreo con mis hermanos pero a la misma vez me encantaba observar el efecto del sol de primavera sobre las plantas y el pasto. Eran dos semanas maravillosas.

Los próximos tres veranos siguió con el cuidado de las borregas en la finca del Cabresto. Aquel trabajo le sirvió como campo de aprendizaje, proporcionándole las herramientas y la preparación para su futura profesión. Aquellos veranos pasados en la soledad de la finca lo preparaban para su vida como ganadero. Recuerdo haberle preguntado aquella misma tarde de ocio que gozábamos en el portal de la casa:

—Papá, el campo y la zona tienen que haber sido hermosos,

¿verdad? ¿El pasto era alto y en abundancia?

Me contestó:

—Había lugares en que el zacate (pasto) nos llegaba a los estribos de la silla de los caballos. — Con un gesto que implicaba cierta tristeza continuó: — Pero esos días se nos fueron. El zacate ya no crece como antes.

Entonces le pregunté:

—Pero papá, ¿no se ponía triste quedándose sólo al cuidado de la borregas por tanto tiempo?

Me contestó:

—Hijo, ¿cómo me iba a poner triste con tantas cosas tan hermosas a mi alrededor?

Fueron esas sencillas palabras las que por primera vez, me llevaron a entender como el ambiente y la naturaleza formaron el carácter de aquél hombre que tenía a mi lado, mi padre. Era callado y de espíritu tranquilo, con un amor profundo hacia todo aquello que lo rodeaba. Hasta dos años antes de su muerte, le encantaba caminar a paso lento por su granja..., observando sus vaquitas..., respirando el aire fresco, mientras gozaba la naturaleza.

A través de los años mi padre y yo, considerábamos la posibilidad de hacer el viaje a la meseta del Cabresto con el fin de encontrar la finca de mi abuelo. Por alguna razón, siempre se nos presentó algún inconveniente y no lo hicimos. Ahora, cuando escribo estas líneas, llego a la conclusión de que mi padre no insistió por la sencilla razón de que no estaba preparado para volver a ver aquello que le trajo tantos recuerdos agradables. Prefirió conservar sus memorias tal como las vivió, a sabiendas de que lo que para él fue un lugar idílico ahora estaría en ruinas, abandonado. En 1992, después de la muerte de mi padre, decidí hacer un peregrinaje a la finca de mi abuelo. El viaje surgió en una charla con dos amigos, Celso Gómez y Fidel Candelaria. Cuando mencioné mi deseo de encontrar algún día esa finca, Celso me contestó que él conocía el lugar y que si yo quería, podíamos emprender el viaje en aquél mismo momento. Animado, nos montamos en la camioneta y partimos. Fiel a su palabra, Celso nos llevó hasta el lugar exacto.

Nos aproximamos al sitio, ubicado en la parte oeste de lo que es hoy la "Carson Nacional Forest", por un camino construido por los empleados forestales para dar acceso a las empresas petroleras que continuaban perforando en la zona. Celso estacionó la camioneta y con un gesto de su mano identificó el sitio. Me bajé y caminé los 200 metros hacia lo que ya eran entonces las ruinas de la choza que había construido mi abuelo y que, indudablemente, había cobijado al niño José Porfirio. Toda huella de la existencia de corrales había desaparecido, tal vez desarmados por sus muy útiles varillas. Fijé la vista cañada abajo imaginando a mi padre a la edad de 10 años en aquél lugar. Fue un momento emocionante y por primera vez me di cuenta de la razón por la que él nunca se esforzó por regresar. En aquél momento pensé que volvería algún día, pero ahora no estoy tan seguro. Tal vez hubiese sido mejor no haber hecho aquél peregrinaje. Tal vez hubiese sido preferible conservar aquella imagen que dejó mi padre en mi mente.

Mis conversaciones con él siempre fueron en el español comarcal; o sea, en el lenguaje corriente que identificaba a los hispanos en aquella parte de los Estados Unidos. A mi padre le encantaba leer en español y por eso le regalé una copia del "Martín Fierro" de José Hernández, en una visita que hicieron con mi mamá a Montevideo, Uruguay, en 1975 con el fin de visitarnos. Tal fue su encanto con la obra que por varios años conservó el libro a mano, memorizando estrofas enteras. Le gustaba recitar, con mi mamá siempre atenta para escucharlo. El lenguaje corriente del norte de Nuevo México tiene algo parecido al lenguaje "gauchesco" usado por Hernández, facilitando así la asimilación e identificación a un hombre cuya vida fue el campo y la naturaleza. Mi padre, sin duda, impelido fuertemente por ese lenguaje, se identificaba con el protagonista de la obra. Como Martín Fierro, mi padre fue producto de esa frontera en la que tuvo que aprender a dominar su ambiente para sobrevivir.

Políticos, Colegios Y Administración Rural De Electricidad

Me acuerdo con claridad de una reunión de la comunidad de Blanco con el entonces senador federal, Dennis Chávez, en los últimos años de la década de 1940. Mi padre y algunos de sus compadres se habían organizado días antes con el fin de asegurar una máxima participación de la comunidad. El senador Chávez, entonces el único senador federal de origen hispano, tenía muy buena reputación entre las comunidades del norte de Nuevo México y viajaba por lo menos una vez por año a alguna de ellas, con el fin de asegurarse el apoyo y el voto hispano. Se había dedicado a defender los derechos de los pobladores hispanos, tanto como los de los navajos residentes en su distrito, por lo que era un político muy querido. En esta ocasión, Chávez había venido a Blanco con el fin de hacer propaganda para su re-elección y como buen político, aprovechó la oportunidad para anunciar que pronto la comunidad tendría electricidad. ¡Electricidad!. El pueblo quedó estupefacto. Cumpliendo con su promesa, la Administración de Electrificación Rural inició la entrega de los primeros contratos, para extender la red hasta Blanco, durante los primeros dos años de la nueva década.

En 1951 llegaron las líneas, introduciendo la vida moderna a todo lo largo del río San Juan, en las comunidades desde Los Archuleta, a 10 kilómetros al oeste de Blanco, hasta las pequeñas poblaciones al noreste de este último. Vale la pena destacar que las comunidades de Bloomfield y Aztec, a 16 y 21 kilómetros de distancia de Blanco, habían contado con electricidad por más de veinte y treinta años, respectivamente, antes de que esto sucediera.

Los pobladores en el norte de Nuevo México estaban al tanto de las dificultades que enfrentaba en Washington, D.C., el senador, a sabiendas que para la mayoría de sus colegas la condición de sus votantes no contaba con suficiente influencia, aparentemente, como para poner sus necesidades al frente de sus muy completas agendas.

Sin embargo, Chávez abogaba en toda oportunidad y finalmente, conseguía alguna que otra concesión para sus votantes y los pobladores estaban contentos con su representación.

En 1953, Chávez regresó a Blanco con el fin de anunciar que el Gobierno Federal había aprobado fondos para la construcción de la represa Navajo, un enorme proyecto designado para hacer llegar agua a tierras de los Navajo, al suroeste. La represa se construiría sobre el río San Juan, a cinco kilómetros de la desembocadura del río de los Pinos, y se extendería 40 kilómetros río arriba, llegando hasta el pueblo hispano de Los Árboles, en Colorado. El pueblo de Rosa, Nuevo México desaparecería, quedando bajo 10 metros de agua. Aparte de la represa, el proyecto incluía la construcción de túneles y acequias, con el fin de transportar el vital elemento a través de una distancia de más de 60 kilómetros hasta llegar a su destino final. El proyecto tenía por finalidad proveer agua para regar más de veinte mil hectáreas de terreno. Aparte de este beneficio para con la tribu Navajo, la decisión trajo muchos y muy necesarios empleos, tanto para las comunidades de la zona como para los trabajadores de otros estados. La construcción duraría 10 años. Yo tuve la oportunidad de trabajar en ella en dos oportunidades. La primera, cuando se inició, trabajando en el túnel que actuaría, primero como desvío durante la construcción del dique principal y después para control del flujo de agua. La segunda ocasión fue varios años después, durante dos veranos consecutivos, cuando como estudiante universitario me hacía contratar para trabajar en la construcción con el fin de recaudar dinero para pagar mis compromisos durante el resto del año escolar. Chávez mantuvo su puesto en el senado desde 1935 hasta 1962. Falleció aquel último año a la edad de 74 años. Su longevidad en el senado sin duda alguna se logró con el apoyo del votante hispano y navajo, voto otorgado al hombre sin consideración de su partido de su afiliación.

Es posible que el senador Chávez durante aquella visita a fines de la década de 1940 informara a la comunidad sobre los planes para consolidar el colegio de Blanco, hasta ahora bajo el control de la iglesia. Esto consistía en cerrar el establecimiento y transferir sus alumnos a otras escuelas estatales. En este caso no tardó en concretar su consolidación a los de Aztec. Más tarde, los colegios en Bloomfield asumirían la responsabilidad de sus alumnos. Yo personalmente hice el viaje a diario a Aztec por autobús los últimos cuatro años de mis estudios de secundaria.

La llegada de la electricidad a las comunidades tenía inquietos con su espera a los residentes. Entonces se podría terminar con las lámparas de kerosén y encender la luz con un toque del dedo sobre un interruptor. Y con la electricidad llegaría el teléfono y después, por cable, la televisión. Finalmente, el Gobierno Federal cumplió con sus comunidades aisladas, tal vez en gran parte por los esfuerzos de nuestro senador Chávez. Digo en este momento y no sin un toque de amargura, que fue una lástima que el Gobierno tardara tanto en hacer llegar esa comodidad del siglo XX, cuando las comunidades no hispanas a menos de 20 kilómetros de distancia contaban con ella desde 10 años antes.

Mis padres celebraron la llegada de la electricidad primero contratando la conexión de nuestra antigua casa. La empresa, Karlin Electric de Aztec, aceptó el contrato. Recuerdo que uno de los dueños esa firma le dijo a mi mamá después de terminar la obra: "Señora Abeyta, me comprometo a bailar cuando se vuelva a casar si me ofrece una taza de café". Mi mamá, de buen humor, le contestó que no pensaba tener que volverse a casarse pero que con mucho gusto les ofrecía café. El siguiente paso fue ir a Aztec para conseguir su primer refrigerador, uno marca Kelvinator, comprado en el almacén de los mismos Karlin, quienes le habían hecho una oferta muy accesible junto con la conexión de la casa. Para realizar la compra, mi padre se presentó al banco y consiguió un préstamo de u$s 50,-. El préstamo se llevaba medio mes de salario que mi padre recibía de su trabajo como capataz, pero no vaciló, a sabiendas de que era una inversión muy esperada por mi mamá. Mi padre gozaba de muy buena reputación con los hermanos Pierce, dueños del Banco y en la principal agencia de seguros en aquel pueblo. La aplicación por un préstamo se realizaba de la siguiente manera. Mi padre se presentaba al Banco y no tardaba en ser invitado a tomar asiento frente a uno de los hermanos Pierce. La primera pregunta, después de los saludos de costumbre, era:

—¿Cuánto dinero necesitas, Joe?

Mi padre contestaba:

—Oh, creo que cien dólares es todo por hoy.

Pierce se ocupaba, entonces, de escribir la orden y la firma del contrato, sabiendo que mi padre nunca fallaba en cumplir con sus mensualidades. Su firma llevaba el valor de su compromiso.

El día en que le entregaron su "nevera" fue de gran alegría para mi mamá. Por aquel entonces contaba ya no solo con el flamante refrigerador sino con una aspiradora. Creo importante resaltar que mi mamá no había mencionado la aspiradora. Su adquisición fue un secreto que ella guardó. Sin embargo, no lo pudo ocultar de mi padre por mucho tiempo. Un año antes había sido presionada por un vendedor ambulante que la convenció de que ya era tiempo apropiado para realizar la compra. Se comprometió y cuando reveló su error a mi padre, este le dijo: —No te preocupes vida mía, de alguna manera la pagaremos—. El amor que mi padre guardaba para su Carmen siempre quedaba en evidencia.

La llegada de la electricidad cambió todo para nosotros. ¡Entonces tuvimos buena luz para leer y estudiar! Todavía más importante, podíamos abandonar las lámparas de kerosén. ¡Y soñábamos con agua corriente y baño! ¡Imagínense no tener que salir a la intemperie para visitar el retrete! No tardamos en iniciar las excavaciones necesarias para entrar las primeras líneas de agua. Luego mi padre contrató la perforación de un pozo, logrando dar con un manantial subterráneo que continuó brindándonos agua potable. Lamentablemente, sin experiencia en este tipo de trabajo, mi padre no le dio profundidad suficiente a la tubería resultando en que se congelaba durante el primer invierno. Con mucho trabajo y a la intemperie, tuvimos que desenterrar los caños para darles la profundidad necesaria y ponerlos fuera del alcance del hielo. El último paso fue construir una ampliación a la casa para instalar el baño. Después de instalar un tanque séptico, tuvimos baño por primera vez. El año fue 1954. La línea de teléfono llegaría ese mismo año, dándoles a los pobladores la bienvenida al mundo de la comunicación instantánea.

Mirando hacia atrás, indudablemente tenemos mucho que agradecer a nuestro país. Especialmente las oportunidades educativas brindadas. Sin embargo, encuentro difícil reconciliarme con que nuestro gobierno pudiese tardar tantos años en proveer electricidad a aquella parte del país que sacrificó tanto durante dos guerras mundiales. Dicho esto, también creo que nuestro pueblo se ennoblece por sus sacrificios. Espero mucho del nuevo siglo pues creo que finalmente ha llegado el momento en el cual la igualdad está a nuestro alcance. Ha sido una larga trayectoria.

"La chapa vieja" . José Porfirio con nieto, Johnny Chávez- 1945

Blanco Y Post-Tapiecitas

No fue hasta que mi padre abandonó su puesto como capataz del rancho del Sombrero Riscado que su vida empezó a tomar un sentido de normalidad. Eliminando aquella responsabilidad, con sus muy engorrosos y a veces problemáticos viajes, pudo dedicarse tiempo completo a una vida de agricultor. Para aquél entonces, contaba con 66 años de edad, tiempo más que suficiente ya para eliminar el compromiso de velar por los intereses de otro. Sin embargo y bajo ninguna condición estaba preparado para dejar de trabajar. No obstante, a partir de ese momento pudo compartir más tiempo con mi mamá, incluyendo el realizar algunos viajes a visitar a sus hijos, algo que ella le venía pidiendo insistentemente desde hacía varios años.

Sin embargo, la agricultura no brindaba lo suficiente como para cumplir con sus obligaciones financieras. Con excepción de dos años consecutivos durante la guerra en Korea, cuando el frijol pinto alcanzó precios elevados, casi siempre quedaban en déficit al cerrar los libros a fin del año. Para suplementar sus entradas, mis padres decidieron alquilar parte de la casa principal. El primer inquilino fue a su vez el primer profesor de la escuela que ya no dependía de la iglesia. El señor Thomas que así se llamaba, se presentó en nuestra casa y le preguntó a mi mamá si le podía alquilar un cuarto. Mi mamá accedió y la familia se lanzó a una nueva carrera de posaderos. Al año siguiente llegó en lugar del señor Thomas la profesora Slade. Alta y rubia, para los ojos de un adolescente era una visión. Amigable y excelente para con los niños, pronto se integró a la comunidad. Duró dos años con nosotros.

Con la experiencia lograda con aquellos dos primeros inquilinos, mis padres adquirieron la herramienta necesaria para entrar en el negocio de posaderos. De manera que estaban bien situados cuando las empresas petroleras iniciaron sus obras de exploración sobre la cuenca San Juan que probó ser una de las más ricas en gas natural en el oeste del país. Junto con la construcción de la represa Navajo, el valle se convirtió en una zona de actividad frenética. Para alojar trabajadores que necesitaban hospedaje y/o un sitio para estacionar sus casas rodantes, mis padres, con el apoyo financiero de mi hermano José Porfirio, establecieron un paraje con espacio para veinte casas rodantes. Aparte, mi padre compró varias casas rodantes pequeñas - las que dispuso alrededor del las casa principales - con el sólo fin de ofrecer espacio para hombres sin familias. Aquél negocio, a pesar de tener sus problemas inherentes, probó ser bastante lucrativo y durante los siguientes 10 años los dejó con saldos positivos en el Banco.

Las pocas vacas que le quedaron a mi padre después de vender su permiso en la floresta las llevó a la finca en Blanco. Sin embargo, y debido a la falta de lugar para pastar el año entero, redujo su rebaño a ocho animales, entre ellos dos vacas lecheras con sus becerros. En lugar de vacas, compró unas 30 borregas. Para aquél entonces mi padre reconocía que le era imposible manejar la granja sin ayuda. El hecho de que la granja no produjera lo suficiente como para tener un empleado permanente, determinó que mi padre decidiera ceder el control diario a su yerno, Herminio Archunde, quien se ocupó en tratar de lograr ganancias con las cosechas de maíz y alfalfa. Éste continuó a cargo de la finca hasta mediados de la siguiente década cuando mis padres les cedieron dos tercios de la propiedad a él y a su hija Cordelia.

La construcción de la represa Navajo se inició en 1956, tres años después de ser anunciada por el senador Chávez. La represa se construyó a 22 kilómetros al norte de Blanco y sobre el Río San Juan. Una nota interesante sobre la construcción de la represa es que la piedra utilizada para fortalecer el interior del muro sostén, la extrajeron de la veta de piedra volcánica antes mencionada que corre desde el sur del Colorado, por más de 200 kilómetros, terminando en el cañón de Las Tapiecitas que toma su nombre de ésta. La empresa constructora pasó varios meses cortando y transportando la piedra hasta la represa. Según su geólogo, la piedra volcánica era la mejor para este tipo de uso ya que es muy dura e impermeable.

Para 1962 la mayor parte de la construcción de la represa se había terminado. Al año siguiente, los trabajadores ambulantes habían abandonado el valle. Esto redujo el número de inquilinos y el parque para casas rodantes quedó vacío. Mi padre se ocupó de desmantelar el paraje y algunos otros de las casas rodantes que había adquirido para alquilar. Al año no quedaba rastro de lo que por los últimos 10 años fue la fuente principal de ingresos de mis padres. En 1990, extrajimos toda la tubería del paraje para convertir el terreno en un viñedo, donde plantamos más de ochenta viñas.

Pero volviendo a aquellos tiempo de la represa, en 1965, mi padre aprovechó el lapso para contratar la construcción de una casa moderna para mi mamá. Nuevamente, decidió que ya era hora de premiar a mi mamá con una casa moderna y que ésta no tuviera ampliaciones rústicas. Por más de 15 años su casa había sido de dos cuartos con cocina añadida. El baño también fue añadido cuando llegó la electricidad. La nueva casa que contrataron fue de tipo prefabricado, a un costo de u$s 12,000.00. Constaba de tres dormitorios, cocina y baño, con pisos de madera de roble. Para mi mamá ésta cumplía un sueño. Más importante que eso, ella sabía que esta era una casa que nunca abandonaría. Para financiar la compra, mi padre se presentó en el Banco, donde el préstamo se aprobaba con un mínimo de trámites burocráticos. A pesar que todavía no habían terminado de pagar la granja, el Banco reconoció que el valor total de la propiedad cubría el valor del préstamo. Una vez más mi padre pensó que de alguna manera cumpliría con el Banco. Y así fue.

A esta altura de sus vidas, José Porfirio y Carmen reconocían que habían cumplido con la mayoría de sus sueños y alcanzado aquellas metas que se impusieron tantos años atrás cuando al principio se afincaron en el cañón del Carrizo. O sea, criar y educar a sus hijos. De aquellas pocas cabezas de ganado y con la ayuda monetaria de sus hijos, mis padres lograron cumplir con las mensualidades de su casa y con otros compromisos. Por aquél entonces, con la ayuda de sus hijos, se daban el lujo de hacer por lo menos un viaje al año para visitar a sus dos hijos radicados en el este del país.

Blanco

1965 – 1975

A finales de la década de 1960, tomada la decisión de vender dos tercios de su finca a su hija y a su yerno, mi padre se liberó una vez por todas de la mayor parte de su propiedad. Bajo la insistencia de mi mamá, mi padre había concluido por una parte que su edad no le permitía la flexibilidad de antes y por otra, ninguno de sus hijos estaba preparado para hacerse cargo de la finca. De manera que cuando su hija le propuso comprarla, tomó la decisión y vendió. Mis padres en gran parte estaban contentos con la decisión de sus hijos de no aspirar a una vida de agricultor, pues su meta había sido educarlos con el fin de abrir otras vías y liberarlos de la obligación de seguir sus pasos por falta de opciones. Tenían claro que su meta era, por medio de la educación, que liberarían a sus hijos del ciclo de pobreza y privaciones al que ellos habían estado sujetos.

Mi padre era amante de decir: —Hijos míos, no le puedo dejar riquezas. Solo puedo aconsejarles que hagan buen uso de la inteligencia que les dio mi tata Dios y que se eduquen bien. Con eso saldrán adelante—. Y tuvo razón. Uno por uno los hijos nos recibimos en nuestras respectivas profesiones. El último, un servidor, se recibió en 1968 y un año después ingresó al cuerpo diplomático de EEUU. Mis padres habían cumplido su meta de asegurar la educación de sus hijos. Con amor, fe y perseverancia, habían realizado esa meta autoimpuesta tantos años atrás.

De los ocho hijos, solo sus hijas Cordelia y Loyola, mantuvieron sus residencias respectivas en Blanco. Ambas contrajeron matrimonio con hombres vecinos del valle, y asentaron raíces allá. Cordelia aceptó un puesto como profesora de primaria en el nuevo colegio de Blanco en 1952 y Loyola se dedicó a sus tareas del hogar.

Cumplida esa meta que se habían impuesto tantos años atrás, mi mamá convenció a mi padre de considerar algunos viajes para visitar a los hijos ausentes, sobre todo porque los hijos siempre estaban dispuestos a proveer los pasajes. De manera que no era inusual que mi padre dejara su ganado al cuidado de su yerno, Herminio, mientras ellos visitaban a su hijo José en Albuquerque, Nuevo México, o tomaban el avión para visitar a Isaac en Nueva Jersey o a José Porfirio en Massachusetts. Quiero hacer notar, sin embargo, que mi padre nunca se ausentaba por más de dos semanas. Para él, el cuidado de sus animales era su responsabilidad y no le gustaba dejarlos al cuidado ajeno por mucho tiempo.

A finales de la década de los años 50, mis padres habían realizado su primer viaje fuera de estados unidos para visitar a su hija Celina y familia, quienes estaban nombrados en la embajada de Estados Unidos en México D.F., México. Mis padres gozaron el viaje y se puede decir que entonces visitar a los hijos se convirtió en un evento, por lo menos cada dos años. El próximo viaje lo realizaron unos años después cuando aceptaron visitar a la misma hija y a su familia en Bogotá, Colombia, designación que cumplieron después de México. Tal fue el encanto con Colombia que mi padre compró una cámara Kodak "Brownie" y se dedicó a salir por las mañanas con el fin se sacar fotos de edificios, de personas y, sobre todo, de niños. El barrio donde vivían con su familia quedaba cerca de una zona de familias humildes y fue ahí donde mi padre encontró personas con las que identificarse mejor. Fue entre ellos que mi padre se sintió más cómodo y donde sacó muchas fotos de sus modelos favoritos, los niños. Una vez de regreso a casa, le encantaba mostrar sus fotos a la familia, entreteniendo a todos con sus detalladas explicaciones de cómo había captado el momento. Desde aquél entonces en adelante, mi padre siempre llevaba su cámara, sacando fotos de sus alrededores y, en cierto modo, documentando todo lo que veía.

En el verano de 1966 mis padres fueron víctimas de un accidente automovilístico que podría haber sido bastante serio, si no lo hubiese atenuado que mi padre nunca manejaba a más de 60 kilómetros por hora. Y mucho menos en esa carretera por la que transitaban. Sucedió cuando viajaban de Blanco hacía Aztec por la carretera secundaria, sin pavimento , que atraviesa entre ambos pueblos y que acorta la trayectoria en nueve kilómetros. A pesar de ser bastante pintoresca, la carretera tiene varios puntos peligrosos. Estos son aquellos donde el camino quiebra en declive abruptamente, lugares en los que el conductor debe mantener su mano ya que cualquier vehículo viniendo en dirección opuesta no se ve hasta último momento. Fue en una de esas quebradas que otro rodado, circulando a alta velocidad y en dirección opuesta, no mantuvo su "carril", chocando terriblemente contra el auto de mis padres. Ambos automóviles tuvieron serios daños, pero el de mi padre: destrucción total.

El chofer del otro auto salió ileso, pero mis padres, no. Mi mamá sufrió un golpe sobre su frente que abrió una herida de más de 15 centímetros. Mi padre sufrió una fractura en la clavícula izquierda y una herida de varios centímetros en el brazo del mismo lado. El sujeto que chocó contra ellos era un supervisor de una de las numerosas empresas petroleras y traía radio en su automóvil. Llamó a su oficina en Aztec y enviaron una ambulancia que transportó a mis padres a la Clínica. Notificó también a la policía estatal de ese pueblo que envió una patrulla al sito para levantar el acta de investigación.

Aquella tarde, cuando regresaba de mi trabajo en una empresa constructora, fui interceptado por mi sobrina Elaine Chávez, en el patio trasero de la casa. Su propósito fue prepararme antes que entrara en casa donde reposaban mis padres. Con mucho cariño, me informó que los abuelos habían sufrido un accidente automovilístico pero que gracias a Díos, no había sido muy serio. Entramos a la casa donde me encontré con mis padres sentados en el sofá. Mi mamá con la cara morada y con un vendaje en su frente. Mi padre con su hombro izquierdo enyesado y un vendaje en el brazo.

—¡Dios mío, papá! ¿Qué pasó? —exclamé.

Me contestó con una sonrisa:

—Nada, nada más que nos requíamo .

Muy cariñosamente le pregunté a mi mamá cómo se sentía. Ella me contestó: "Bien, no te preocupes". La observé, sentada como siempre en el borde del asiento del sofá y la imaginé sentada de la misma manera en el auto. Al ir así, el choque la debió lanzar hacía adelante y contra el parabrisas, causando la herida sobre su frente. Pobrecita mi mamá, se veía tan pequeña y vulnerable que me brotaron las lágrimas.

Luego mi padre me contó su versión del accidente. Me dijo que se aproximaba a la cresta de la segunda subida y cuando llegó a la cima vio, en lo que tarda un abrir y cerrar de ojos, un auto en medio camino. No le dio tiempo a esquivarlo y resultó en el choque. El otro chofer se bajó, ileso y corrió hacia ellos. Trató de abrir la puerta del lado de mi padre pero no lo logró. Corrió hacia el lado de mi mamá, abrió la puerta y exclamó: —Lo siento, lo siento—. Vio a mi mamá sangrando en la cabeza y corrió a su auto a llamar por radio solicitando ayuda sanitaria.

Al día siguiente recibimos una llamada del agente de la policía estatal, quien me informó que citaría a mi padre como responsable del accidente. Sorprendido, le pregunté cómo si el otro claramente había aceptado su responsabilidad al liberar a mis padres del auto. Me contestó que no, que las marcas de los neumáticos sobre el camino de tierra indicaban que mi padre había sido el responsable. Aquella tarde fui al sitio del accidente, tratando de verificar lo que el agente había deducido e incluido en parte de su acta. Sin embargo, me fue imposible ver los rayones descriptos por el agente. De regreso a casa, lo llamé por teléfono y me contestó a la defensiva y de mal humor: —Yo soy un profesional, examiné el sitio y no pienso alterar mi reporte—. El agente citó a mi padre para que pagara una multa de u$s 100,00 y para suspenderle su licencia de conducir por seis meses. Lo peor, sin embargo, vino cuando recibimos una carta del abogado de la empresa petrolera, en la que amenaza con pleito cívico si no pagábamos el valor del auto de su cliente. Indignado, llamé a los hermanos Pierce, agentes de seguro de mi padre y ellos me aconsejaron no darle mayor importancia, que ellos se encargarían de cubrir los gastos. También me aconsejaron no contratar abogado ya que un pleito contra la empresa solo nos costaría dinero, sin beneficio para nosotros. Mi padre aceptó y fiel a su carácter, dio gracias a Dios que él y su Carmen no sufrieron heridas irreversibles.

En la primavera de 1970, mi mamá decidió viajar a Albuquerque para visitar a su hijo, José R. y familia. Mi padre no pudo acompañarla ya que sus borregas estaban pariendo y no se podía ausentar. Al día siguiente, se sintió bastante mal, con un dolor agudo en el costado de su estómago. Éste continuó pero no le prestó atención, ocupado con sus borregas. Un día después no pudo abandonar la cama. Afortunadamente, su hija Cordelia, a sabiendas que su papá estaba solo decidió llegar a casa al salir del colegio. Lo encontró postrado, con fiebre muy elevada. Le preparó un té de manzanilla y lo dejó reposar. Al otro día regresó por la tarde, encontrando a su padre en peor estado. Llamó a su marido y lo subieron al auto para llevarlo al médico en Aztec. Ahí lo examinó el doctor y determinó que era nada más que un cólico. Le recetó un medicamento y le ordenó regresar a su casa. Esa noche no durmió del dolor. Al día siguiente Cordelia regresó temprano, preocupada al observar el deterioro de salud de su padre de la víspera. Lo encontró en cama, para ella, entre la vida y la muerte. Nuevamente llamó a su marido y lo subieron al auto, esta vez para llevarlo al hospital en Farmington. Una vez ahí, los médicos lo examinaron, diagnosticaron que los síntomas aparentaban el apéndice inflamado roto, y decidieron su intervención inmediata. La operación llevó varias horas y cuando el cirujano salió a la sala de espera, nos informó que la ruptura había causado peritonitis séptica y que a pesar del lavado y de los antibióticos que le habían suministrado, era muy difícil que sobreviviera pues estaba muy grave. Explicó que había pasado demasiado tiempo desde la ruptura, permitiendo que la infección afectara casi todos sus órganos internos. El cirujano sugirió reunir la familia.

Durante los siguientes tres días, todos menos mi hermana Celina que estaba con su familia en Buenos Aires, Argentina, nos encontrábamos a su lado. Yo había viajado en automóvil desde Ciudad Juárez, México, donde me encontraba nombrado en mi primer puesto en el cuerpo diplomático. Mientras esperábamos la llegada de Celina, nos turnábamos al lado de mi padre. Cada día lo observábamos más débil. Los médicos lo habían abierto desde el esternón hasta el vientre, implantando tubos para asegurar el drenaje. Suturaron la incisión con una especie de alambre. Era terrible. A petición suya, llamamos al cura de la iglesia en Blanco. El cura se presentó y le administró los últimos sacramentos. El cirujano lo visitaba, asombrado de cómo el hombre seguía luchando. Sin embargo, nos advertía que su probabilidad de sobrevivir era muy escasa dada la seriedad de la infección.

En reunión con mis hermanos, decidimos trasladar a papá al hospital de San José en Albuquerque. Esto, principalmente porque mi hermano José R., tenía un íntimo amigo, el Doctor Roberto Castillo, cirujano en ese hospital. Mi hermano lo había consultado y éste le había sugerido el traslado para que él personalmente pudiese encargarse.

Contratamos una ambulancia aérea y lo trasladamos. Lo primero que hizo el doctor Castillo, después de un examen cuidadoso, fue quitar los alambres que sostenían la incisión. Estos le habían causado unas heridas terribles, afectando el tejido hasta el punto en que tuvieron que extraer las partes más afectadas. En su lugar fue necesario implantar piel tomada de sus piernas. Y en lugar de los puntos, el doctor Castillo lo ató con una especie de faja, manteniendo así cerrada la herida. Por varios días mi padre no parecía progresar. Sin embargo, al tercer día vimos que la atención personal de Castillo producía efectos positivos, momentos en los que le habla en español tratando de elevar su ánimo. No tardó en tener fruto y en pocos días el paciente inició un largo camino hacia la recuperación. Para aquél entonces, ya lograba sentarse en la cama y tomar comida, sin necesidad de que siguieran aplicándole suero. Todos celebramos el milagro llevado a cabo por el doctor Castillo. Apuntalado por su fe y su deseo de vivir, el médico le había salvado la vida.

Durante las siguientes dos semanas, un especialista llevó a cabo varios implantes de piel con el fin de cubrir las áreas donde había perdido músculo y piel a causa de los alambres que le aplicaron en el hospital al finalizar la intervención inicial. Durante todo este tiempo mi mamá no se apartó de su lado. Finalmente tuvimos que insistir en que se quedara en reposo en casa de José R. al cumplirse un mes, cuando le dieron de alta en el hospital. Sin embargo, decidimos que su regreso a casa era imposible ya que necesitaba cuidado constante. En consulta con mis hermanos, decidimos llevarlos a él y a mamá con nosotros a Ciudad Juárez, México, donde teníamos personal permanente. Permanecerían con nosotros casi por un año, con mi padre recuperándose completamente. Fue durante este tiempo que mi padre le tomó un cariño muy especial a su nuera, sentimiento que ella le retribuyó totalmente.

Entre tanto y a sabiendas que su ausencia seria prolongada, mi mamá decidió vender las borregas, dejando las vaquitas al cuidado de su yerno Herminio. Mi padre tardaría casi tres años en recuperarse completamente. Recuerdo el comentario de mi hermano José Porfirio, durante una visita que nos hizo desde su hogar en Massachusetts, destacando que papá se veía completamente recuperado. La única señal que quedó de su sufrimiento fue una hernia como resultado de la pérdida de músculo debajo del tejido de su estómago. Sin embargo, con una faja especial ésta no le presentaba obstáculo alguno. Pronto regresó a su vida normal, atendiendo un nuevo rebaño de borregas, remendando cercas y gozando de la vida del campo.

Dos años más tarde convinimos que nos visitaran en Oporto, Portugal, donde prestaba servicio en nuestro consulado. Logramos convencerlos de quedarse tres semanas, pero solo con la promesa de llevarlos a España. Para ellos fue una visita encantadora. Después de un par de días en Oporto, con la visita obligada a las cavas de vino de Porto (¡el que le agradó mucho a mi padre!), decidimos hacer el viaje a España. El plan fue dejar los tres nietos con nuestra empleada doméstica. Sin embargo, en el momento en que estábamos listos para partir, mi niña Suzanne, salió con lágrimas en los ojos, vestida y con su maletita hecha. Se nos partió el alma y decidimos incluirla. Me costó varios minutos convencer a su hermanito mayor, explicándole la razón por la cual ellos se quedaban mientras su hermanita viajaba. Con la promesa de incluir a los dos que se quedaban en el próximo viaje, salimos. Primero fuimos a Madrid donde visitamos el museo del Prado. Sin embargo, Madrid no fue de su agrado pues mis padres eran gente de campo y una enorme ciudad, con su movimiento frenético, no les gustó. De ahí los llevamos al Escorial y al valle de los Caídos, sitios donde ambos se sintieron más cómodos. Mis padres gozaron la compañía de su nieta enormemente y la niña quedó encantada con sus abuelos. Fue una experiencia única, tanto para ellos como para Suzanne. Mi padre tomo numerosas fotos que mostraría a la familia a su regreso con mucho orgullo, relatando el significado implícito en cada una de ellas.

En 1975, viajaron a Montevideo, Uruguay, donde yo había sido nombrado en nuestra embajada. Este viaje fue el que más le gusto a mi padre. Primero lo llevé a visitar una estancia, propiedad de un amigo uruguayo. En esta mi padre tuvo la oportunidad de charlar con trabajadores, gauchos auténticos. Quedó maravillado con las monturas gauchas, totalmente diferentes de las usuales en los ranchos en Estados Unidos. Las examinó cuidadosamente pues constaban de una base de madera forrada con piel de borrega. Pero más le fascinaron los caballos criollos, raza única de las pampas uruguaya y argentina. Son animales de estatura media, con pecho ancho, de cabeza con frente y nariz redondeada. Es un animal que ostenta a la vez fuerza y docilidad. A modo de despedida de la estancia, mi amigo le ofreció una carne asada. ¡Aquí mi padre estaba en su elemento, comiendo asado con los gauchos! Fue en esta visita que mi padre observó con sus propios ojos lo que después leería en el "El Martín Fierro", de José Hernández. Como de costumbre, mi padre sacaba muchas fotos para mostrar a la familia en Blanco. De regreso a esta, no tardó en sufrir otro accidente. Esta vez, tratando de sacar unas borregas del viñedo, tropezó y se rompió una pierna. Pasó los siguientes seis meses enyesado desde el tobillo hasta la cadera.

Cuando fui trasladado de Montevideo a Barcelona, España, traté de convencer a mis padres de hacer el viaje. Pero no, se negaron. Me dijo mi padre: —El viaje a Uruguay cumplió con todas mis expectativas. No quiero volver a España. ¡Especialmente porque sé que los españoles no tienen gauchos! —. Sin embargo, continuaron visitando a mis hermanos en sus respectivas residencias.

En 1982 realizaron su último viaje a visitarnos a nosotros. Dos años antes había recibido mi nombramiento como cónsul en nuestro consulado en Nuevo Laredo, Tamaulipas, México. En parte el incentivo para viajar a Nuevo Laredo fue por un lado que la distancia de Blanco no era demasiado larga. Por el otro y tal vez lo más importante, fue que mi compadre, Emeterio Flores, doctor de medicina veterinaria, le extendió una invitación personal para visitar su rancho. Hablarle a mi padre de caballos y de ganado, era algo irresistible. La visita coincidió con la época de caza de venado en esa región de México y el rancho de mi compadre contaba entre muchos con los mejores venados. Durante su visita mi padre observó por primera vez el venado cola blanca, una especie no conocida en el norte de Nuevo México. Por dos mañanas salimos antes del amanecer para tomar puestos en las brechas, observando a los animales que cruzaban de un lado a otro. Mi padre quedó impresionado con el tamaño de la cornamenta del cola blanca macho, especialmente porque en esta especie el animal es más pequeño que el venado gris del norte. Estos momentos me recordaban aquellos tiempos, años atrás, cuando ambos éramos más jóvenes y salíamos juntos a cazar. Para mi esta visita fue de mucha importancia porque nos dio la oportunidad de afianzar nuestro vínculo entre padre e hijo.

Lamentablemente, la visita no fue un éxito completo. Al día siguiente de regresar del rancho, mi padre empezó con los síntomas de una gripe. En gran parte, fue a consecuencia del mucho frío por la noche y calor durante día, pues así es el clima en esa región. Su cuerpo, ya con 92 años de edad, no estaba preparado para tolerar cambios tan drásticos. Al día siguiente los puse en el avión y, para cuando llegaron a Blanco, mi mamá se vio obligada a hospitalizarlo con pulmonía. Afortunadamente, la pulmonía no fue muy grave y en un par de semanas se recuperó. Personalmente me sentí culpable pero él me aconsejó despreocuparme pues la experiencia de ver aquello fue invalorable.

José y Carmen. Relajación en el jardín-Blanco-1985

José Porfirio y Carmen. Unos momentos de respiro. Blanco-1985

José Porfirio y Carmen con sus 8 hijos. Aniversario por su 70 años de casados. Blanco-1986

Fin De Una Época

1976 – 1991

En el verano de 1973, durante una visita relámpago a Blanco antes de nuestra partida a mi nombramiento en Montevideo, Uruguay, iniciamos un acuerdo para la compra de la propiedad en la que vivían mis padres. Tomamos la decisión después de una detallada conversación con ellos donde les expliqué nuestra idea de considerar a Blanco como una opción para nuestra residencia permanente, una vez cumplida mi carrera. A pesar de que todavía me faltaba mucho tiempo para poder jubilarme, tenía en mente más que nada liberar a mis padres de sus compromisos financieros. La única manera a mi alcance fue conseguir un préstamo con la propiedad como garantía subsidiaria. Con el fin de asegurar su futuro, parte del trato fue que les otorgaba derecho de por vida de residencia sobre la propiedad. Siempre pragmático, mi padre con el visto bueno de mi mamá, se puso de acuerdo y se decidieron. En fin, esto era la solución perfecta. Nosotros tendríamos nuestra propiedad a la que regresar algún día, si así lo decidíamos y ellos suficiente dinero para solventar sus gastos en el futuro.

En el verano de 1980 el Departamento de Estado me nombró en Nuevo Laredo, Tamaulipas, México, donde permanecí por los siguientes cuatro años. Estando a 2500 kilómetros de Blanco, o sea, a unos dos días de camino, viajábamos allá por lo menos una vez al año. A mis tres hijos les encantaba hacer el viaje con el fin de visitar a sus abuelos. Y mis padres siempre los recibían con los brazos abiertos. Estas visitas me brindaban la oportunidad de hacer mejorías, con el fin de facilitarle la vida a mi mamá. Al mismo tiempo, eran invertir en nuestro futuro. En efecto, todos ganábamos.

En 1982, pensamos que sería un gesto muy positivo agrandar la casa para beneficiar a mi mamá. A su vez, un beneficio propio cuando regresáramos a Blanco en un futuro aún no determinado. Y con esa meta en mente, iniciamos la ampliación de la casa principal, añadiendo 140 metros cuadrados de nuevo espacio. La ventaja de remodelar la casa consistiría en el hecho de darles espacio adicional a mis padres, principalmente para cuando recibían las visitas de sus hijos y nietos. Además, ahorraríamos en los montos de construcción al adelantarnos varios años a un futuro en que los costos, sin duda, serían más caros. El contrato se lo dimos a Eldon Rodríguez, vecino y amigo desde niños, quien había establecido una empresa constructora. Al realizar la obra y atento a mis instrucciones, Eldon puso especial atención a los detalles importantes para mi mamá.

Por ejemplo, mi mamá siempre añoraba una cocina más amplia. Con esto en mente, una parte importante de la ampliación tomó este deseo como concepto central. Aparte, Eldon prevería que los mostradores fueran un poco más bajos que lo normal, asegurando facilidad de acceso a mi mamá. En atención a las necesidades de mi padre, la expansión incluyó una sala familiar, con su chimenea construida en piedra de la región. ¡Mi padre quedó encantado! Por primera vez, desde que dejó el rancho de las Tapiecitas, tenía chimenea en su propia casa. Con estos toques personales, Eldon cumplía mis órdenes y a la vez satisfacía los deseos de mis padres. Terminada la obra, Eldon cumplió con nosotros más como amigo que como contratista. Es un gran amigo y en los años que siguieron, quedaron en su haber las atenciones para con mis padres.

A mi mamá le encantaba su "nueva" casa y sobre todo su cocina. Para ella la cocina era uno de los muchos símbolos que representaban sus responsabilidades para con mi padre. La antigua cocina ahora se había convertido en el dormitorio principal de mis padres, con su baño incorporado. Recuerdo una visita a finales de la década de 1980, en que , una mañana muy temprano , me despertó un ruido en la cocina. Sabía que mi padre era madrugador y que mi mamá casi siempre se levantaba a pocos minutos para poner el café, pero sus movimientos me despertaron curiosidad. No estaba listo para salir de la cama, pero la curiosidad me sacó. Fui a la cocina y observé a mi mamá, tratando de sacar un sartén del armario, para poner a freír con tocino las papas que había pelado: el desayuno favorito de mi padre. Al verla dobladita, con su pelo suelto y despeinado, vistiendo su albornoz favorito y dedicada a su tarea, se me partió el corazón. Le pregunté:

—Mamá, ¿qué hace?

Se dio vuelta y me contestó:

—Estoy preparando el desayuno para tu padre.

Le respondí con la pregunta:

—¿Pero mommy, por qué no me habla para que le ayude a preparar el desayuno?

Me miró y contestó:

— No hijo, necesito hacerlo yo. Cuidar a tu papá es mi responsabilidad.

Me quedé asombrado. No creo haber apreciado aquella respuesta hasta hoy en que escribo estas líneas. Uno solo podía maravillarse de aquél amor que guardaba a su marido, ese que aún a los noventa años de edad todavía era capaz de hacerle cumplir con lo que ella consideraba su responsabilidad. Mi padre había salido unos minutos antes con el fin de alimentar a su vaquitas.

En 1986, y después de terminar mi nombramiento en Canadá, donde primero asistí al Colegio de la Defensa Nacional de Canadá y seguidamente como cónsul general en Winnipeg, Manitoba, fui nombrado de nuevo en México, esta vez destinado a nuestra embajada en la capital. Fue durante nuestra visita a Blanco, en camino hacía México, que nos dimos cuenta que mis padres ya no eran capaces de velar por sus propias necesidades. Para aquél entonces, a edades avanzadas, ambos sufrían de alguna dolencia de salud. Por ejemplo, mi padre se encontraba seriamente afectado por glaucoma y había perdido gran parte de su vista. Y para complicar la situación, los médicos habían encontrado durante un examen de rutina que mi mamá sufría de un latir anormal de corazón, síntoma que por una razón u otra nunca había salido a luz en exámenes anteriores. El hecho fue que entonces se vio en la necesidad de tomar medicamentos especiales para estabilizar su estado de salud. De manera que con estos problemas, toda la gran familia nos dimos cuenta que debíamos tomar alguna decisión para asegurar sus últimos años de vida. Después de una reunión donde todos tuvimos oportunidad de opinar, decidimos que yo estaba en mejor posición para dejar mi profesión y regresar a Blanco con el fin de hacernos cargo, junto a mi esposa e hijos, de sus cuidados. Más teniendo en cuenta que tiempo atrás había dado pasos para hacer algún día de la finca en Blanco nuestra residencia permanente. Lamentablemente y por esos vericuetos de la vida nunca llegamos a contar con Blanco como dicha residencia permanente. Mi ex-esposa nunca se había encontrado cómoda en la vida de la diplomacia y, poco a poco, había venido decreciendo la disposición recíproca que nos había unido en un principio. Con el paso de cada año fuimos perdiendo los últimos enlaces. Sin embargo, decidimos seguir adelante, especialmente porque tenía que aceptar el nombramiento en México por lo menos por otros dos años. Esto ya que no me podía jubilar antes de cumplir los 50 años de edad. De modo que acordamos que ella y nuestro hijo más joven ,en sus últimos dos años de secundaria , se quedarían en Blanco a cuidar a mis padres mientras yo cumplía con mi designación en el vecino país.

Quedarse en Blanco a cuidar a mis padres fue un gesto totalmente voluntario de parte de mi ex-esposa. Ella siempre había gozado una relación muy especial para con mi padre que la adoraba. El sentimiento era recíproco de manera que para ella no fue difícil tomar esa decisión. En diciembre de 1988, solicité mi jubilación, regresando a Blanco a tiempo para celebrar el año nuevo con mi familia. Por los siguientes cuatro años compartí el cuidado de mis padres con ella. Entre tanto , para suplementar nuestros ingresos , me fue necesario aceptar varios contratos con el departamento de estado en diversos sitios donde tenemos relaciones diplomáticas. En 1992 y después de la muerte de mis padres, solicité el reingreso al servicio diplomático , que me sería aceptado , y la separación de mi esposa se haría permanente.

La larga vida que su Dios les brindó a mis padres fue un arma de doble filo. Por un lado tuvieron la oportunidad de ver a sus hijos educados y en sus respectivas profesiones, conocer numerosos nietos, y finalmente, viajar a diversos países. Por el otro, el negativo, la pérdida de algunas de sus facultades les fue reduciendo su calidad de vida con el correr de cada día. Por ejemplo, mi padre sufrió mucho con la pérdida de su vista. Se pasaba los días sentado con sus ojos nubosos fijos en algún punto invisible. Ya le era imposible moverse de su silla. Estas dificultades se complicaban por la pérdida total de su capacidad de oír cualquier conversación. De manera que vivía en un mundo oscuro y silencioso. Ahora necesitaba ayuda para satisfacer la más mínima necesidad. Esto lo deprimía aún más. Poco a poco observamos a un hombre antes independiente y vigoroso pasar sus días dormitando sobre su silla favorita. Y después de la muerte de mi mamá, se negó a dejar la cama, rogando a su Dios por la liberación.

Para mi mamá, los primeros síntomas de problemas aparecieron en 1990, con demencia. Por ejemplo, a veces a media noche aparecía en mi dormitorio rogando que investigara la presencia de un hombre extranjero en su cama. Se negaba a regresar hasta que la convenciera que era su marido el que ocupaba la cama con ella. Yo le decía: —Mommy, es papá el que está en la cama—. Fijaba su vista en el piso y yo me daba cuenta que luchaba con mi contestación. Después de unos momentos me contestaba, con una mirada de desconcierto: —¿Es tú papá? —. Solo cuando le aseguraba varias veces que sí, que era mi papá, acepaba. Relajaba su cara y me permitía regresarla a su cama. En otras ocasiones dirigía su vista a la cara de mi padre, sin reconocerlo. Otras veces, de repente, iniciaba un largo recitado de versos litúrgicos en latín. Nunca nos habíamos dado cuenta de que sabía de memoria aquellos versos. Lo chistoso de esto es que al terminar, nos miraba con una sonrisita y doblaba la cabeza como diciendo: —¡Ahí tienen! —. Lo que finalmente se la llevó de nuestro seno fue una caída que resultó en la rotura de una cadera. Afectada por osteoporosis fue imposible lograr su recuperación. Un mes después de su caída, le fue imposible abandonar la cama. Falleció en su cama el 2 de Julio de 1990, dos meses antes de cumplir los 94 años. La causa de su muerte fue un infarto cardíaco. Mi padre aceptó el fallecimiento con estoicismo.

Yo me encontraba en Tijuana, México, cumpliendo un contrato con el Departamento de Estado cuando mi ex–esposa me comunicó la noticia de la muerte de mi mamá por teléfono. La terrible noticia que siempre había esperado con temor, me había llegado. Me sentí devastado. Recuerdo que salí de la oficina rumbo al hotel, con la intención de hacer mis maletas. Ya en el camino hacia las afueras de la ciudad de repente me sentí desorientado, obligado de salir de la carretera y a estacionar el auto. El llanto que había reprimido en mi pecho brotó descontrolado. Solo después de varios momentos logré continuar. Me sentí muy solo en ese momento.

Cuando llegué a Blanco, me dirigí a mi padre. Se dio cuenta de mi presencia y estirando su mano me tocó el brazo y me dijo: —Hijo mío, se me fue la compañera de mi vida. Murió con un suspiro, como un pajarito

Según me contó mi hermana Cordelia que estaba a su lado en ese momento, estaba bastante tranquila. Momentos antes ambas habían recitado algunas Ave Marías y otras oraciones, cuando de repente se incorporó a una posición sentada, abrió los ojos y exclamó: —¡Mamá, mamá! —. Su cuerpo se relajó y falleció. Mi hermana me relató esto con lágrimas en los ojos. Me dijo: —Hermanito, no hubo nada que pude hacer. Me sentí tan incapaz en ese momento—. Para mí lo más importante fue que no sufrió demasiado. Hubiera sido imperdonable tener que sufrir mucho en sus últimos momentos después de haber sufrido tanto durante sus largos años de vida.

Una tarde, algunos meses después de su muerte, estaba reposando tratando de recuperarme de un agudo dolor de cabeza cuando de repente desperté, seguro de haber oído a mi mamá llamar a la puerta. Abrí los ojos y la vi, a unos metros de mi cama. Me acuerdo que mi vista estaba errante y borrosa. Llamé y estiré mi mano hacía ella, pero en ese instante desapareció. Susan, quien es hoy mi esposa, opina que la perdida reciente de mi mamá dio lugar a una migraña severa que fue causa de mi visión distorsionada. El hecho es que jamás había sufrido de migrañas. No fue hasta algunos días más tarde que me di cuenta: era menos difícil que aceptar su fallecimiento. Tal vez fue aquella visión entre sueños la que finalmente me permitió soltar esa cuerda que me ataba a ella.

Mi padre siguió a mi mamá el 13 de Enero de 1991, a la edad de 101 años. El lapso desde el fallecimiento de mi mamá hasta que llegó su día, fue muy difícil para mi ex – esposa y para mí. Sin embargo, agradecimos la atención personal que recibió de manos de mi cuñado, Richard Phelps, quien había sido entrenado como enfermero en el ejército. Con sus conocimientos especiales, ligados a un sentimiento de afecto para con mi padre, se ofreció a prestar cualquier servicio necesario. Llegó el momento en que era a él que mi padre llamaba cuando se encontraba angustiado. Richard entraba, le daba agua y masajes sobre sus piernas y espalda hasta que se calmaba. Finalmente, nos dimos cuenta la noche antes del día trece, que no faltaba mucho tiempo pues casi todos sus órganos se encontraban casi inactivos. A eso de la una de la mañana del 13 de enero, el sueño me venció y me retiré a mi cama. Sin embargo, no tardó en despertarme mi ex esposa. Mi padre se encontraba en sus últimos momentos. Abandoné la cama donde reposaba y rápidamente entré a su dormitorio seguido por ella. Encontré a mi cuñado con el estetoscopio sobre el pecho de mi padre, escuchando sus últimos latidos. Richard se separó, haciendo lugar en la cama para que me sentara. Con cuidado lo alcé en mis brazos, maravillado por lo poco que pesaba, y lo estreché en mi pecho. Unos cuantos momentos después, su corazón dejó de latir. Su cuerpo se relajó. Mi padre, José Porfirio, estaba muerto. Lo regresé a la cama y los ojos se nos llenaron de lágrimas a los tres. Hoy pienso, que afortunado soy habiendo tenido la oportunidad de despedirme de él de esa manera. Dos días después lo enterramos al lado de mi mamá. Ahora ambos descansan en paz. Toda la familia le debe un voto de agradecimiento a Toni, mi ex – esposa y a Richard, mi cuñado, por la dedicación que tuvieron para con nuestros padres. Y en especial, la atención y el amor que le brindaron a mi padre.

Me es difícil cerrar el libro sobre la vida de mis padres con un resumen de su muerte. No puedo pensar, sin embargo, en una mejor manera de reconocer su memoria y en lo mucho que sacrificaron por nosotros, sin incluir lo triste , lo dolorosa y lo desagradable que resultó ser su muerte. Fueron dos individuos siempre fieles a sí mismos, guiados hacia su meta por el amor, la perseverancia y la fe en Dios. ¿Eran perfectos? Claro que no. Hay un dicho que dice que "la perfección solo se encuentra en la gloria". Para ellos la perfección no se alcanzaba en la tierra. De manera que pensar que eran perfectos sería no reconocer su humanidad con todas sus falencias. Sin embargo, sus imperfecciones no los desviaron de su meta. Esto refuerza mi creencia de que su fe era tan fuerte y permanente como la tierra que conquistaron en el cañón del Carrizo.

José Porfirio Abeyta y María Carmen Sabina Sandoval viven en cada uno de sus hijos. Cada gesto de uno u otro de nosotros, nos recuerda alguno de los de ellos. Una mirada, una inclinación de la cabeza, un tono de voz, todos nos sirven como recuerdo de dos personas que con perseverancia y fe marcaron nuestras trayectorias en la vida.

Reconocimientos

Un esfuerzo como el que he emprendido al escribir este libro exige el reconocimiento de aquellas personas que más aportaron, ya sea con material, consejos y/o apoyo moral. La primera y más importante persona que debo reconocer es a mi esposa, Susan, la cual primero me convenció sobre la necesidad de documentar las muchas historias que le contaba sobre mi familia, y después por su apoyo durante los innumerable borradores que repasó hasta que finalmente resultaron en una obra completa. A nuestra hija, Danielle, la cual desde la tierna edad de diez años, ha demostrado una profunda capacidad para entender y apreciar su herencia cultural.

A mi hermano, Isaac, por la contribución de material de sus archivos personales, material que me permitió llenar y aclarar vacíos en mis conocimientos sobre los primeros años en la granja del Carrizo. Por ejemplo, material sobre Miguel, querido sobrino de mi padre, el cual jugó un papel importante en la vida de mis padres. Y finalmente, por la información sobre su servicio militar durante la Segunda Guerra Mundial.

Quiero reconocer a mi hija, Suzanne Campbell, por su apoyo en la organización de material durante los primeros intentos. A mi hijo, Alan, por la selección y diseño de la cubierta del libro. Por su invaluable ayuda en llevar el borrador final, con las reproducidas fotografías acompañantes, incluidas en su propio formato antes de pasar todo a la casa editora. Una nota de agradecimiento a mi hijo, Lawrence, por su ayuda con mi muy traicionera computadora.

Quedo en deuda para con mis hermanos por la contribución de muchas de las fotografías incluidas. Hubiese sido imposible considerar el libro completo sin ellas. Para mí ya fallecida hermana, Celina, la cual siempre me impulsó a no resignarme a un segundo lugar cuando pudiese alcanzar el primero, mi agradecimiento. Para Cordelia, Loyola, José R., y Marta, los acerco hacía mí en un abrazo de amor y agradecimiento por su apoyo y entendimiento durante esos difíciles años cuando trataba de encontrar mi propio camino.

Finalmente, quiero reconocer a mi hermano, José Porfirio, el cual murió tan trágicamente a resultado de un accidente de alpinismo en New Hampshire, EE.UU., en Febrero de 1997. Su muerte inesperada dejó un profundo hueco en nuestras vidas. Era ingeniero electrónico por profesión pero como mi padre, era hombre de los espacios abiertos y libres, encontrándose en su elemento cuando saboreaba la vida en su estado natural. Fue mi mentor y mi mejor amigo. Su generosidad, tanto con mis padres y su familia, como conmigo no tiene frontera. Quedaré en su deuda. Fue su memoria en gran parte que inspiró mucho de lo que he escrito.

Sobre El Autor

Víctor Alejandro (Alex) Abeyta nació en la granja del Carrizo el 18 de Septiembre de 1937. Se recibió de la universidad de Nuevo México en 1968, con título en asuntos latinoamericanos. Ingresó al Cuerpo Diplomático de los Estados Unidos de América en 1969, retirándose del mismo en 2002, con el rango de consejero.

Durante su carrera, prestó servicio en México, Portugal, Uruguay, España, Canada, El Salvador, Colombia, y Washington, D.C. Fue asignado por el departamento de estado al Colegio de la Defensa Nacional de Canada, Kingston, Ontario, durante el año escolar 1984 – 1985. De allí paso al consulado general en Winnipeg, Manitota, Canada, como cónsul general.

Actualmente, reside en Estambul, Turquía, donde su esposa, consejera del cuerpo diplomático, presta servicio en el consulado general de EE.UU. Este libro primero su publicó en inglés. La traducción al español se hico durante su estadía en Estambul.

CARRIZO

Historia de una familia Nuevo Mexicana

Víctor Abeyta, descendiente de Gabriel y Bernardo Abeyta del Santuario de Chimayo, le da vida en estos recuerdos y tributo a sus padres, a un fragmento de la historia de Nuevo México poco difundida. Gran parte del libro está basado en cuentos relatados por su padre, José Porfirio Abeyta y por su madre, María Carmen Sabina Sandoval. El autor entreteje sus relatos en una narrativa a veces impulsada por la incertidumbre y otras, iluminada por una descripción lírica del cañón del Carrizo y Blanco, ambos en el noreste del estado de Nuevo México. Vivimos la soledad y los sueños del niño José Porfirio, quien a los diez años de edad cuida a solas en las mesetas, durante el verano, el rebaño de su padre. El drama y desarrollo de aquél niño, ya hecho hombre, se ve cuando doma a un caballo mesteño, cuando llega a un acuerdo tras el infortunio económico de la pérdida de sus vacas y sus ovejas por una terrible nevada, y, finalmente cuando para sobrevivir, debe anteponer su familia a sus sueños y adaptarse a trabajar como empleado de un "gringo".

Carmen Sabina, su madre, es una figura importante en esta historia. Es una joven talentosa, preparada hasta el séptimo año en el convento Ursulino en Santa Fe donde aprende el inglés, idioma sobre el cual hace hincapié en la preparación de sus hijos. Ella aprende a vivir en el medio ambiente árido y áspero del rancho donde obtuvieron tierras, dando a luz y criando a ocho hijos. La vemos haciendo chicharrones, jabón, cosiendo ropa para los niños, preparando lo necesario para pintar con cal y hasta asumiendo el papel de médico de la familia, al atender expertamente fracturas de huesos sólo con las instrucciones de su "Guía Práctica de la Salud". Sus vidas se iluminan sobre el telón social y político de las distintas fases del siglo 20, atravesando las dos grandes guerras, los cambios sobre el uso de tierras, antes bajo el sistema político y legal español, y los avances tecnológicos.

Aunque escrito como un tributo personal a su familia, este libro supera lo personal y nos traslada a esa manera de vivir donde el pan de cada día se tenía que arrancar a un suelo árido y donde los animales, silvestres o domésticos, eran una compañía. También es un homenaje a un lenguaje y a una cultura ya olvidados.

Pamela Kirk Rappaport, profesora en la Universidad de St. John's, NY,NY, es autora de Sor Juana Inés de la Cruz, "Relgion, Art, and Feminism, New York: Continuum, 1998; y Sor Juana Inés de la Cruz – Selected Religious Works, New York: Paulist Press, 2005.

Made in the USA
Lexington, KY
26 November 2011